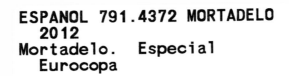

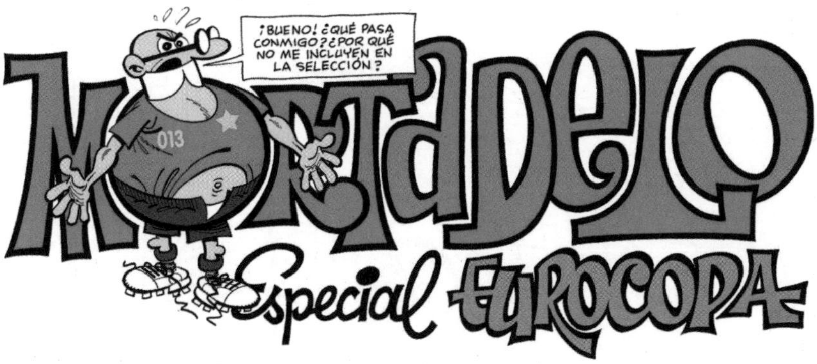
¡BUENO! ¿QUÉ PASA CONMIGO? ¿POR QUÉ NO ME INCLUYEN EN LA SELECCIÓN?
013
MORTADELO
Especial EUROCOPA

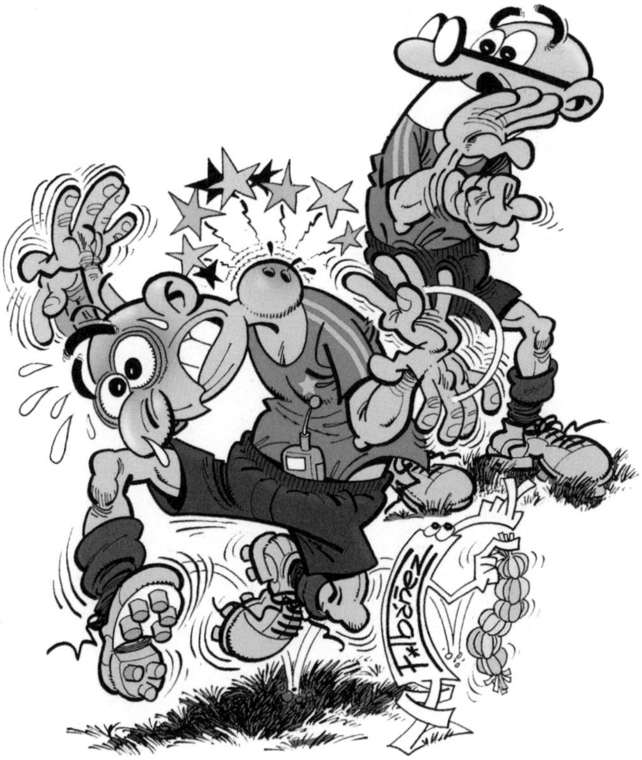

GRUPO ZETA

Barcelona • Bogotá • Buenos Aires • Caracas • Madrid • México D. F. • Miami • Montevideo • Santiago de Chile

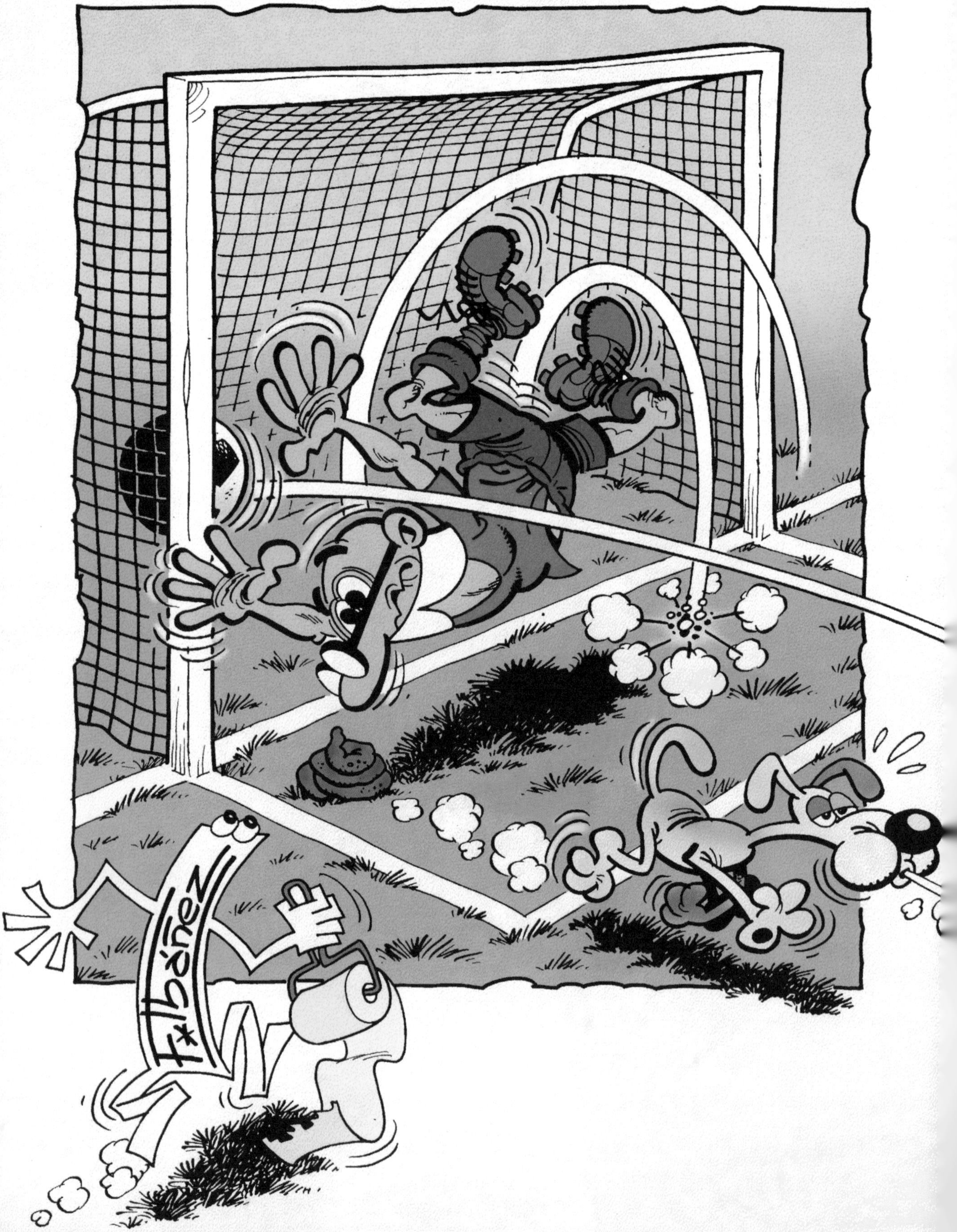
F. Ibáñez

ÍNDICE

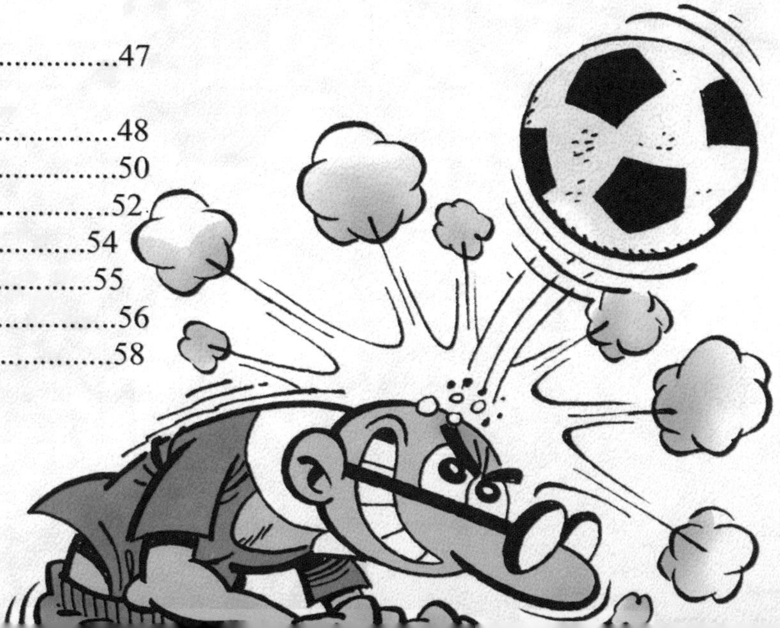

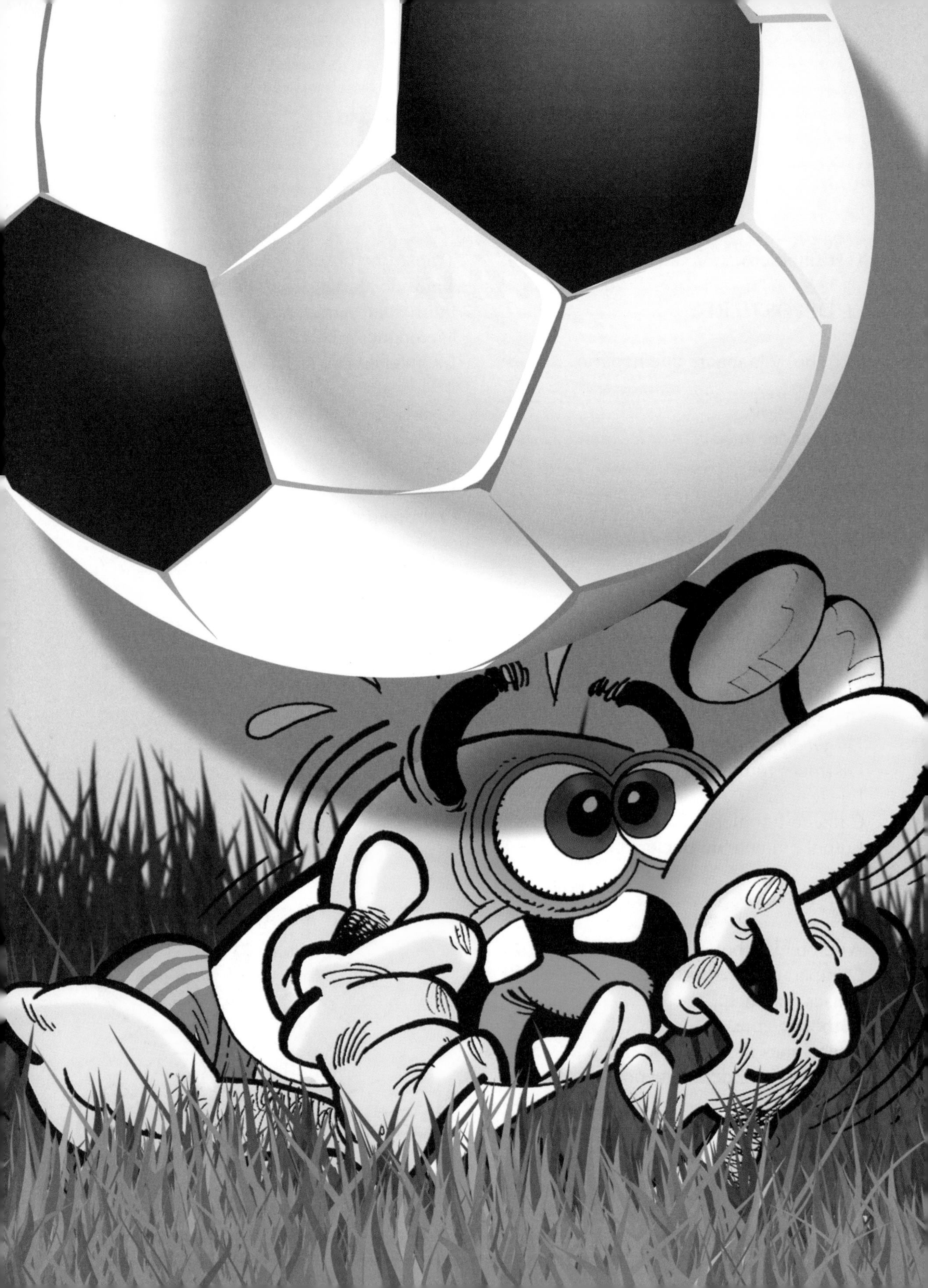

T.I.A.

TÉCNICOS DE INVESTIGACIÓN AEROTERRÁQUEA

DOCUMENTO DE INGRESO EN LA ESCUELA DE FÚTBOL DE LA T.I.A.

Nombre y apellidos...Edad..............

Domicilio.....................................E-mail.........................

PRUEBAS PSICOTÉCNICAS BÁSICAS   (marcar las casillas correspondientes)

¿Cuál es tu equipo de fútbol favorito?

¿Qué forma geométrica tiene un balón? ▲ ● ■

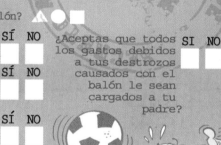

¿Estás dispuesto a tatuarte los brazos y los codos como Guti?   SÍ ☐ NO ☐

¿Estás más moreno que Andrés Iniesta?   SÍ ☐ NO ☐

¿Eres capaz de escupir 10 salivazos por minuto sobre el césped de un estadio de fútbol?   SÍ ☐ NO ☐

¿Has roto alguna vez el cristal de una ventana de un balonazo?   SÍ ☐ NO ☐

¿Aceptas que todos los gastos debidos a tus destrozos causados con el balón le sean cargados a tu padre?   SI ☐ NO ☐

PEGA AQUÍ TU FOTO

El abajo firmante desea absorber cual bayeta los conocimientos futbolísticos que se imparten en este libro. Que Dios le coja confesado.

CON LA GARANTÍA DE

T.I.A. FOOTBALL ANDOBA'S FEDERATION

<u>MUY IMPORTANTE:</u> Lea bien la letra pequeña de este documento, pues la T.I.A. no se hace responsable en el caso de que el joven aprendiz la palme durante el transcurso de las lecciones.

Firma del presidente honorífico de la T.I.A.

Firma del futuro balón de oro

El Súper

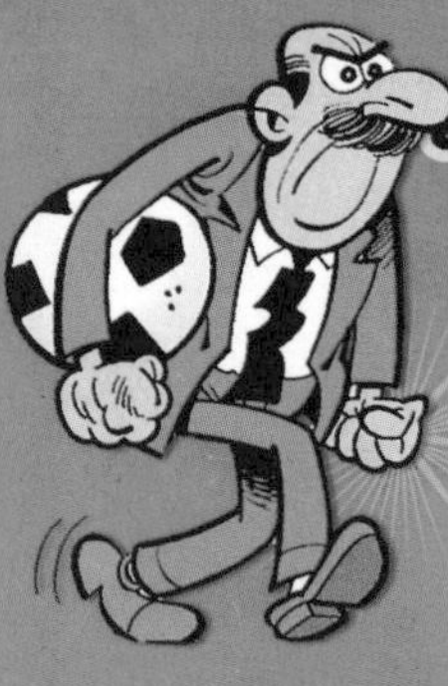

TEST FUTBOLERO

T.I.A. TEST

SE ACERCA LA EUROCOPA Y LA "ROJA" ES FAVORITA PARA SUMAR UN NUEVO TRIUNFO. ¿EH? ¿QUE NO SABE USTED QUIÉN ES LA "ROJA"? ¿TAMPOCO SABE QUIÉN ES INIESTA? ¡HUY! Será mejor comprobar su nivel futbolístico con este test.

1 ¿CONTRA QUÉ EQUIPO GANÓ ESPAÑA LA EUROCOPA 2008?

1- La selección holandesa.
2- La selección alemana.
3- El Aston Villa.

2 ¿EN QUÉ EQUIPO HABÍA JUGADO DEL BOSQUE?

1- Boca Juniors.
2- Real Madrid.
3- Atlético de Madrid.

3 ¿DE QUÉ PROVINCIA ES NATURAL ANDRÉS INIESTA?

1- Cuenca. 2- Albacete.
3- Barcelona.

4 ¿QUIÉN DEFENDIÓ LA META ESPAÑOLA ANTES QUE IKER CASILLAS?

1- Andoni Zubizarreta 2- Isaac Albéniz. 3- Gorka Iraizoz.

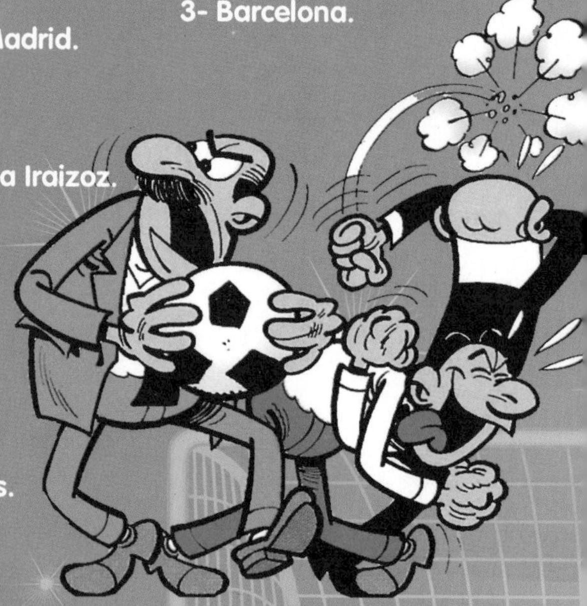

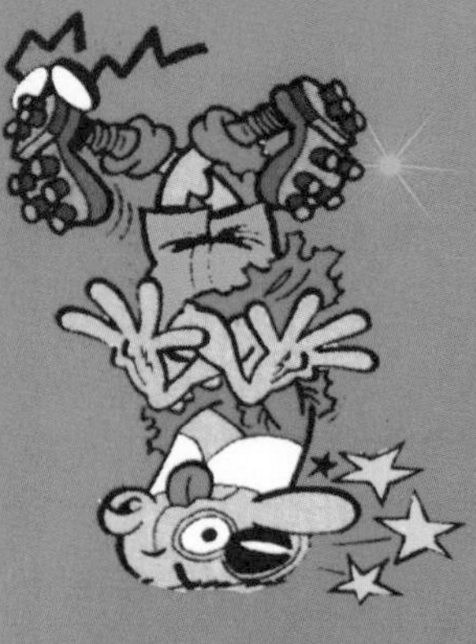

5 ¿DE QUÉ EQUIPO ES SEGUIDOR EL EXPRESIDENTE ZAPATERO?

1- Real Madrid. 2- Barça.
3- Sporting de Madagascar.

6 ¿CUÁL ES EL JUGADOR MÁS DECISIVO DE PORTUGAL?

1- Paolo Decisivao das Nalgas.
2- Cristiano Ronaldo.
3- Fabio Coentrao.

7 ¿CUÁL DE ESTOS JUGADORES FORMA PARTE DEL COMBINADO HOLANDÉS?

1- Arjen Vanderbreukelen.
2- Zlatan Ibrahimovic.
3- Wesley Sneijder.

8 ¿LA LIGA HOLANDESA SE DENOMINA TAMBIÉN... ?

1- Ligaüsen Ballen.
2- Serie A.
3- Eredivisie.

9 ¿EN QUÉ DOS PAÍSES SE JUGÓ LA ANTERIOR EUROCOPA?

1- Austria y Bulgaria.
2- Austria y Suiza.
3- Austria y Alemania.

10 ¿QUÉ SÍMBOLO LUCE LA SELECCIÓN POR SER LA CAMPEONA MUNDIAL?

1- Una corona plateada.
2- El diamante esférico.
3- Una estrella.

11 ¿CUÁNTOS DE ESOS SÍMBOLOS LUCE LA SELECCIÓN DE ALEMANIA?

1- 1
2- 2
3- 3

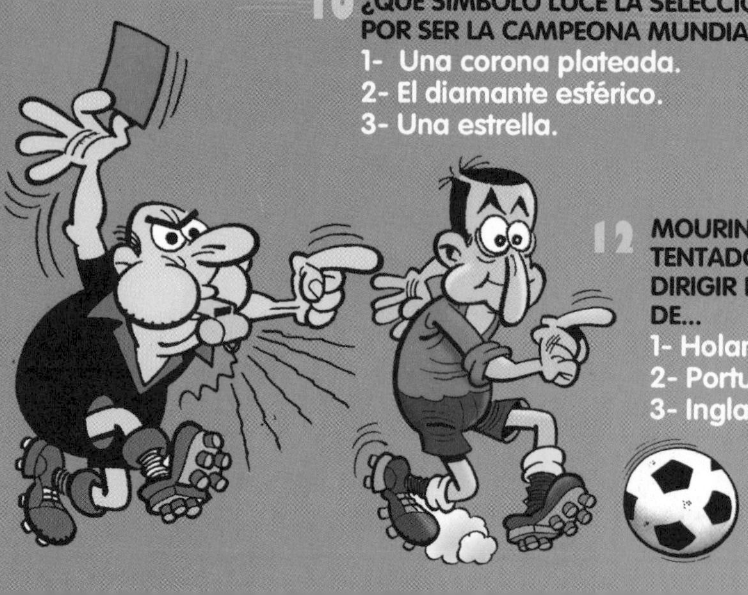

12 MOURINHO FUE TENTADO PARA DIRIGIR LA SELECCIÓN DE...

1- Holanda.
2- Portugal.
3- Inglaterra.

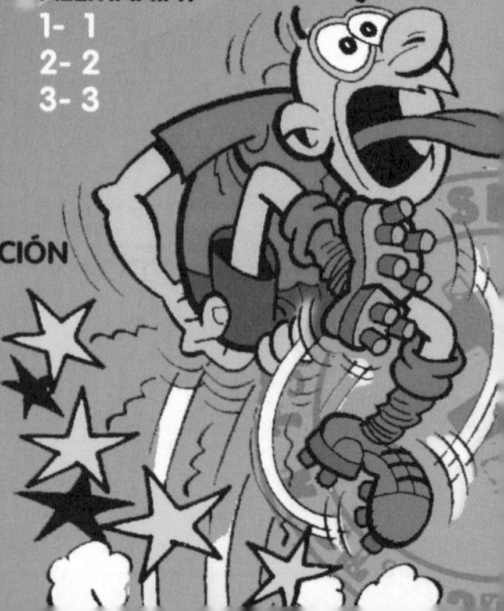

13 ¿QUIÉN ES EL MÍSTER DE LA SELECCIÓN INGLESA?
1- Ferguson. 2- Capello.
3- Vincent of the Forest.

14 ¿CUÁLES SON LOS COLORES DE LA SELECCIÓN DE POLONIA?
1- Azul y blanco. 2- Amarillo y rojo.
3- Blanco y rojo.

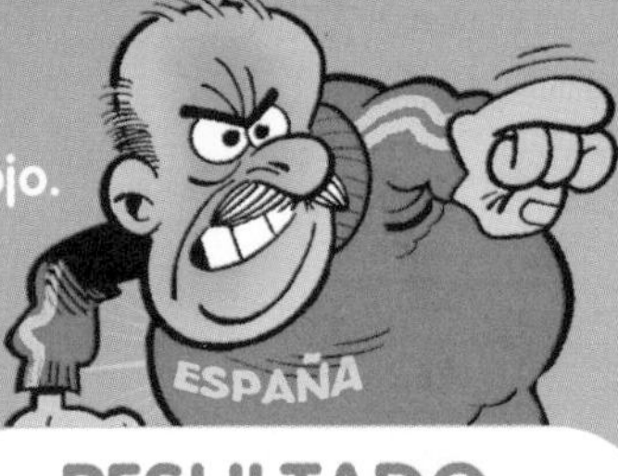
ESPAÑA

15 ¿QUÉ SELECCIÓN NO PARTICIPARÁ EN LA EURO?
1- Suiza. 2- Rusia.
3- Portugal.

16 ¿EN QUÉ SELECCIÓN JUEGA WAYNE ROONEY?
1- Irlanda. 2- Inglaterra.
3- Escocia.

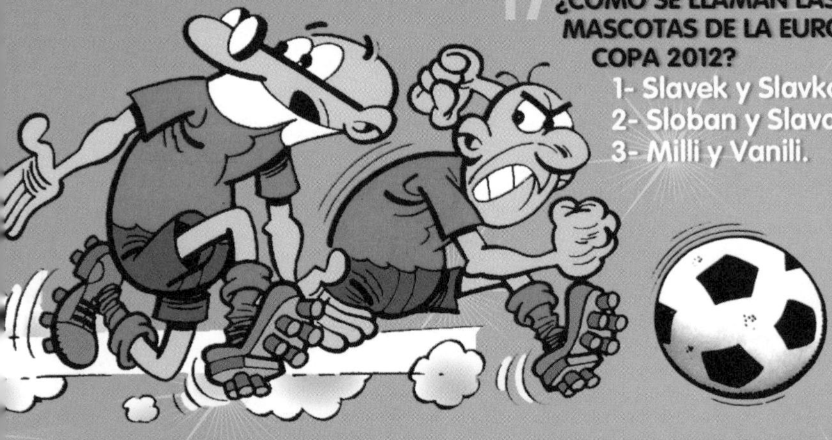

17 ¿CÓMO SE LLAMAN LAS MASCOTAS DE LA EUROCOPA 2012?
1- Slavek y Slavko.
2- Sloban y Slavon
3- Milli y Vanili.

18 ¿QUIÉN MARCÓ EL GOL QUE PROCLAMÓ A ESPAÑA CAMPEONA DEL ÚLTIMO MUNDIAL?
1- David Villa. 2- Iniesta.
3- Fernando Torres.

19 ¿CUÁLES SON LAS CAPITALES DE POLONIA Y UCRANIA?
1- Varsovia y Kiev.
2- Varsovia y Oslo.
3- Budapest y Ohio.

20 ¿QUÉ JUGADOR DE LA ROJA SE FRACTURÓ LA TIBIA HACE UNOS MESES?
1- Monreal. 2- Iraola.
3- David Villa.

21 ¿QUÉ NOMBRE RECIBE LA LIGA ALEMANA DE FÚTBOL?
1- Liga alemana de fútbol.
2- Ereseligare.
3- Bundesliga.

22 ¿QUIÉN ERA EL SELECCIONADOR ANTES DE VICENTE DEL BOSQUE?
1- Antonio Maceda. 2- Andoni Zubizarreta.
3- Luís Aragonés.

23 ¿CUÁL DE ESTOS APELLIDOS CORRESPONDE A UN ÁRBITRO DE PRIMERA DIVISIÓN?
1- Indalecio Prieto.
2- Esquinas Torres.
3- Azucenas Domínguez.

24 ¿EN QUÉ EQUIPO JUGÓ ANTERIORMENTE ALONSO?
1- Renault. 2- Real Sociedad. 3- Osasuna.

RESULTADO

1-2	2-2	3-2	4-1	5-2	6-2
7-3	8-3	9-2	10-3	11-3	12-2
13-2	14-3	15-1	16-2	17-1	18-2
19-1	20-3	21-3	22-3	23-2	24-2

ANÓTATE 1 PUNTO POR CADA RESPUESTA ACERTADA.

DE 0 A 5 PUNTOS: Si no tienes ni repajolera idea de fútbol... ¿por qué te has comprado este libro? Anda, anda, ve a descambiarlo por unos cromitos de animalitos marinos.

DE 6 A 14 PUNTOS: Muy mal. ¿Es que no ves la tele? ¿No juegas con la "play"? ¿Eres pariente de Rompetechos y no te enteras de nada?

DE 15 A 20 PUNTOS: Normalillo.Te vendrá bien empollarte esta guía.

DE 21 A 24 PUNTOS: ¡Increíble! Un "coco" como el tuyo seguro que además saca sobresaliente en todas las asignaturas, ¿no? ¡Enhorabuena, chaval!

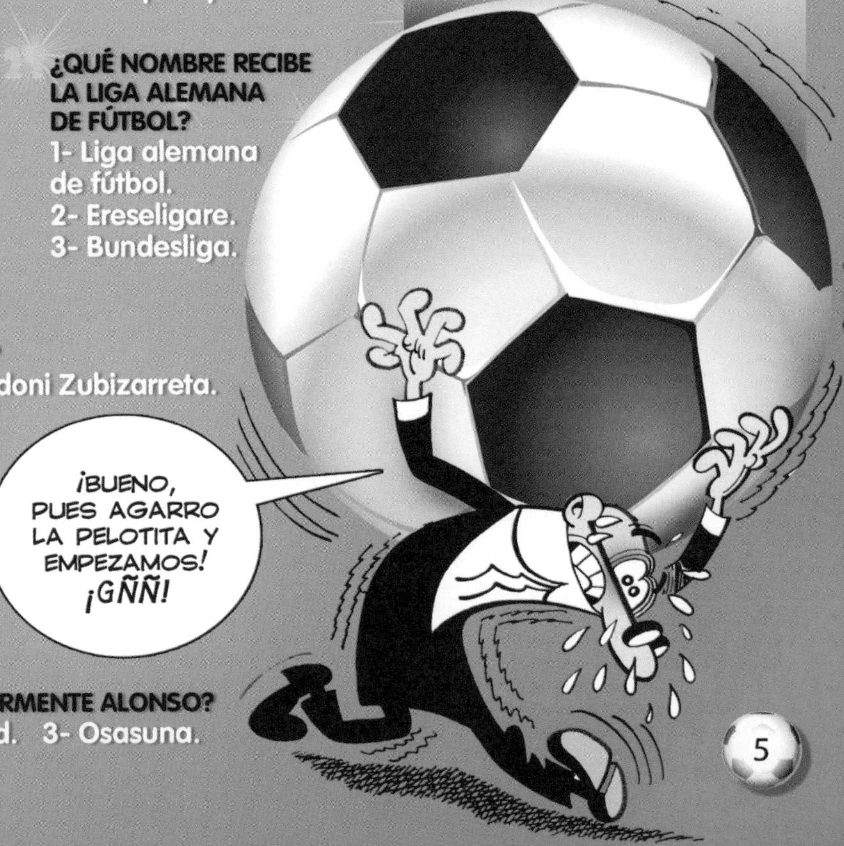
¡BUENO, PUES AGARRO LA PELOTITA Y EMPEZAMOS! ¡GÑÑ!

SECRETO
SECRETO

EL DEPORTE REY

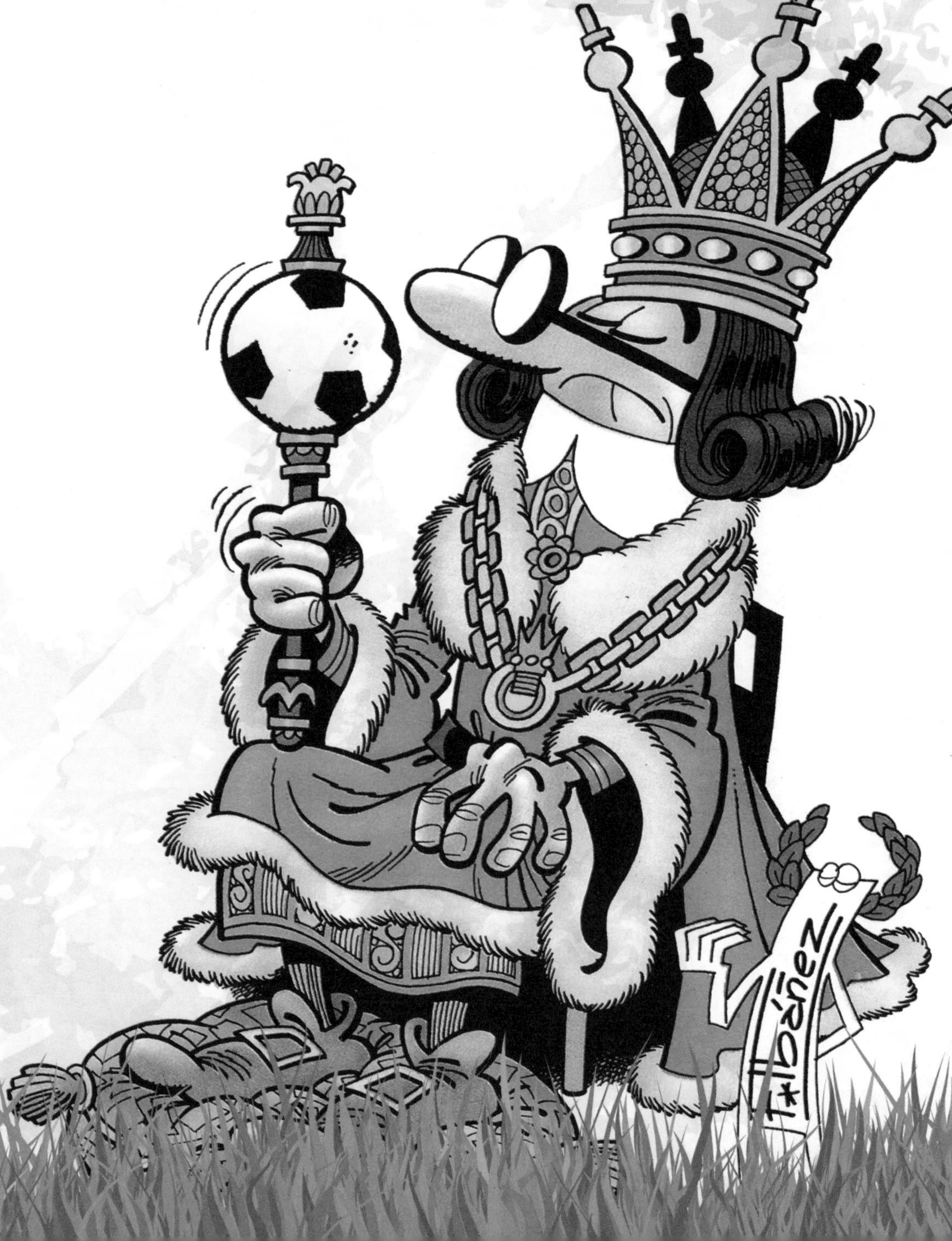

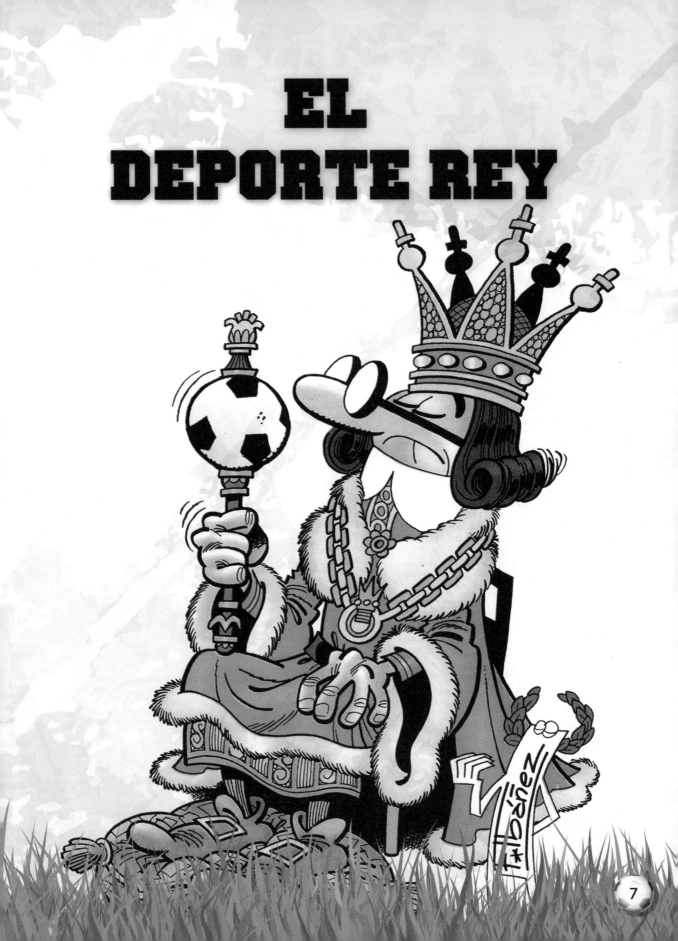

EL FÚTBOL Y LA

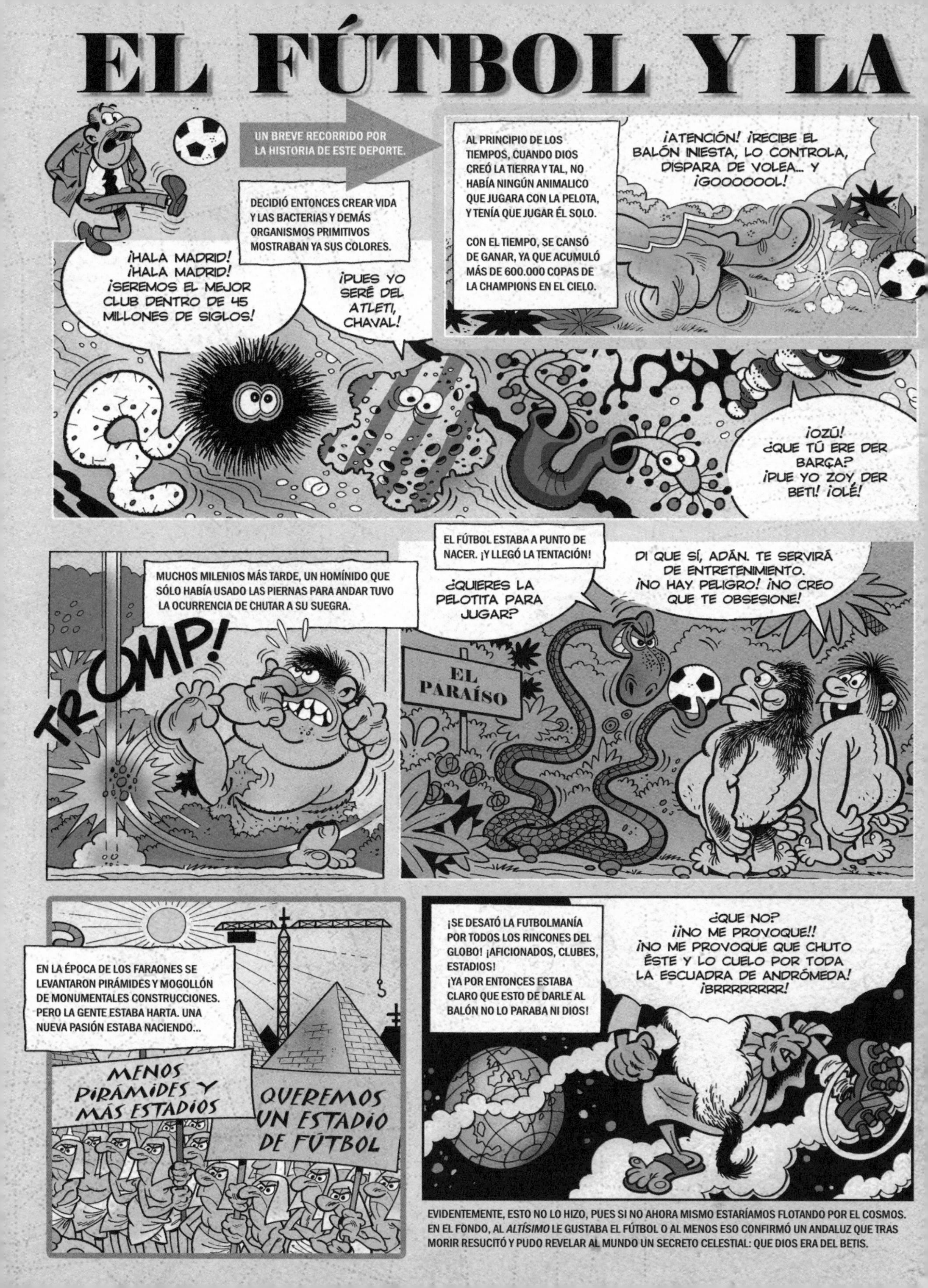
UN BREVE RECORRIDO POR LA HISTORIA DE ESTE DEPORTE.
AL PRINCIPIO DE LOS TIEMPOS, CUANDO DIOS CREÓ LA TIERRA Y TAL, NO HABÍA NINGÚN ANIMALICO QUE JUGARA CON LA PELOTA, Y TENÍA QUE JUGAR ÉL SOLO.
CON EL TIEMPO, SE CANSÓ DE GANAR, YA QUE ACUMULÓ MÁS DE 600.000 COPAS DE LA CHAMPIONS EN EL CIELO.
¡ATENCIÓN! ¡RECIBE EL BALÓN INIESTA, LO CONTROLA, DISPARA DE VOLEA... Y ¡GOOOOOOL!
DECIDIÓ ENTONCES CREAR VIDA Y LAS BACTERIAS Y DEMÁS ORGANISMOS PRIMITIVOS MOSTRABAN YA SUS COLORES.
¡HALA MADRID! ¡HALA MADRID! ¡SEREMOS EL MEJOR CLUB DENTRO DE 45 MILLONES DE SIGLOS!
¡PUES YO SERÉ DEL ATLETI, CHAVAL!
¡OZÚ! ¿QUE TÚ ERE DER BARÇA? ¡PUE YO ZOY DER BETI! ¡OLÉ!
MUCHOS MILENIOS MÁS TARDE, UN HOMÍNIDO QUE SÓLO HABÍA USADO LAS PIERNAS PARA ANDAR TUVO LA OCURRENCIA DE CHUTAR A SU SUEGRA.
TROMP!
EL FÚTBOL ESTABA A PUNTO DE NACER. ¡Y LLEGÓ LA TENTACIÓN!
¿QUIERES LA PELOTITA PARA JUGAR?
DI QUE SÍ, ADÁN. TE SERVIRÁ DE ENTRETENIMIENTO. ¡NO HAY PELIGRO! ¡NO CREO QUE TE OBSESIONE!
EL PARAÍSO
EN LA ÉPOCA DE LOS FARAONES SE LEVANTARON PIRÁMIDES Y MOGOLLÓN DE MONUMENTALES CONSTRUCCIONES. PERO LA GENTE ESTABA HARTA. UNA NUEVA PASIÓN ESTABA NACIENDO...
MENOS PIRÁMIDES Y MÁS ESTADIOS
QUEREMOS UN ESTADIO DE FÚTBOL
¡SE DESATÓ LA FUTBOLMANÍA POR TODOS LOS RINCONES DEL GLOBO! ¡AFICIONADOS, CLUBES, ESTADIOS! ¡YA POR ENTONCES ESTABA CLARO QUE ESTO DE DARLE AL BALÓN NO LO PARABA NI DIOS!
¿QUE NO? ¡¡NO ME PROVOQUE!! ¡NO ME PROVOQUE QUE CHUTO ÉSTE Y LO CUELO POR TODA LA ESCUADRA DE ANDRÓMEDA! ¡BRRRRRRRR!

EVIDENTEMENTE, ESTO NO LO HIZO, PUES SI NO AHORA MISMO ESTARÍAMOS FLOTANDO POR EL COSMOS. EN EL FONDO, AL *ALTÍSIMO* LE GUSTABA EL FÚTBOL O AL MENOS ESO CONFIRMÓ UN ANDALUZ QUE TRAS MORIR RESUCITÓ Y PUDO REVELAR AL MUNDO UN SECRETO CELESTIAL: QUE DIOS ERA DEL BETIS.

MADRE QUE LO PA

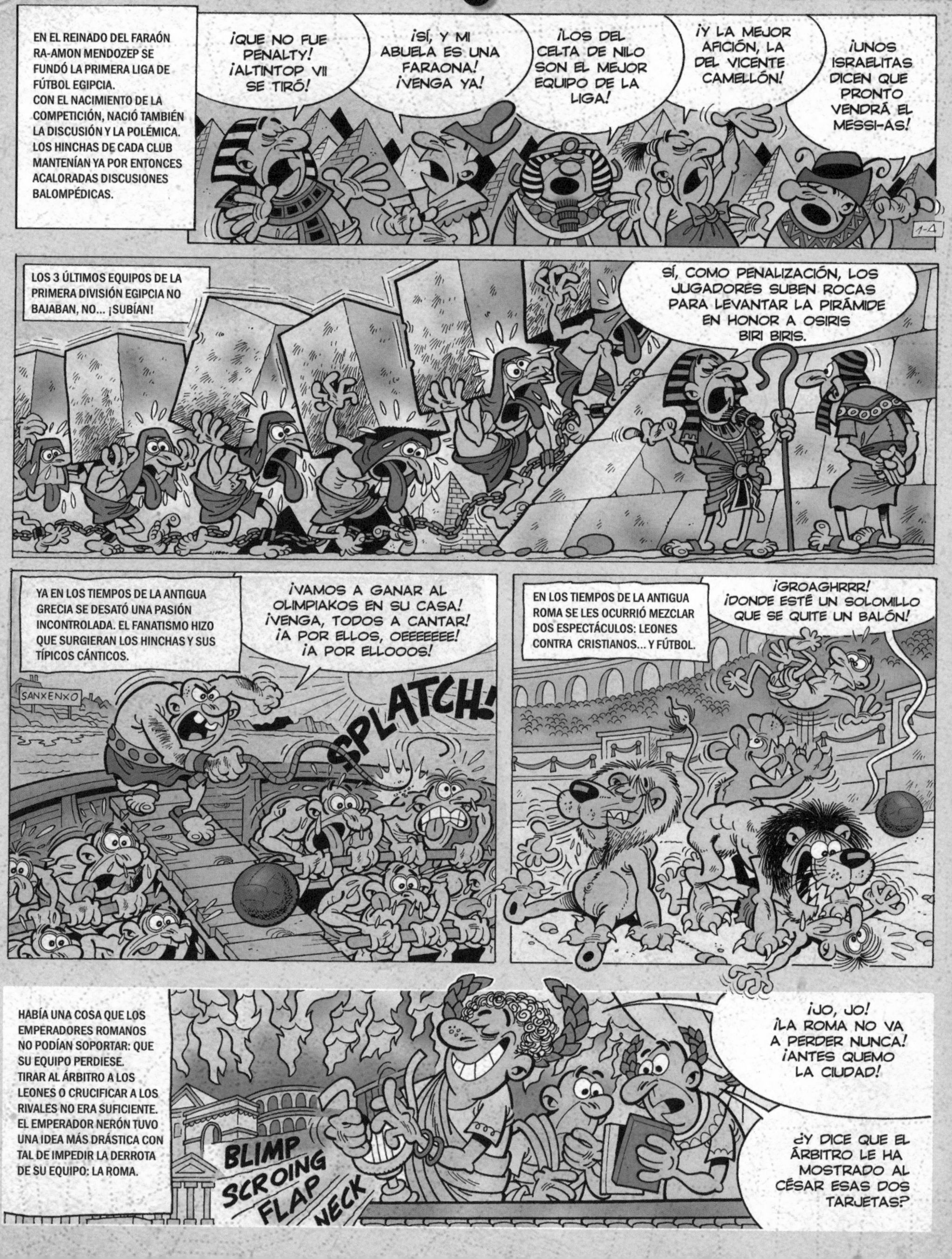
EN EL REINADO DEL FARAÓN RA-AMON MENDOZEP SE FUNDÓ LA PRIMERA LIGA DE FÚTBOL EGIPCIA. CON EL NACIMIENTO DE LA COMPETICIÓN, NACIÓ TAMBIÉN LA DISCUSIÓN Y LA POLÉMICA. LOS HINCHAS DE CADA CLUB MANTENÍAN YA POR ENTONCES ACALORADAS DISCUSIONES BALOMPÉDICAS.
¡QUE NO FUE PENALTY! ¡ALTINTOP VII SE TIRÓ!
¡SÍ, Y MI ABUELA ES UNA FARAONA! ¡VENGA YA!
¡LOS DEL CELTA DE NILO SON EL MEJOR EQUIPO DE LA LIGA!
¡Y LA MEJOR AFICIÓN, LA DEL VICENTE CAMELLÓN!
¡UNOS ISRAELITAS DICEN QUE PRONTO VENDRÁ EL MESSI-AS!
LOS 3 ÚLTIMOS EQUIPOS DE LA PRIMERA DIVISIÓN EGIPCIA NO BAJABAN, NO... ¡SUBÍAN!
SÍ, COMO PENALIZACIÓN, LOS JUGADORES SUBEN ROCAS PARA LEVANTAR LA PIRÁMIDE EN HONOR A OSIRIS BIRI BIRIS.
YA EN LOS TIEMPOS DE LA ANTIGUA GRECIA SE DESATÓ UNA PASIÓN INCONTROLADA. EL FANATISMO HIZO QUE SURGIERAN LOS HINCHAS Y SUS TÍPICOS CÁNTICOS.
¡VAMOS A GANAR AL OLIMPIAKOS EN SU CASA! ¡VENGA, TODOS A CANTAR! ¡A POR ELLOS, OEEEEEEE! ¡A POR ELLOOOS!
SANXENXO
SPLATCH!
EN LOS TIEMPOS DE LA ANTIGUA ROMA SE LES OCURRIÓ MEZCLAR DOS ESPECTÁCULOS: LEONES CONTRA CRISTIANOS... Y FÚTBOL.
¡GROAGHRRR! ¡DONDE ESTÉ UN SOLOMILLO QUE SE QUITE UN BALÓN!
HABÍA UNA COSA QUE LOS EMPERADORES ROMANOS NO PODÍAN SOPORTAR: QUE SU EQUIPO PERDIESE. TIRAR AL ÁRBITRO A LOS LEONES O CRUCIFICAR A LOS RIVALES NO ERA SUFICIENTE. EL EMPERADOR NERÓN TUVO UNA IDEA MÁS DRÁSTICA CON TAL DE IMPEDIR LA DERROTA DE SU EQUIPO: LA ROMA.
¡JO, JO! ¡LA ROMA NO VA A PERDER NUNCA! ¡ANTES QUEMO LA CIUDAD!
BLIMP
SCROING
FLAP
NECK
¿Y DICE QUE EL ÁRBITRO LE HA MOSTRADO AL CÉSAR ESAS DOS TARJETAS?

ARIÓ **SÍ, SÍ, AÚN HAY MÁS...**

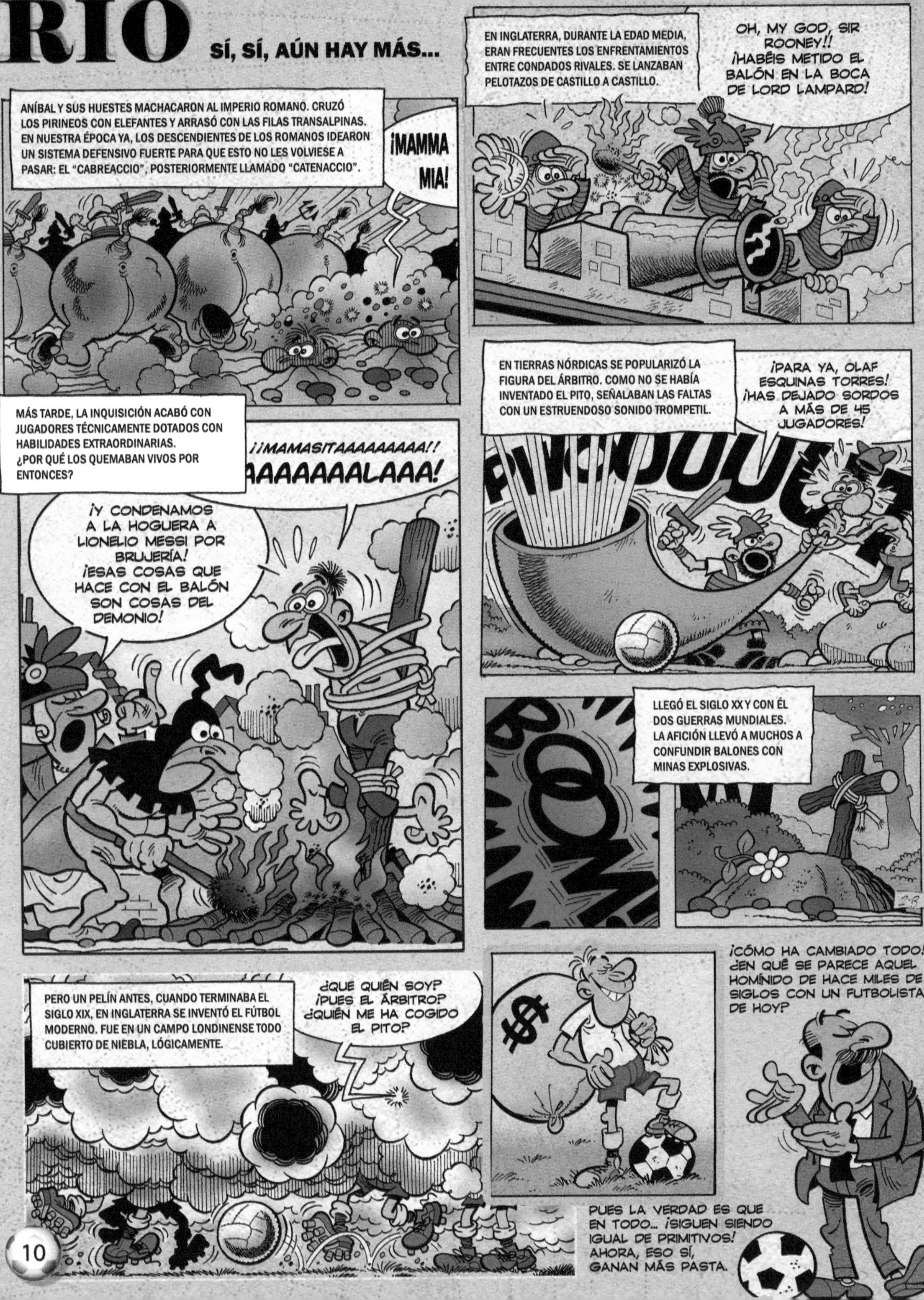

ANÍBAL Y SUS HUESTES MACHACARON AL IMPERIO ROMANO. CRUZÓ LOS PIRINEOS CON ELEFANTES Y ARRASÓ CON LAS FILAS TRANSALPINAS. EN NUESTRA ÉPOCA YA, LOS DESCENDIENTES DE LOS ROMANOS IDEARON UN SISTEMA DEFENSIVO FUERTE PARA QUE ESTO NO LES VOLVIESE A PASAR: EL "CABREACCIO", POSTERIORMENTE LLAMADO "CATENACCIO".
¡MAMMA MIA!
EN INGLATERRA, DURANTE LA EDAD MEDIA, ERAN FRECUENTES LOS ENFRENTAMIENTOS ENTRE CONDADOS RIVALES. SE LANZABAN PELOTAZOS DE CASTILLO A CASTILLO.
OH, MY GOD, SIR ROONEY!! ¡HABÉIS METIDO EL BALÓN EN LA BOCA DE LORD LAMPARD!
MÁS TARDE, LA INQUISICIÓN ACABÓ CON JUGADORES TÉCNICAMENTE DOTADOS CON HABILIDADES EXTRAORDINARIAS. ¿POR QUÉ LOS QUEMABAN VIVOS POR ENTONCES?
¡¡MAMASITAAAAAAAAAA!! AAAAAAALAAA!
¡Y CONDENAMOS A LA HOGUERA A LIONELIO MESSI POR BRUJERÍA! ¡ESAS COSAS QUE HACE CON EL BALÓN SON COSAS DEL DEMONIO!
EN TIERRAS NÓRDICAS SE POPULARIZÓ LA FIGURA DEL ÁRBITRO. COMO NO SE HABÍA INVENTADO EL PITO, SEÑALABAN LAS FALTAS CON UN ESTRUENDOSO SONIDO TROMPETIL.
¡PARA YA, OLAF ESQUINAS TORRES! ¡HAS DEJADO SORDOS A MÁS DE 45 JUGADORES!
PIUOOUUU
LLEGÓ EL SIGLO XX Y CON ÉL DOS GUERRAS MUNDIALES. LA AFICIÓN LLEVÓ A MUCHOS A CONFUNDIR BALONES CON MINAS EXPLOSIVAS.
BOOM!
PERO UN PELÍN ANTES, CUANDO TERMINABA EL SIGLO XIX, EN INGLATERRA SE INVENTÓ EL FÚTBOL MODERNO. FUE EN UN CAMPO LONDINENSE TODO CUBIERTO DE NIEBLA, LÓGICAMENTE.
¿QUE QUIÉN SOY? ¡PUES EL ÁRBITRO? ¿QUIÉN ME HA COGIDO EL PITO?
¡CÓMO HA CAMBIADO TODO! ¿EN QUÉ SE PARECE AQUEL HOMÍNIDO DE HACE MILES DE SIGLOS CON UN FUTBOLISTA DE HOY?
PUES LA VERDAD ES QUE EN TODO... ¡SIGUEN SIENDO IGUAL DE PRIMITIVOS! AHORA, ESO SÍ, GANAN MÁS PASTA.

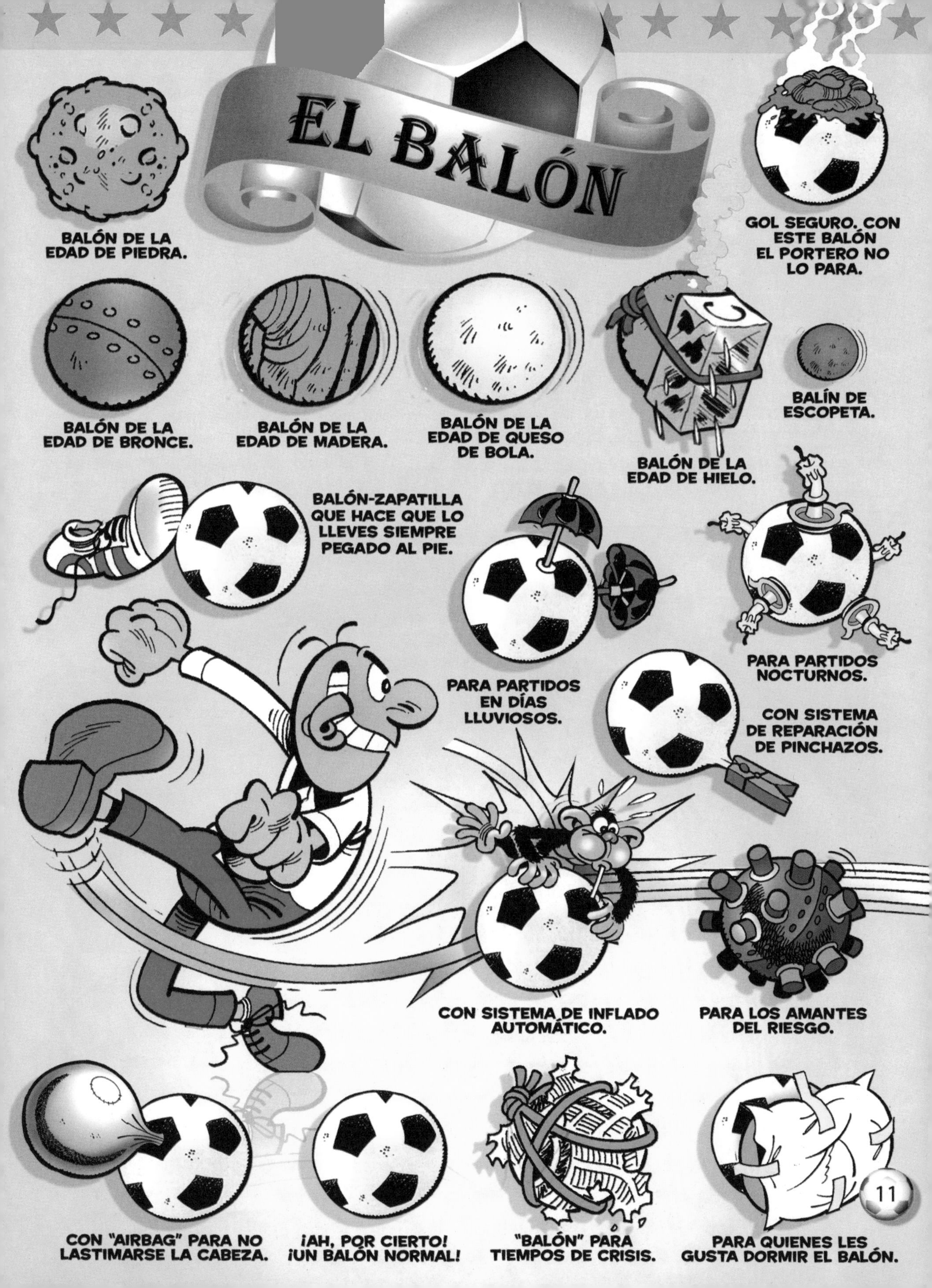
EL BALÓN
BALÓN DE LA EDAD DE PIEDRA.
GOL SEGURO. CON ESTE BALÓN EL PORTERO NO LO PARA.
BALÓN DE LA EDAD DE BRONCE.
BALÓN DE LA EDAD DE MADERA.
BALÓN DE LA EDAD DE QUESO DE BOLA.
BALÓN DE LA EDAD DE HIELO.
BALÍN DE ESCOPETA.
BALÓN-ZAPATILLA QUE HACE QUE LO LLEVES SIEMPRE PEGADO AL PIE.
PARA PARTIDOS EN DÍAS LLUVIOSOS.
PARA PARTIDOS NOCTURNOS.
CON SISTEMA DE REPARACIÓN DE PINCHAZOS.
CON SISTEMA DE INFLADO AUTOMÁTICO.
PARA LOS AMANTES DEL RIESGO.
CON "AIRBAG" PARA NO LASTIMARSE LA CABEZA.
¡AH, POR CIERTO! ¡UN BALÓN NORMAL!
"BALÓN" PARA TIEMPOS DE CRISIS.
PARA QUIENES LES GUSTA DORMIR EL BALÓN.

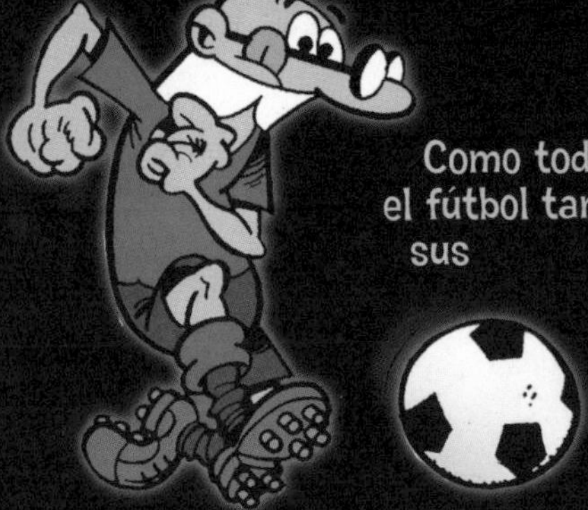

Como toda actividad, el fútbol también tiene sus

Frases

No dejes para mañana los goles que puedas meter hoy.

Chutando se entiende la gente.

Que cada palo aguante su portería.

Chuta bien y no mires a quién.

A BUEN REMATADOR, POCOS BALONES BASTAN.

Cuando el pito suena, árbitro se acerca.

EN MARTES (SI HAY CHAMPIONS), NI TE CASES NI TE EMBARQUES.

Bienaventurados los que chutan, porque de ellos será el reino de la Champions.

DIOS LOS CRÍA Y ELLOS SE CHUTAN.

Árbitro que no ve, patadón que se siente.

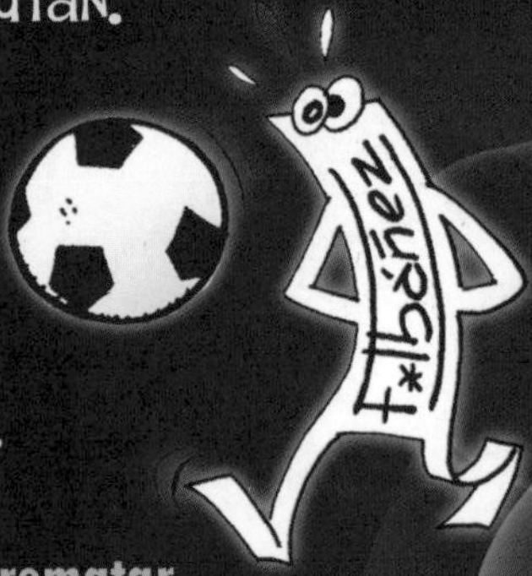

Árbitro malo nunca muere.

El hombre es el único animal que chuta dos veces el mismo balón.

No por mucho rematar se vence más temprano.

Ver la falta en el área ajena y no el penalty en la propia.

Dime con quién andas y te diré de qué equipo eres.

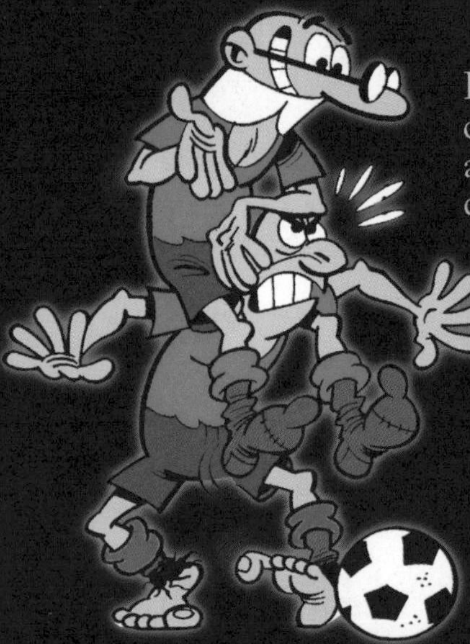

En un lugar del área de cuyo nombre no puedo acordarme, chutó un delantero, etc., etc...

Quien bien te quiere te hará marcar.

Árbitro ladrador, poco mordedor.

Más vale pelota en mano que cien vola... ¡Huy, no, que es falta! ¡O penalti!

Balón que no has de meter, déjalo correr.

Célebres

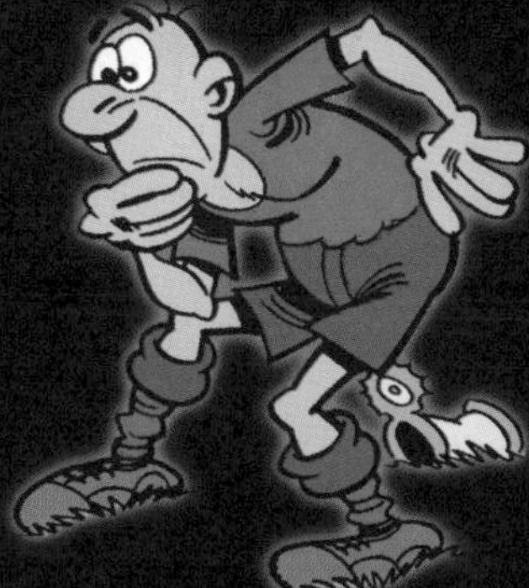

Donde hay balón no manda marinero.

Más vale estar solo en el área que mal acompañado.

Más vale caño que fuerza.

A lío en el área, ganancia de rematadores.

QUIEN A BUEN CÓRNER SE ARRIMA, BUEN REMATE LE COBIJA.

Chuto, luego existo.

Éramos pocos y chutó la abuela.

Amarás al balón sobre todas las cosas.

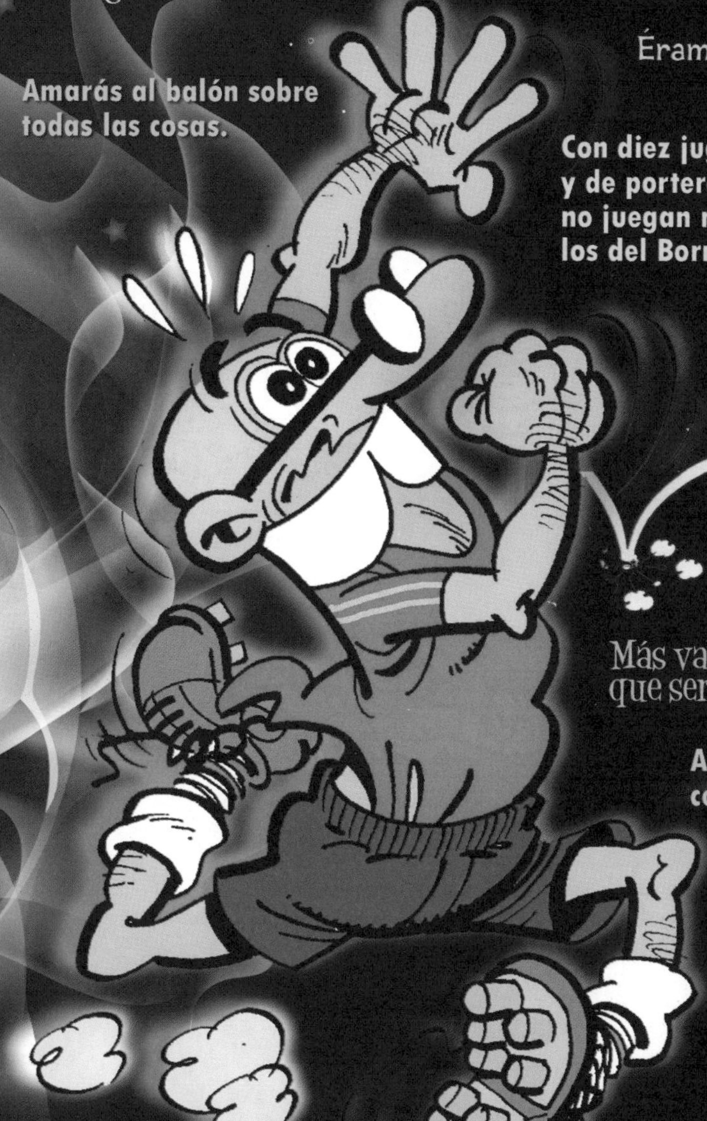

Con diez jugones por banda,
y de portera la abuela,
no juegan mal, no, ¡dan pena!
los del Borricón Drim Tim.

EL QUE NO LLORA Y FINGE PENALTI, NO MAMÁ.

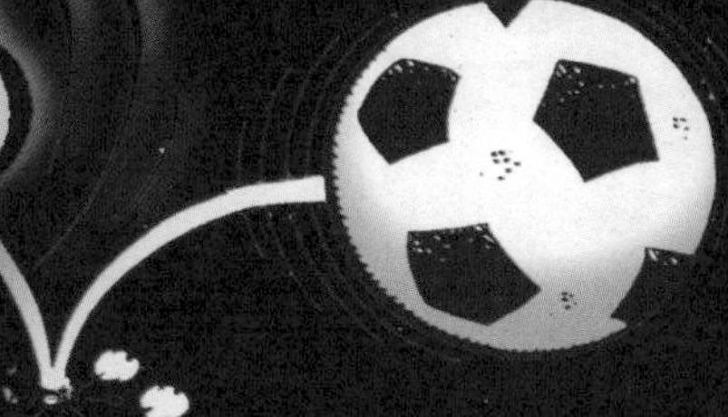

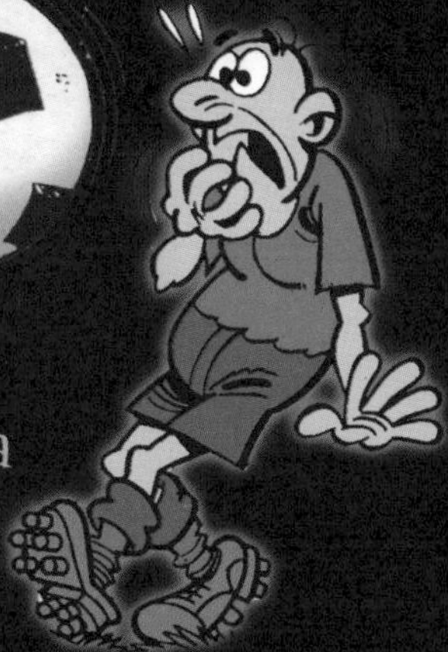

Más vale caer en el área que ser habilidoso.

Amarás al árbitro como a ti mismo. O no.

QUIEN MAL REMATA, MAL ACABA.

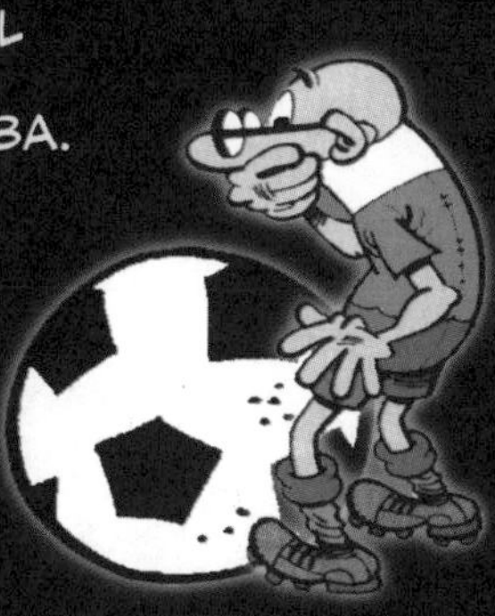

El hombre propone y Platini dispone.

Nunca digas "por este equipo no ficharé".

DE LA MAR, EL MERO, Y DE LA TIERRA, EL DELANTERO.

¡Que la *UEFA* te acompañe!

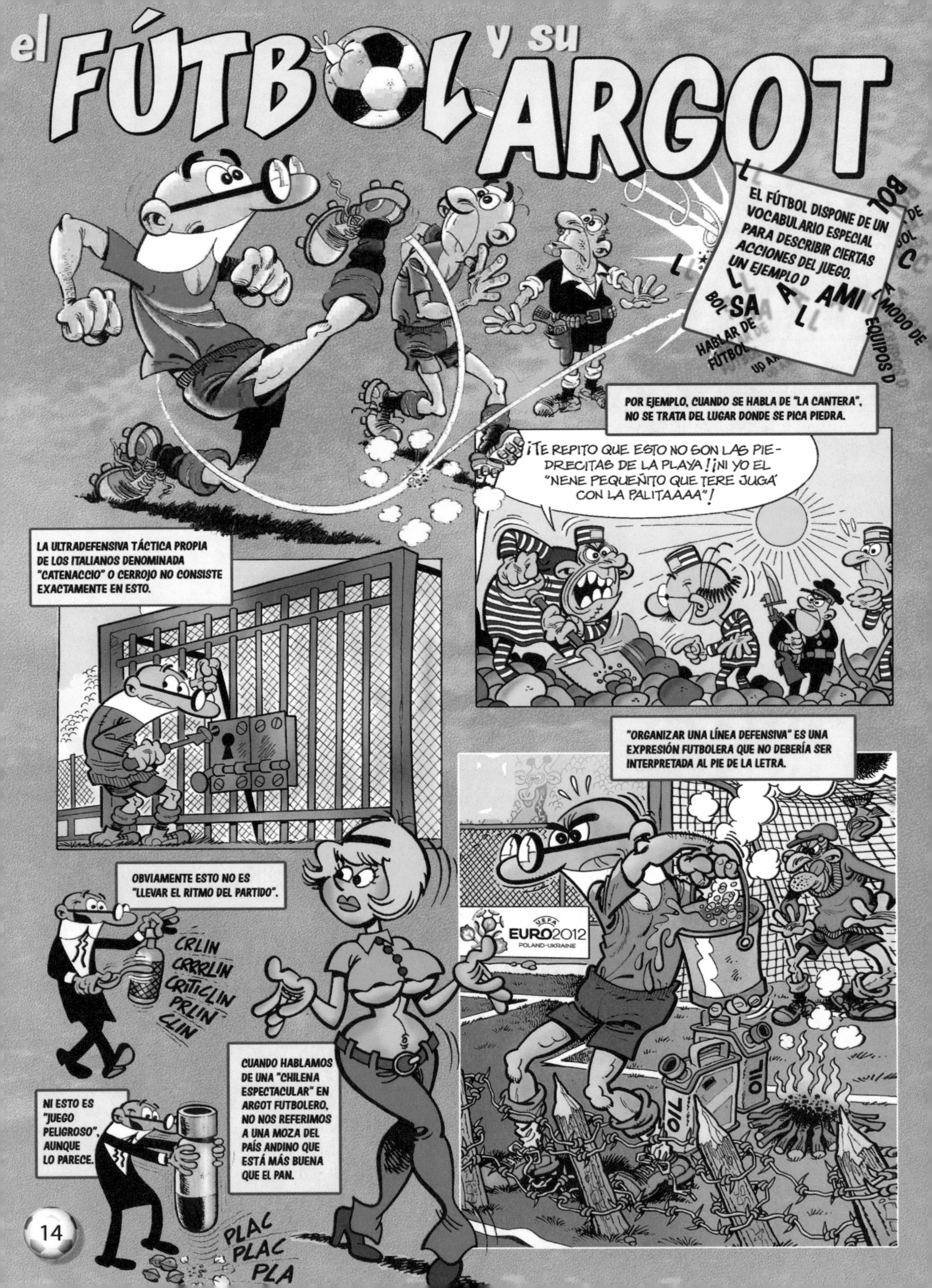

el FÚTBOL y su ARGOT
EL FÚTBOL DISPONE DE UN VOCABULARIO ESPECIAL PARA DESCRIBIR CIERTAS ACCIONES DEL JUEGO. UN EJEMPLO D
POR EJEMPLO, CUANDO SE HABLA DE "LA CANTERA", NO SE TRATA DEL LUGAR DONDE SE PICA PIEDRA.
¡TE REPITO QUE ESTO NO SON LAS PIEDRECITAS DE LA PLAYA! ¡NI YO EL "NENE PEQUEÑITO QUE TERE JUGÁ CON LA PALITAAAA"!
LA ULTRADEFENSIVA TÁCTICA PROPIA DE LOS ITALIANOS DENOMINADA "CATENACCIO" O CERROJO NO CONSISTE EXACTAMENTE EN ESTO.
"ORGANIZAR UNA LÍNEA DEFENSIVA" ES UNA EXPRESIÓN FUTBOLERA QUE NO DEBERÍA SER INTERPRETADA AL PIE DE LA LETRA.
UEFA EURO2012 POLAND-UKRAINE
OIL
OIL
OBVIAMENTE ESTO NO ES "LLEVAR EL RITMO DEL PARTIDO".
CRLIN
CRRRLIN
CRITICLIN
PRLIN
CLIN
CUANDO HABLAMOS DE UNA "CHILENA ESPECTACULAR" EN ARGOT FUTBOLERO, NO NOS REFERIMOS A UNA MOZA DEL PAÍS ANDINO QUE ESTÁ MÁS BUENA QUE EL PAN.
NI ESTO ES "JUEGO PELIGROSO", AUNQUE LO PARECE.
PLAC
PLAC
PLA

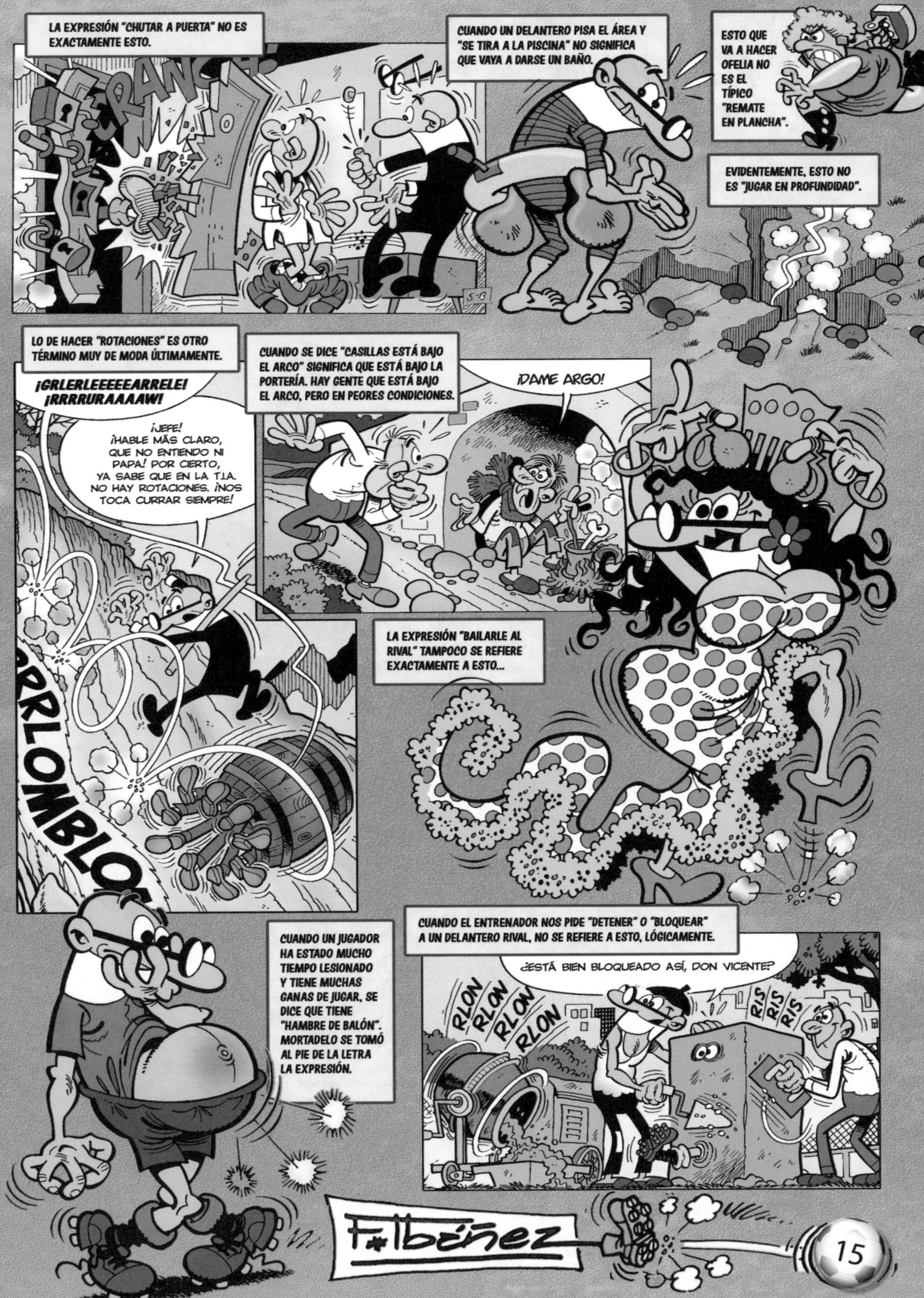
LA EXPRESIÓN "CHUTAR A PUERTA" NO ES EXACTAMENTE ESTO.
CUANDO UN DELANTERO PISA EL ÁREA Y "SE TIRA A LA PISCINA" NO SIGNIFICA QUE VAYA A DARSE UN BAÑO.
ESTO QUE VA A HACER OFELIA NO ES EL TÍPICO "REMATE EN PLANCHA".
EVIDENTEMENTE, ESTO NO ES "JUGAR EN PROFUNDIDAD".
LO DE HACER "ROTACIONES" ES OTRO TÉRMINO MUY DE MODA ÚLTIMAMENTE.
¡GRLERLEEEEEARRELE! ¡RRRRURAAAAW!
¡JEFE! ¡HABLE MÁS CLARO, QUE NO ENTIENDO NI PAPA! POR CIERTO, YA SABE QUE EN LA T.I.A. NO HAY ROTACIONES. ¡NOS TOCA CURRAR SIEMPRE!
CUANDO SE DICE "CASILLAS ESTÁ BAJO EL ARCO" SIGNIFICA QUE ESTÁ BAJO LA PORTERÍA. HAY GENTE QUE ESTÁ BAJO EL ARCO, PERO EN PEORES CONDICIONES.
¡DAME ARGO!
LA EXPRESIÓN "BAILARLE AL RIVAL" TAMPOCO SE REFIERE EXACTAMENTE A ESTO...
CUANDO UN JUGADOR HA ESTADO MUCHO TIEMPO LESIONADO Y TIENE MUCHAS GANAS DE JUGAR, SE DICE QUE TIENE "HAMBRE DE BALÓN". MORTADELO SE TOMÓ AL PIE DE LA LETRA LA EXPRESIÓN.
CUANDO EL ENTRENADOR NOS PIDE "DETENER" O "BLOQUEAR" A UN DELANTERO RIVAL, NO SE REFIERE A ESTO, LÓGICAMENTE.
¿ESTÁ BIEN BLOQUEADO ASÍ, DON VICENTE?
RLON RLON RLON RLON
RIS RIS RIS

EL ENTREN

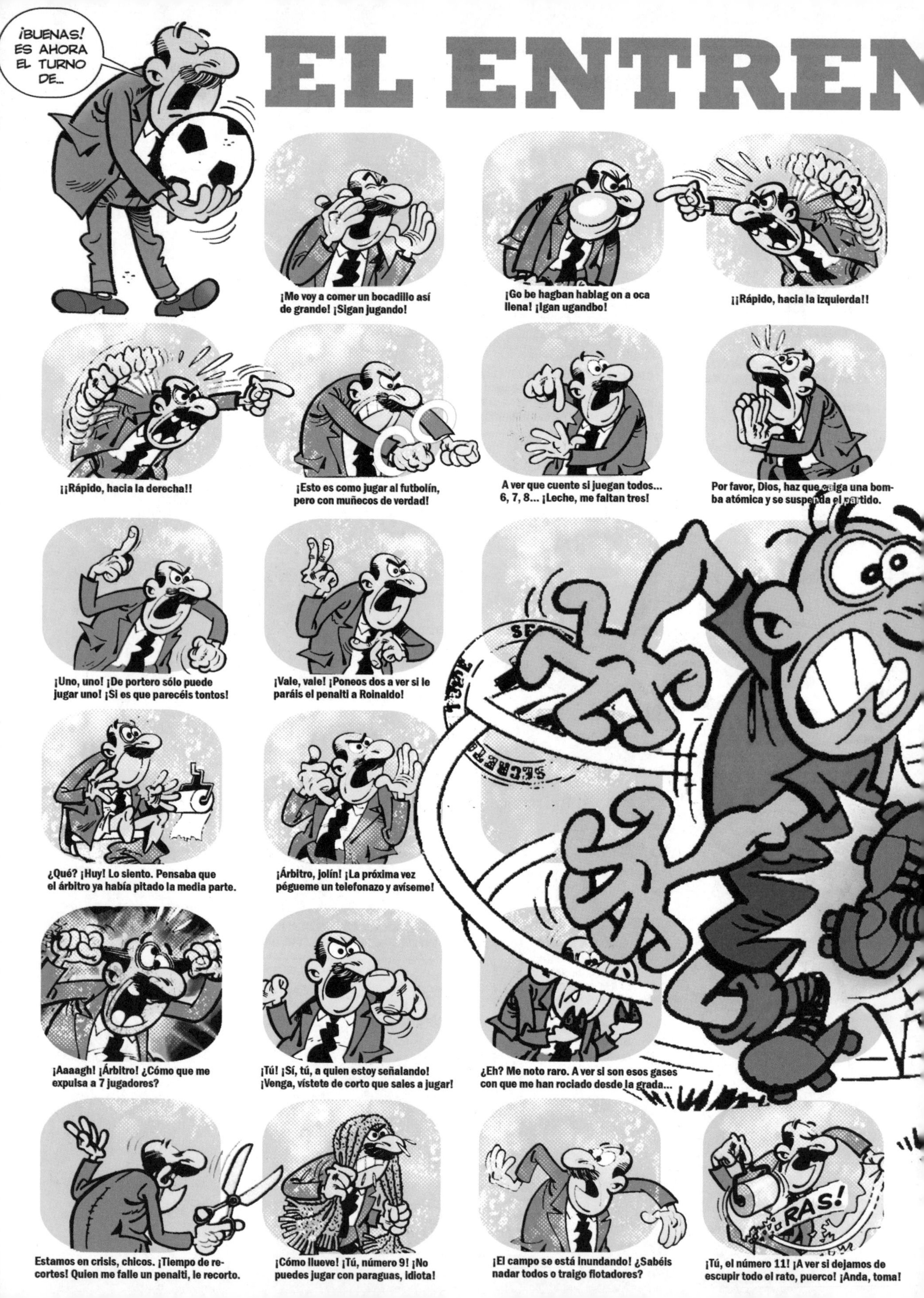

¡BUENAS! ES AHORA EL TURNO DE...
¡Me voy a comer un bocadillo así de grande! ¡Sigan jugando!
¡Go be hagban hablag on a oca llena! ¡Igan ugandbo!
¡¡Rápido, hacia la izquierda!!
¡¡Rápido, hacia la derecha!!
¡Esto es como jugar al futbolín, pero con muñecos de verdad!
A ver que cuente si juegan todos... 6, 7, 8... ¡Leche, me faltan tres!
Por favor, Dios, haz que caiga una bom-ba atómica y se suspenda el partido.
¡Uno, uno! ¡De portero sólo puede jugar uno! ¡Si es que parecéis tontos!
¡Vale, vale! ¡Poneos dos a ver si le paráis el penalti a Roinaldo!
¿Qué? ¡Huy! Lo siento. Pensaba que el árbitro ya había pitado la media parte.
¡Árbitro, jolín! ¡La próxima vez pégueme un telefonazo y avíseme!
¡Aaaagh! ¡Árbitro! ¿Cómo que me expulsa a 7 jugadores?
¡Tú! ¡Sí, tú, a quien estoy señalando! ¡Venga, vístete de corto que sales a jugar!
¿Eh? Me noto raro. A ver si son esos gases con que me han rociado desde la grada...
Estamos en crisis, chicos. ¡Tiempo de re-cortes! Quien me falle un penalti, le recorto.
¡Cómo llueve! ¡Tú, número 9! ¡No puedes jugar con paraguas, idiota!
¡El campo se está inundando! ¿Sabéis nadar todos o traigo flotadores?
RAS!
¡Tú, el número 11! ¡A ver si dejamos de escupir todo el rato, puerco! ¡Anda, toma!

ADOR

Si observamos un partido, veremos que el entrenador siempre está haciendo gestos. ¿Qué significan? Imaginemos que Vicente (el Súper) es entrenador.

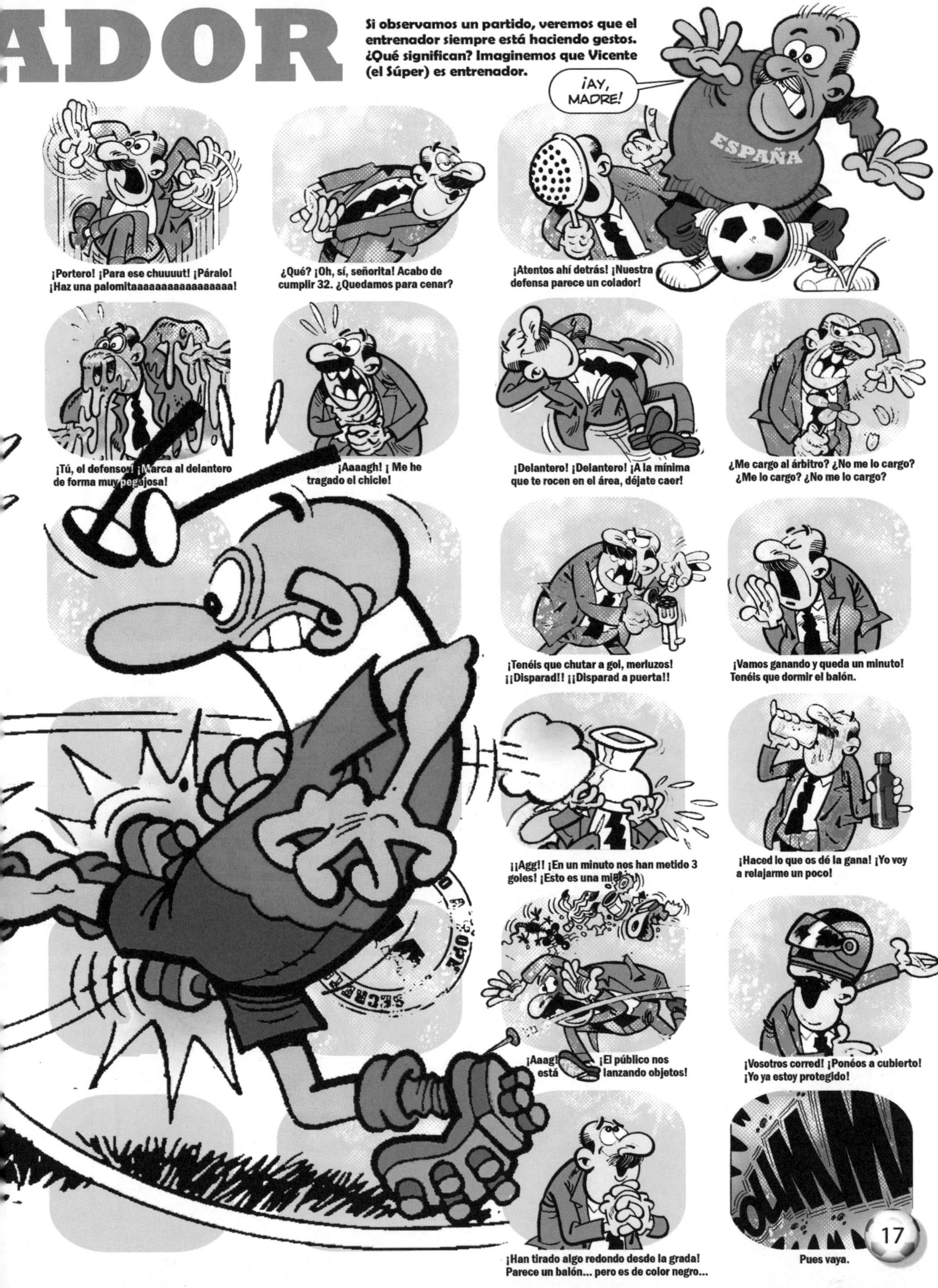

¡AY, MADRE!
ESPAÑA

¡Portero! ¡Para ese chuuuut! ¡Páralo! ¡Haz una palomitaaaaaaaaaaaaaaaa!

¿Qué? ¡Oh, sí, señorita! Acabo de cumplir 32. ¿Quedamos para cenar?

¡Atentos ahí detrás! ¡Nuestra defensa parece un colador!

¡Tú, el defensor! ¡Marca al delantero de forma muy pegajosa!

¡Aaaagh! ¡ Me he tragado el chicle!

¡Delantero! ¡Delantero! ¡A la mínima que te rocen en el área, déjate caer!

¿Me cargo al árbitro? ¿No me lo cargo? ¿Me lo cargo? ¿No me lo cargo?

¡Tenéis que chutar a gol, merluzos! ¡¡Disparad!! ¡¡Disparad a puerta!!

¡Vamos ganando y queda un minuto! Tenéis que dormir el balón.

¡¡Agg!! ¡En un minuto nos han metido 3 goles! ¡Esto es una mi...

¡Haced lo que os dé la gana! ¡Yo voy a relajarme un poco!

¡Aaag! ... está ... ¡El público nos ... lanzando objetos!

¡Vosotros corred! ¡Ponéos a cubierto! ¡Yo ya estoy protegido!

¡Han tirado algo redondo desde la grada! Parece un balón... pero es de color negro...

Pues vaya.

JUEGO LIMPIO

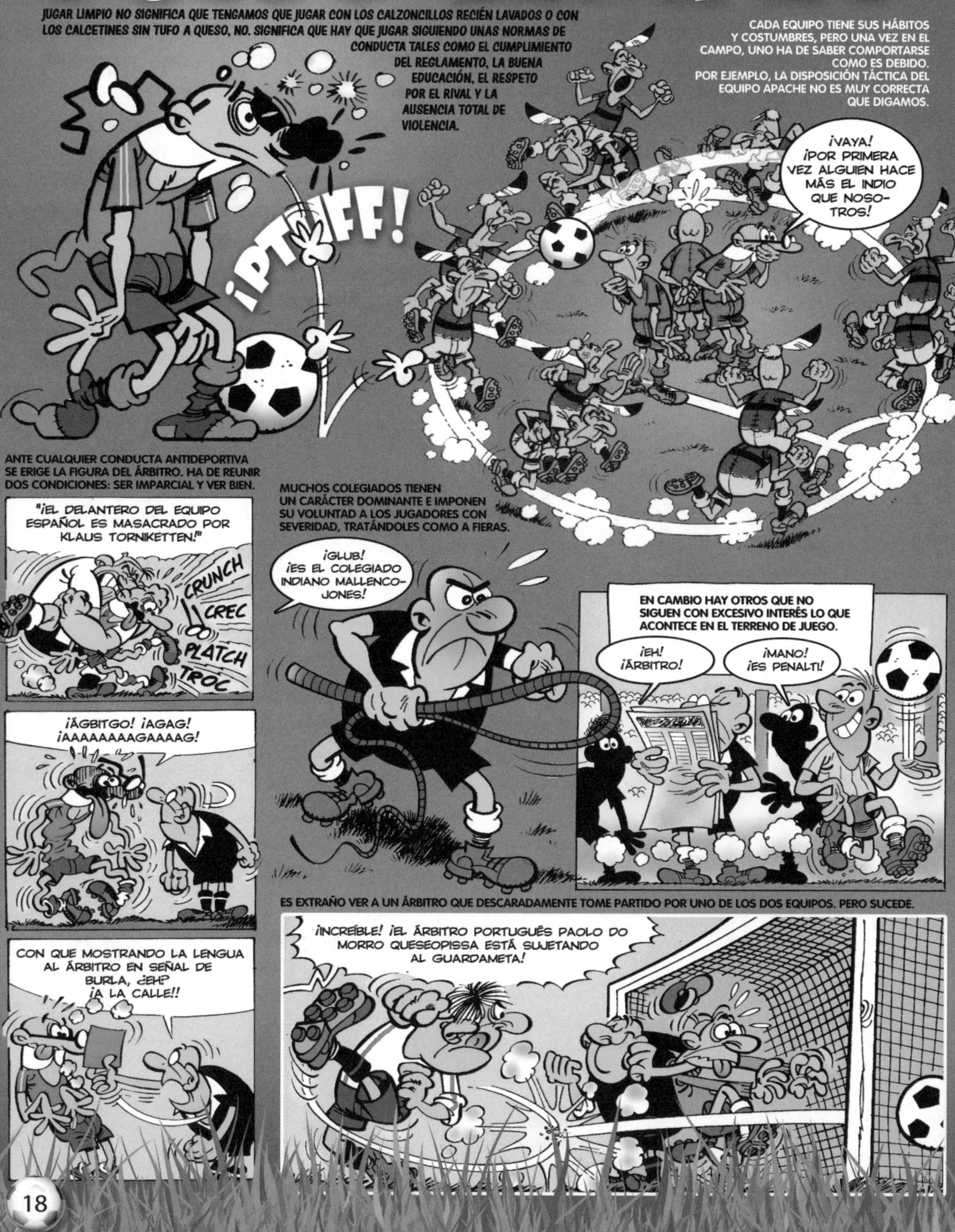

JUGAR LIMPIO NO SIGNIFICA QUE TENGAMOS QUE JUGAR CON LOS CALZONCILLOS RECIÉN LAVADOS O CON LOS CALCETINES SIN TUFO A QUESO, NO. SIGNIFICA QUE HAY QUE JUGAR SIGUIENDO UNAS NORMAS DE CONDUCTA TALES COMO EL CUMPLIMIENTO DEL REGLAMENTO, LA BUENA EDUCACIÓN, EL RESPETO POR EL RIVAL Y LA AUSENCIA TOTAL DE VIOLENCIA.
¡PTFFF!
CADA EQUIPO TIENE SUS HÁBITOS Y COSTUMBRES, PERO UNA VEZ EN EL CAMPO, UNO HA DE SABER COMPORTARSE COMO ES DEBIDO. POR EJEMPLO, LA DISPOSICIÓN TÁCTICA DEL EQUIPO APACHE NO ES MUY CORRECTA QUE DIGAMOS.
¡VAYA! ¡POR PRIMERA VEZ ALGUIEN HACE MÁS EL INDIO QUE NOSOTROS!
ANTE CUALQUIER CONDUCTA ANTIDEPORTIVA SE ERIGE LA FIGURA DEL ÁRBITRO. HA DE REUNIR DOS CONDICIONES: SER IMPARCIAL Y VER BIEN.
"¡EL DELANTERO DEL EQUIPO ESPAÑOL ES MASACRADO POR KLAUS TORNIKETTEN!"
CRUNCH
CREC
PLATCH
TROC
¡ÁGBITGO! ¡AGAG! ¡AAAAAAAAGAAAAG!
CON QUE MOSTRANDO LA LENGUA AL ÁRBITRO EN SEÑAL DE BURLA, ¿EH? ¡A LA CALLE!!
MUCHOS COLEGIADOS TIENEN UN CARÁCTER DOMINANTE E IMPONEN SU VOLUNTAD A LOS JUGADORES CON SEVERIDAD, TRATÁNDOLES COMO A FIERAS.
¡GLUB! ¡ES EL COLEGIADO INDIANO MALLENCO-JONES!
EN CAMBIO HAY OTROS QUE NO SIGUEN CON EXCESIVO INTERÉS LO QUE ACONTECE EN EL TERRENO DE JUEGO.
¡EH! ¡ÁRBITRO!
¡MANO! ¡ES PENALTI!
ES EXTRAÑO VER A UN ÁRBITRO QUE DESCARADAMENTE TOME PARTIDO POR UNO DE LOS DOS EQUIPOS. PERO SUCEDE.
¡INCREÍBLE! ¡EL ÁRBITRO PORTUGUÉS PAOLO DO MORRO QUESEOPISSA ESTÁ SUJETANDO AL GUARDAMETA!

PESE A ESA ACTITUD POCO DEPORTIVA, LO QUE TAMPOCO SE DEBE HACER ES TOMARSE UNO LA JUSTICIA POR SU MANO.

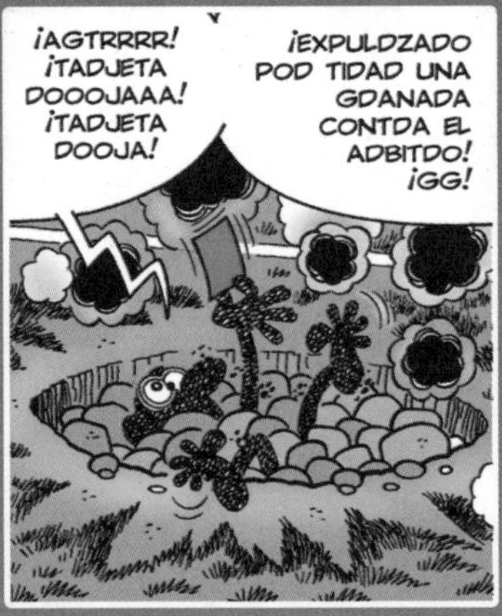
¡AGTRRRR! ¡TADJETA DOOOJAAA! ¡TADJETA DOOJA!
¡EXPULDZADO POD TIDAD UNA GDANADA CONTDA EL ADBITDO! ¡GG!

EN CUANTO AL ESTILO DE JUEGO, HAY EQUIPOS QUE LOGRAN INTIMIDAR AL RIVAL CON TAL DE QUE NO LES ROBEN EL BALÓN.

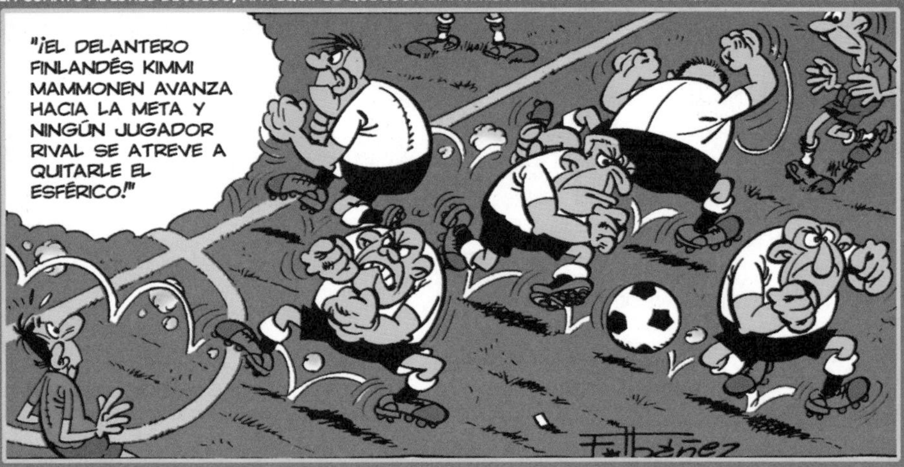
"¡EL DELANTERO FINLANDÉS KIMM! MAMMONEN AVANZA HACIA LA META Y NINGÚN JUGADOR RIVAL SE ATREVE A QUITARLE EL ESFÉRICO!"

ES EN PARTIDOS DE CATEGORÍAS INFERIORES DONDE, HABITUALMENTE, SE DAN MÁS CASOS DE VIOLENCIA.

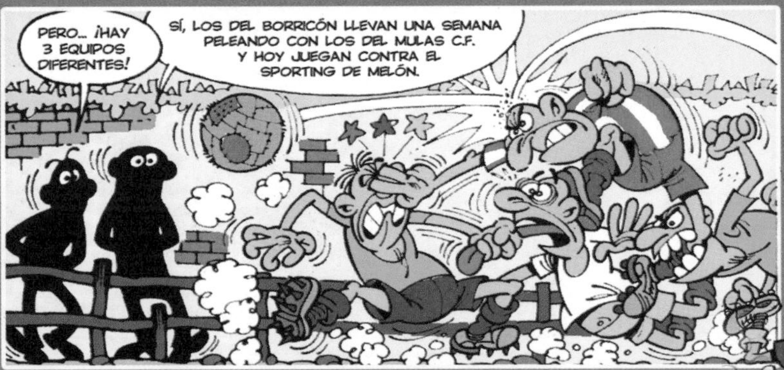
PERO... ¡HAY 3 EQUIPOS DIFERENTES!
SÍ, LOS DEL BORRICÓN LLEVAN UNA SEMANA PELEANDO CON LOS DEL MULAS C.F. Y HOY JUEGAN CONTRA EL SPORTING DE MELÓN.

ES ESPECIALMENTE IMPORTANTE SABER PERDER.

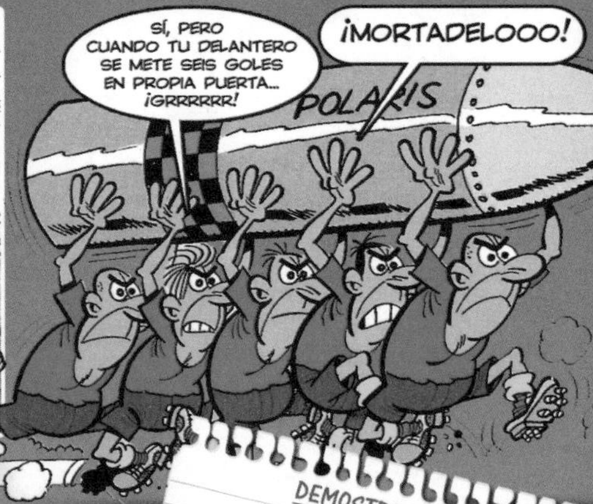
SÍ, PERO CUANDO TU DELANTERO SE METE SEIS GOLES EN PROPIA PUERTA... ¡GRRRRRR!
¡MORTADELOOO!
POLARIS

Y AHORA, UN ASUNTO ASQUEROSO...

EL ESCUPITAJO

¿SE HA FIJADO EN QUE DURANTE UN PARTIDO, CUANDO LA CÁMARA OFRECE UN PRIMER PLANO DE UN JUGADOR, ESTE SIEMPRE ESTÁ ESCUPIENDO O SONÁNDOSE LOS MOCOS?

¡HABRÍA QUE AMONESTARLES!

DEMOSTRACIÓN PRÁCTICA

Si un jugador escupe una vez cada 10 segundos, al cabo de los 90 minutos de juego habrá escupido 540 veces.
Si esto lo multiplicamos por los 22 jugadores da un total de 11.800 escupitajos.
(No hay indicios de que los 4 árbitros escupan.)
Si el terreno de juego tiene 6.800 metros cuadrados, habrá entonces casi 2 salivazos por metro cuadrado.
¡Menuda guarrada!

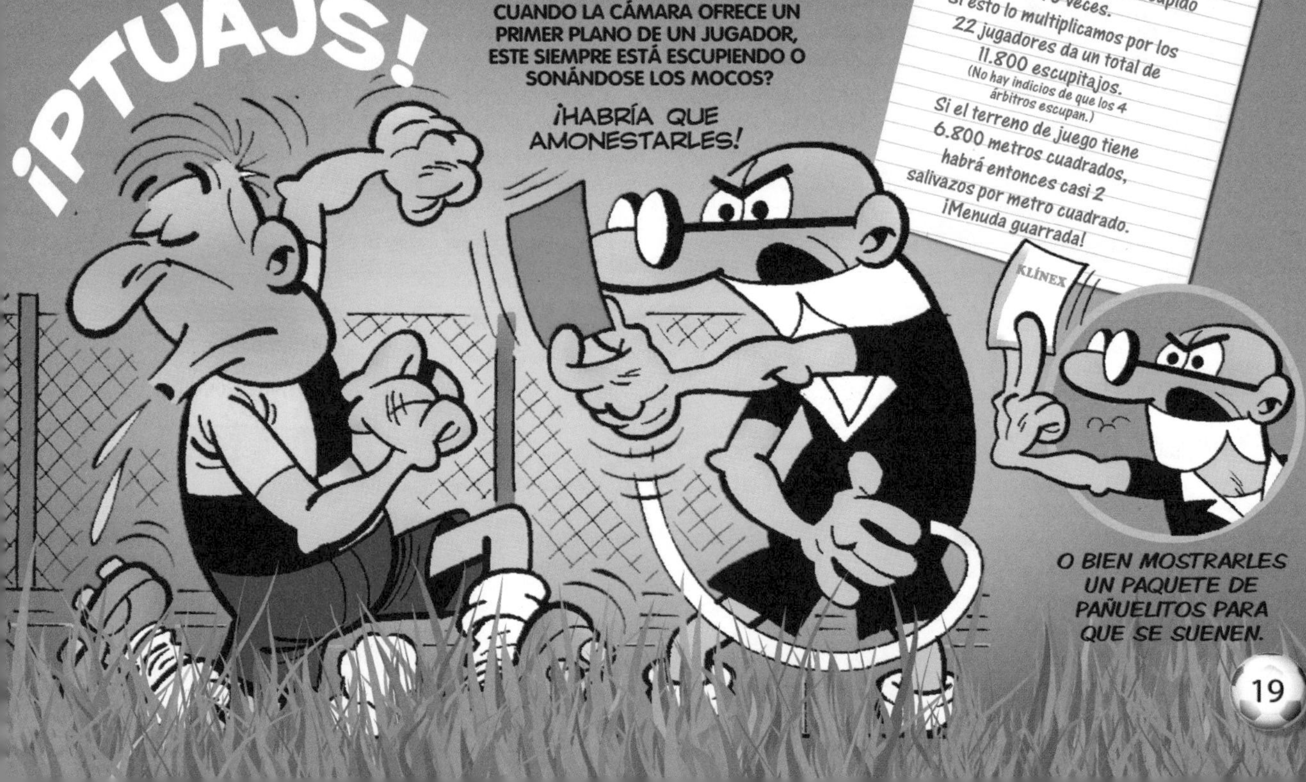
¡PTUAJS!
KLÍNEX

O BIEN MOSTRARLES UN PAQUETE DE PAÑUELITOS PARA QUE SE SUENEN.

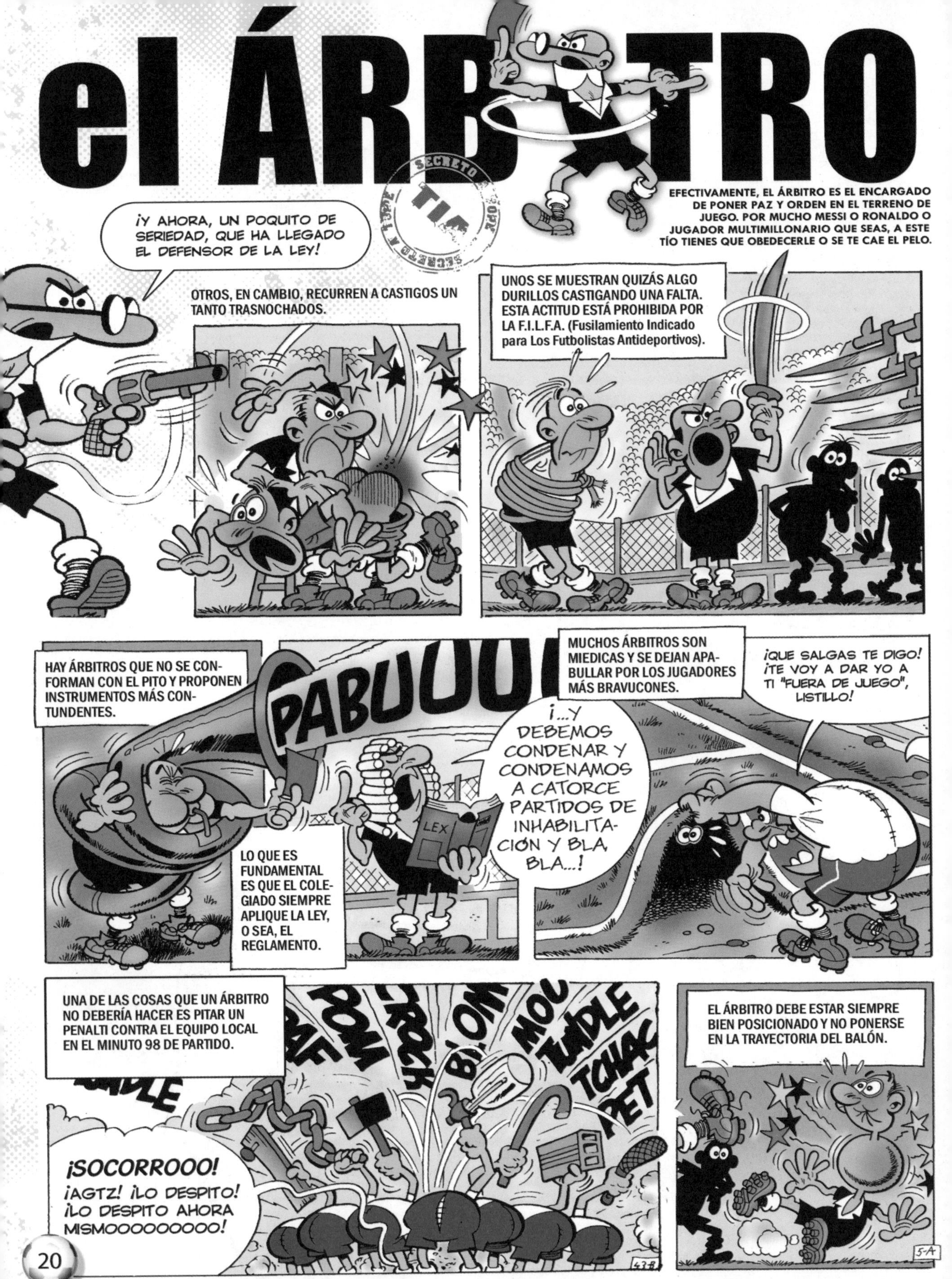
el ÁRBITRO
SECRETO TIA
EFECTIVAMENTE, EL ÁRBITRO ES EL ENCARGADO DE PONER PAZ Y ORDEN EN EL TERRENO DE JUEGO. POR MUCHO MESSI O RONALDO O JUGADOR MULTIMILLONARIO QUE SEAS, A ESTE TÍO TIENES QUE OBEDECERLE O SE TE CAE EL PELO.
¡Y AHORA, UN POQUITO DE SERIEDAD, QUE HA LLEGADO EL DEFENSOR DE LA LEY!
OTROS, EN CAMBIO, RECURREN A CASTIGOS UN TANTO TRASNOCHADOS.
UNOS SE MUESTRAN QUIZÁS ALGO DURILLOS CASTIGANDO UNA FALTA. ESTA ACTITUD ESTÁ PROHIBIDA POR LA F.I.L.F.A. (Fusilamiento Indicado para Los Futbolistas Antideportivos).
HAY ÁRBITROS QUE NO SE CONFORMAN CON EL PITO Y PROPONEN INSTRUMENTOS MÁS CONTUNDENTES.
PABUUU
LO QUE ES FUNDAMENTAL ES QUE EL COLEGIADO SIEMPRE APLIQUE LA LEY, O SEA, EL REGLAMENTO.
LEX
¡...Y DEBEMOS CONDENAR Y CONDENAMOS A CATORCE PARTIDOS DE INHABILITACIÓN Y BLA BLA...!
MUCHOS ÁRBITROS SON MIEDICAS Y SE DEJAN APABULLAR POR LOS JUGADORES MÁS BRAVUCONES.
¡QUE SALGAS TE DIGO! ¡TE VOY A DAR YO A TI "FUERA DE JUEGO", LISTILLO!
UNA DE LAS COSAS QUE UN ÁRBITRO NO DEBERÍA HACER ES PITAR UN PENALTI CONTRA EL EQUIPO LOCAL EN EL MINUTO 98 DE PARTIDO.
POM
CROCK
BLOM
TCHAC
PET
¡SOCORROOO!
¡AGTZ! ¡LO DESPITO! ¡LO DESPITO AHORA MISMOOOOOOOOO!
EL ÁRBITRO DEBE ESTAR SIEMPRE BIEN POSICIONADO Y NO PONERSE EN LA TRAYECTORIA DEL BALÓN.

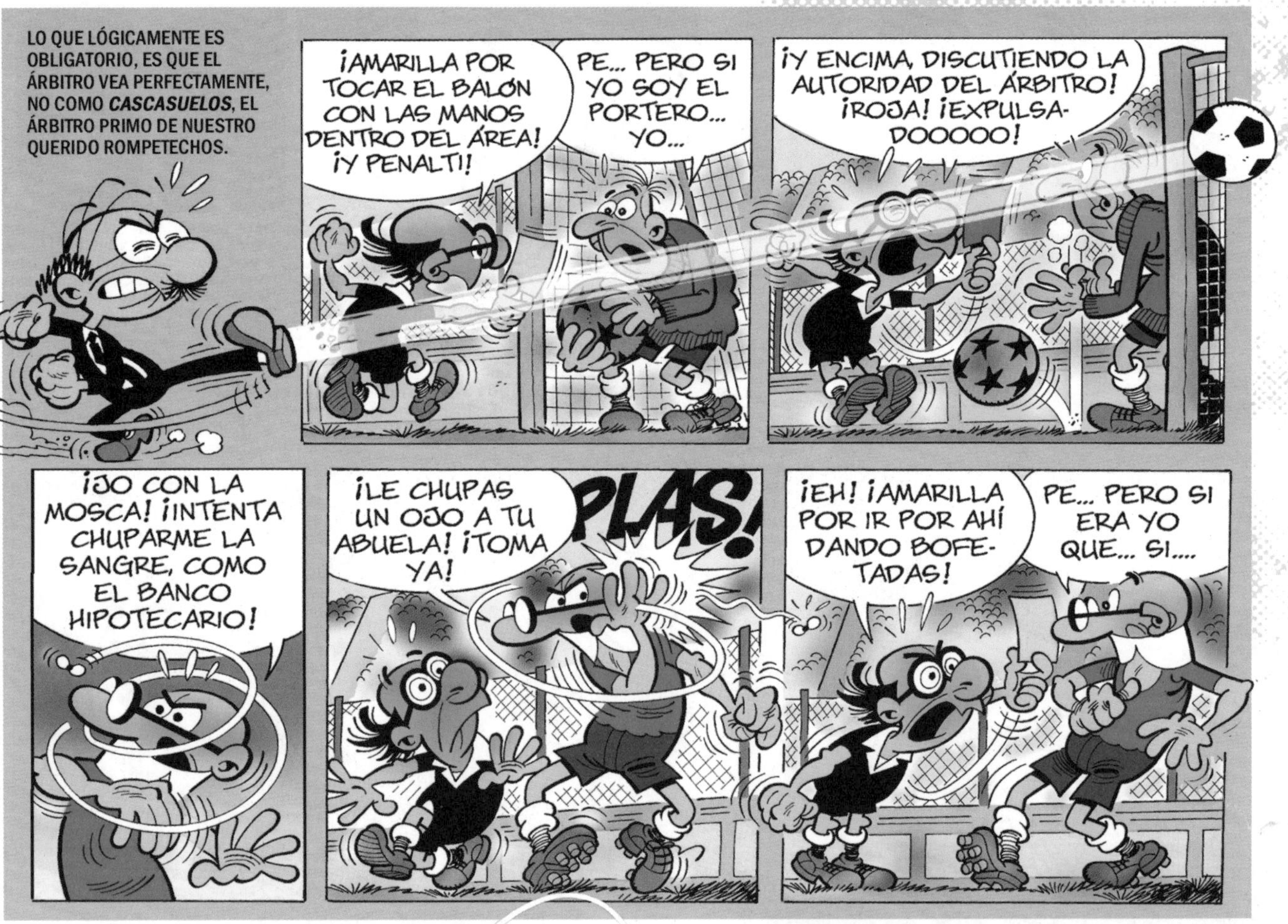
LO QUE LÓGICAMENTE ES OBLIGATORIO, ES QUE EL ÁRBITRO VEA PERFECTAMENTE, NO COMO *CASCASUELOS*, EL ÁRBITRO PRIMO DE NUESTRO QUERIDO ROMPETECHOS.
¡AMARILLA POR TOCAR EL BALÓN CON LAS MANOS DENTRO DEL ÁREA! ¡Y PENALTI!
PE... PERO SI YO SOY EL PORTERO... YO...
¡Y ENCIMA, DISCUTIENDO LA AUTORIDAD DEL ÁRBITRO! ¡ROJA! ¡EXPULSA-DOOOOOO!
¡JO CON LA MOSCA! ¡INTENTA CHUPARME LA SANGRE, COMO EL BANCO HIPOTECARIO!
¡LE CHUPAS UN OJO A TU ABUELA! ¡TOMA YA!
PLAS!
¡EH! ¡AMARILLA POR IR POR AHÍ DANDO BOFETADAS!
PE... PERO SI ERA YO QUE... SI....

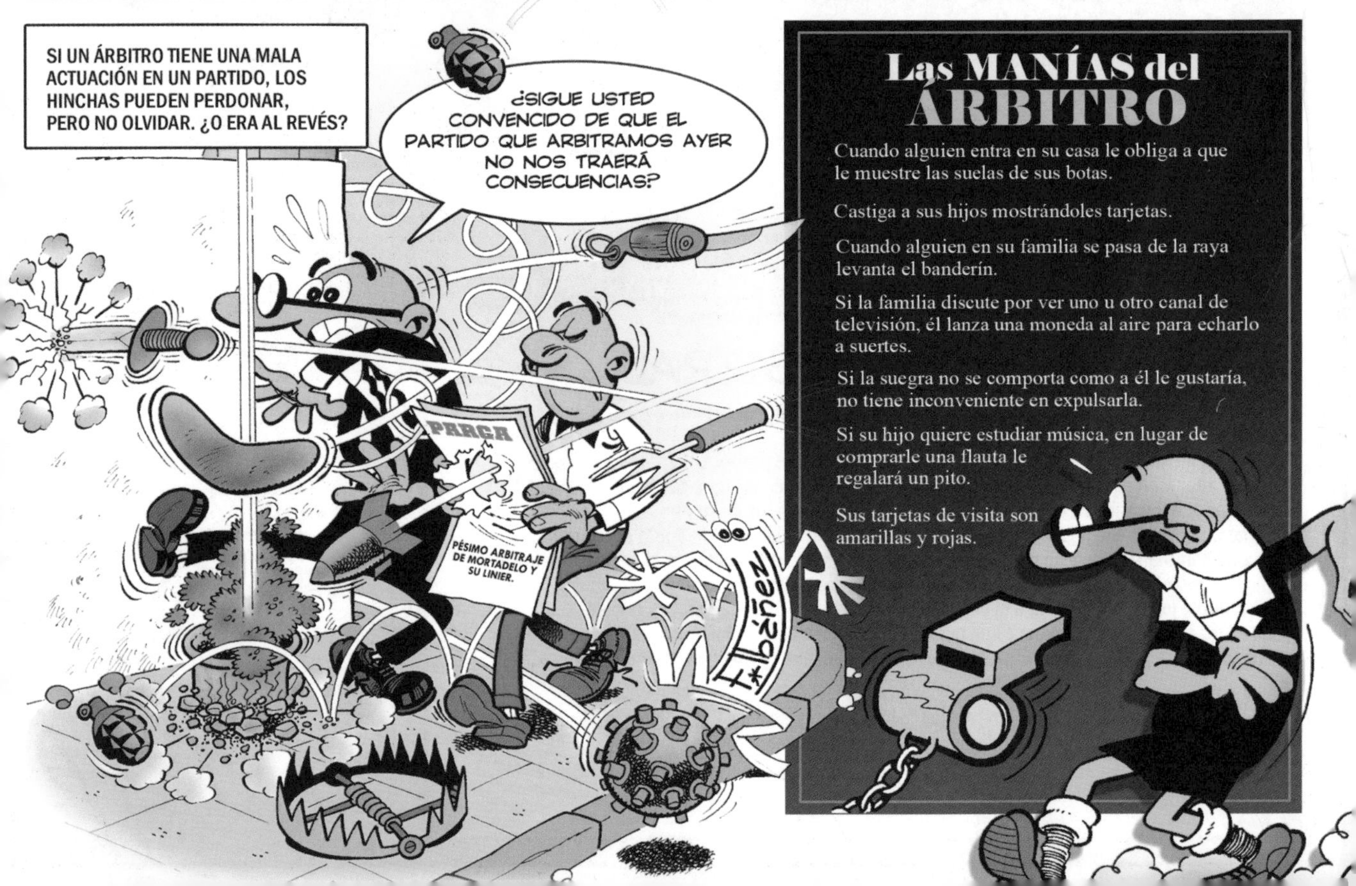
SI UN ÁRBITRO TIENE UNA MALA ACTUACIÓN EN UN PARTIDO, LOS HINCHAS PUEDEN PERDONAR, PERO NO OLVIDAR. ¿O ERA AL REVÉS?
¿SIGUE USTED CONVENCIDO DE QUE EL PARTIDO QUE ARBITRAMOS AYER NO NOS TRAERÁ CONSECUENCIAS?
PARGA
PÉSIMO ARBITRAJE DE MORTADELO Y SU LINIER.
F. Ibáñez

Las MANÍAS del ÁRBITRO

Cuando alguien entra en su casa le obliga a que le muestre las suelas de sus botas.

Castiga a sus hijos mostrándoles tarjetas.

Cuando alguien en su familia se pasa de la raya levanta el banderín.

Si la familia discute por ver uno u otro canal de televisión, él lanza una moneda al aire para echarlo a suertes.

Si la suegra no se comporta como a él le gustaría, no tiene inconveniente en expulsarla.

Si su hijo quiere estudiar música, en lugar de comprarle una flauta le regalará un pito.

Sus tarjetas de visita son amarillas y rojas.

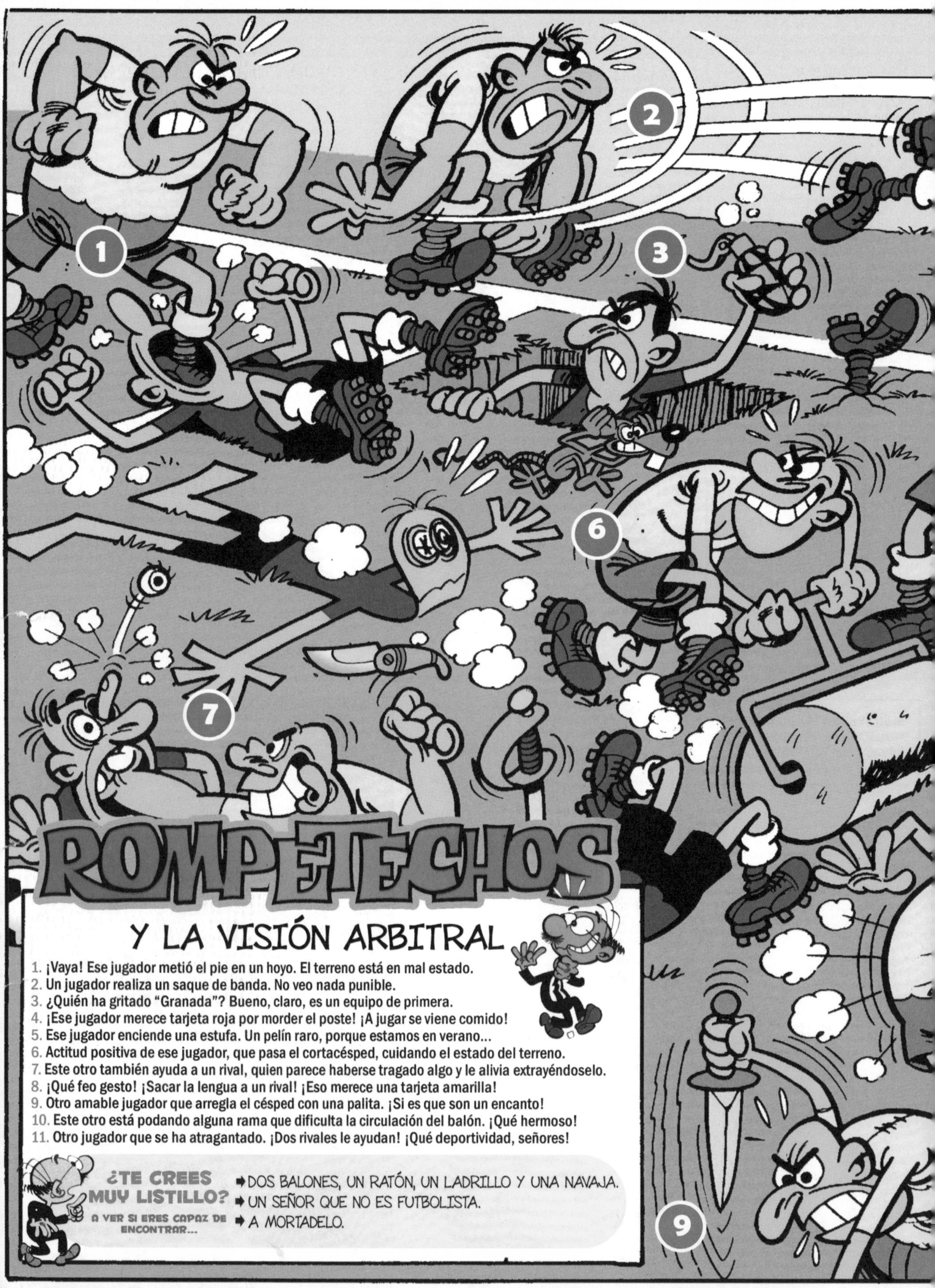
1
2
3
6
7
9

ROMPETECHOS

Y LA VISIÓN ARBITRAL

1. ¡Vaya! Ese jugador metió el pie en un hoyo. El terreno está en mal estado.
2. Un jugador realiza un saque de banda. No veo nada punible.
3. ¿Quién ha gritado "Granada"? Bueno, claro, es un equipo de primera.
4. ¡Ese jugador merece tarjeta roja por morder el poste! ¡A jugar se viene comido!
5. Ese jugador enciende una estufa. Un pelín raro, porque estamos en verano...
6. Actitud positiva de ese jugador, que pasa el cortacésped, cuidando el estado del terreno.
7. Este otro también ayuda a un rival, quien parece haberse tragado algo y le alivia extrayéndoselo.
8. ¡Qué feo gesto! ¡Sacar la lengua a un rival! ¡Eso merece una tarjeta amarilla!
9. Otro amable jugador que arregla el césped con una palita. ¡Si es que son un encanto!
10. Este otro está podando alguna rama que dificulta la circulación del balón. ¡Qué hermoso!
11. Otro jugador que se ha atragantado. ¡Dos rivales le ayudan! ¡Qué deportividad, señores!

¿TE CREES MUY LISTILLO?
A VER SI ERES CAPAZ DE ENCONTRAR...

- DOS BALONES, UN RATÓN, UN LADRILLO Y UNA NAVAJA.
- UN SEÑOR QUE NO ES FUTBOLISTA.
- A MORTADELO.

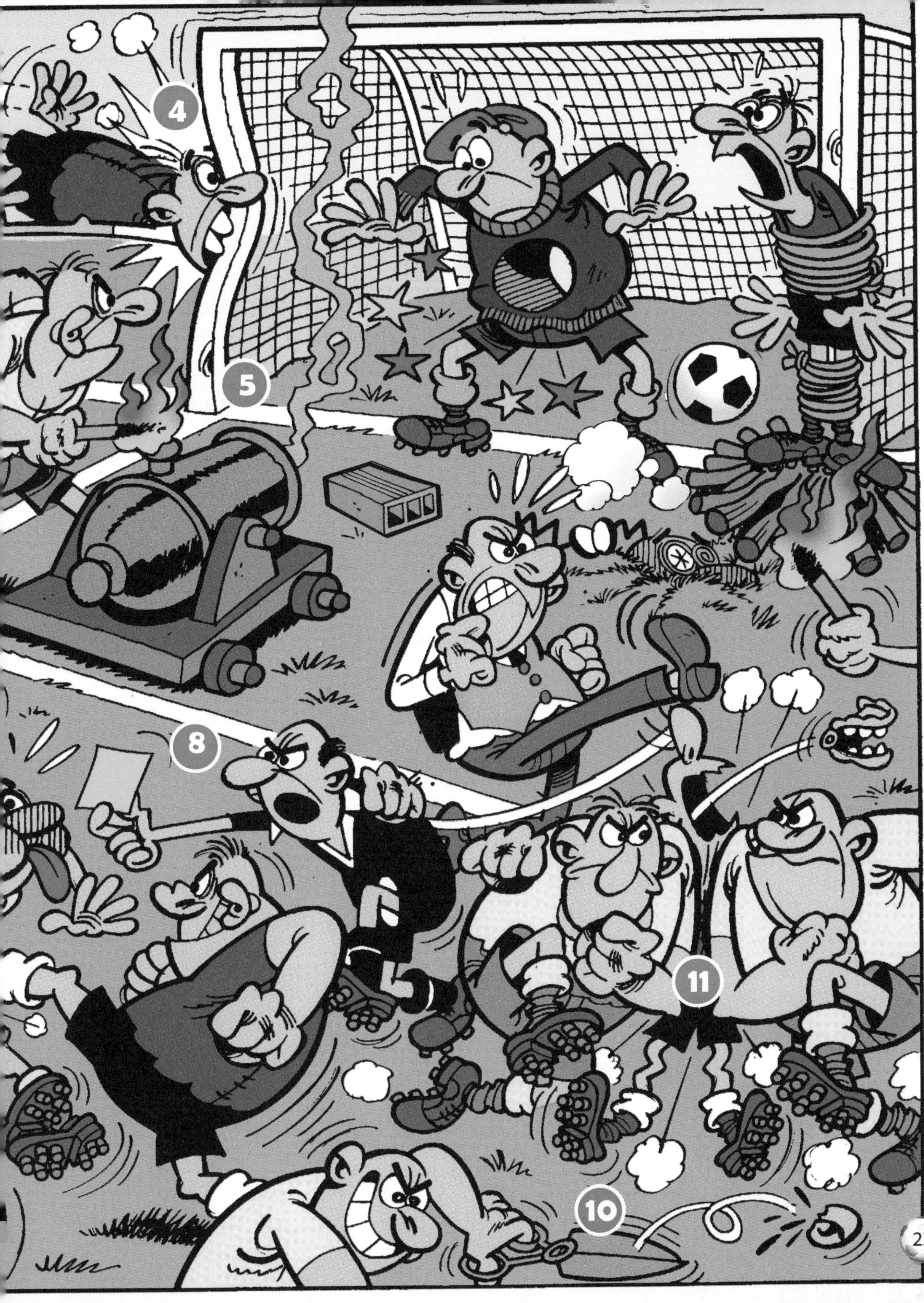
4
5
8
11
10

SECRETO
SECRETO

EL JUGADOR

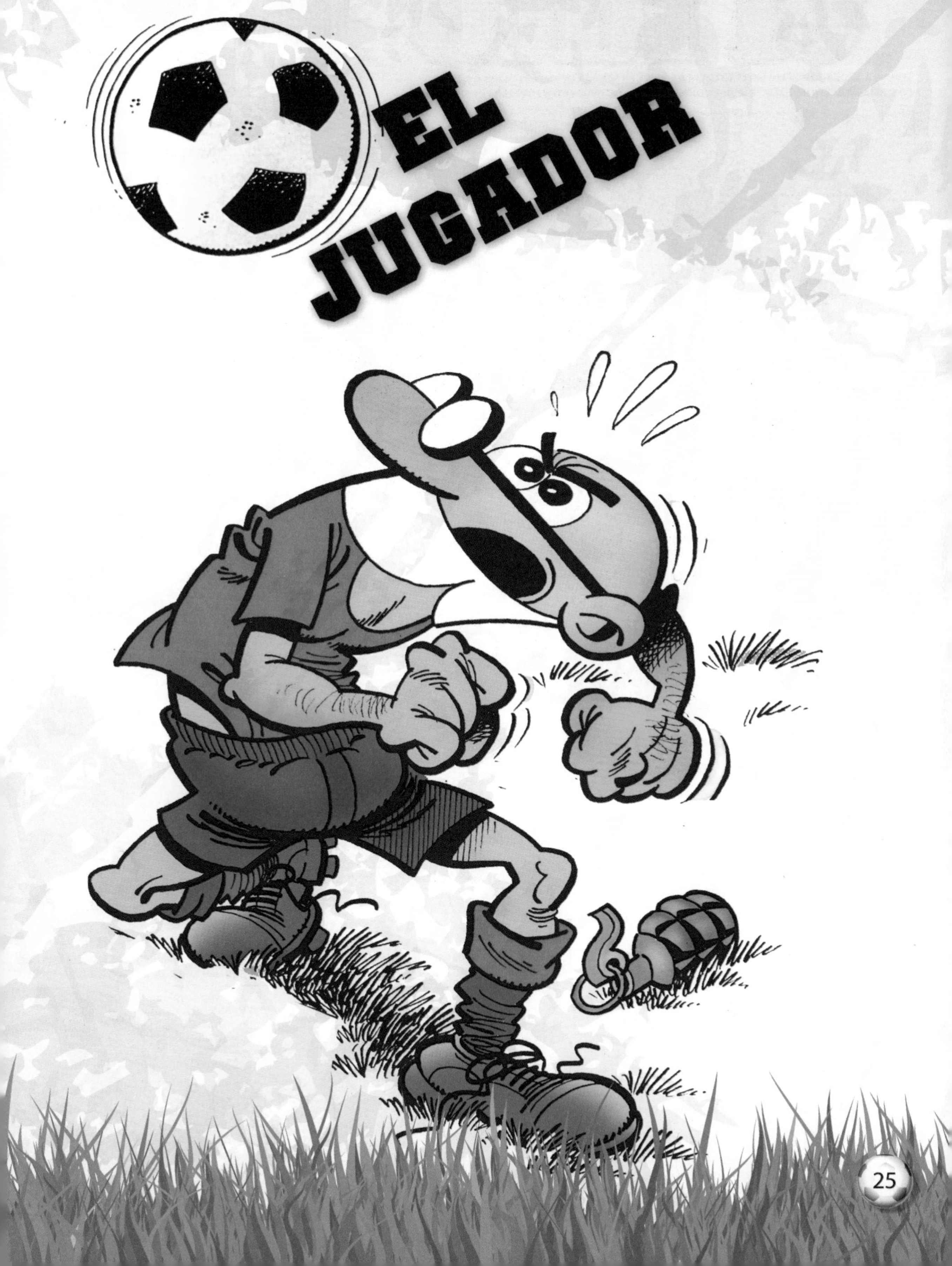

el futbolista

SI AL 99% DE CHAVALINES LES PREGUNTÁRAMOS "¿QUÉ QUIERES SER DE MAYOR?" A BUEN SEGURO CONTESTARÍAN: "¡FUTBOLISTA!" HAY QUE RECONOCER QUE LOS TIPOS ESTÁN FORRADOS DE FAMA Y PASTA.

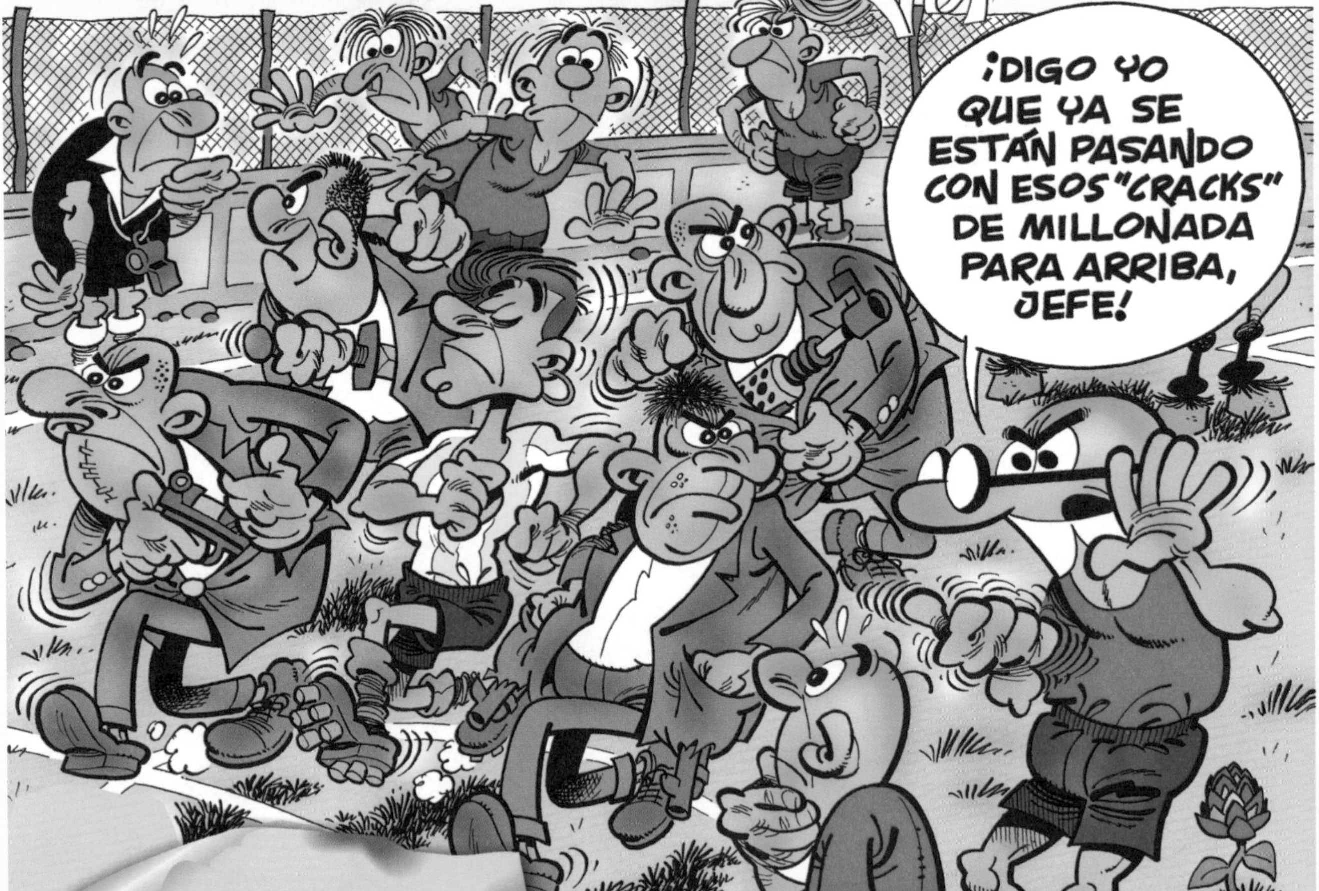
¡DIGO YO QUE YA SE ESTÁN PASANDO CON ESOS "CRACKS" DE MILLONADA PARA ARRIBA, JEFE!

CITAS FUTBOLERAS

-TOTALMENTE VERÍDICAS-

"De todas las cosas sin importancia, el fútbol es, de largo, la más importante."
Juan Pablo II

"Estoy de acuerdo con que los jugadores puedan tener relaciones sexuales antes o después del partido, pero nunca durante el descanso."
Pelé

"Gasté un montón de dinero en chicas, bebidas y coches. El resto lo malgasté."
George Best

"Si no salgo por las noches, no marco goles."
Romário

"Llega a entrar y es gol."
Michel, durante una retransmisión.

"La pretemporada está siendo muy dura. Nos levantamos a las nueve de la mañana."
Davor Suker

"Voy a dar un pronóstico: puede pasar cualquier cosa."
R. Atkinson

"No me importaría perder todos los partidos, siempre y cuando ganemos la liga."
Mark Viduka

LOS "CRACKS" DE ESTE DEPORTE SON ALGUNOS DE LOS PERSONAJES MÁS FAMOSOS DEL MUNDO. MÁS QUE CANTANTES, POLÍTICOS, ESCRITORES, DIBUJANTES... ¡ELLOS SON IDOLATRADOS, MIMADOS, AGASAJADOS...!

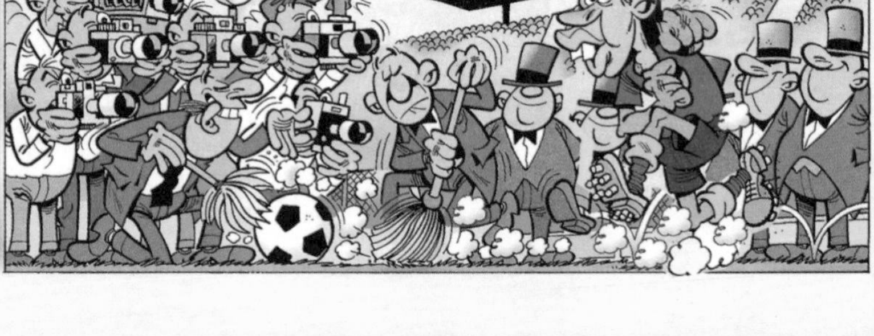
¡RAMOS ENTRA EN EL TERRENO! ¿TODO CORRECTO, SENOR?
¡SÍ, PERO YA OS PASÁIS UNA MIAJA! ¡OZÚ!

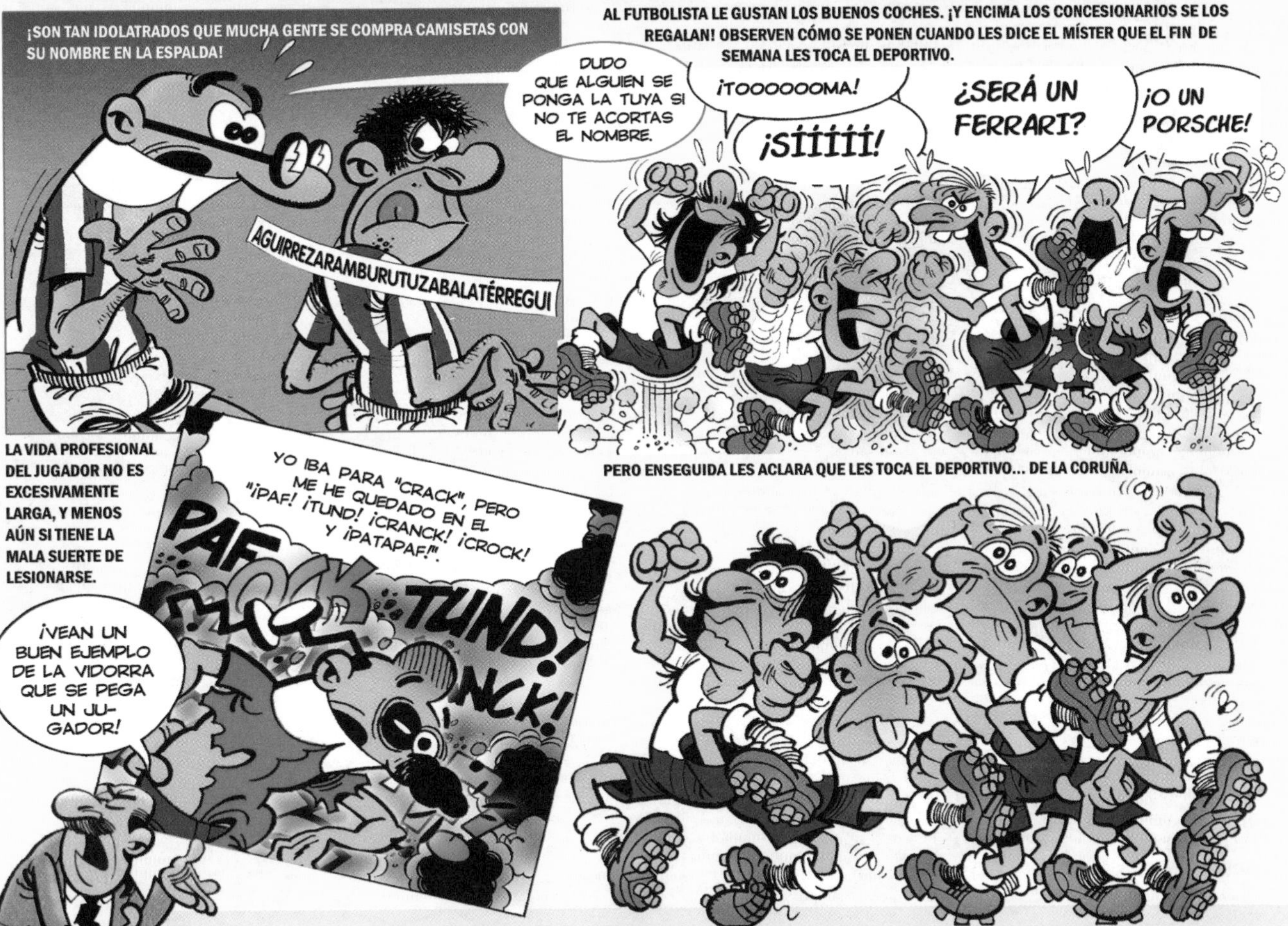
¡SON TAN IDOLATRADOS QUE MUCHA GENTE SE COMPRA CAMISETAS CON SU NOMBRE EN LA ESPALDA!
DUDO QUE ALGUIEN SE PONGA LA TUYA SI NO TE ACORTAS EL NOMBRE.
AGUIRREZARAMBURUTUZABALATÉRREGUI
AL FUTBOLISTA LE GUSTAN LOS BUENOS COCHES. ¡Y ENCIMA LOS CONCESIONARIOS SE LOS REGALAN! OBSERVEN CÓMO SE PONEN CUANDO LES DICE EL MÍSTER QUE EL FIN DE SEMANA LES TOCA EL DEPORTIVO.
¡TOOOOOOMA!
¡SÍÍÍÍÍ!
¿SERÁ UN FERRARI?
¡O UN PORSCHE!
LA VIDA PROFESIONAL DEL JUGADOR NO ES EXCESIVAMENTE LARGA, Y MENOS AÚN SI TIENE LA MALA SUERTE DE LESIONARSE.
YO IBA PARA "CRACK", PERO ME HE QUEDADO EN EL "¡PAF! ¡TUND! ¡CRANCK! ¡CROCK! Y ¡PATAPAF!".
PAF
CROCK
TUND!
NCK!
¡VEAN UN BUEN EJEMPLO DE LA VIDORRA QUE SE PEGA UN JUGADOR!
PERO ENSEGUIDA LES ACLARA QUE LES TOCA EL DEPORTIVO... DE LA CORUÑA.

LA VIDA COTIDIANA DE UN FUTBOLISTA DE ÉLITE ES EL SUEÑO DE TODO ANDOBA: JUGAR, GANAR PASTA, CONDUCIR DEPORTIVOS CARÍSIMOS, SALIR CON LAS TITIS MÁS MACIZAS DEL MUNDO... ¡NO ESTÁ NADA MAL!

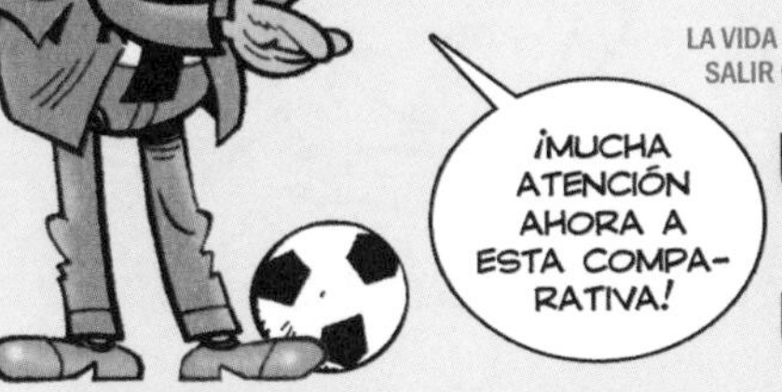
¡MUCHA ATENCIÓN AHORA A ESTA COMPARATIVA!

UN DÍA EN LA VIDA DE UN FUTBOLISTA
comparado con
UN DÍA EN LA VIDA DEL AGENTE DE LA T.I.A.

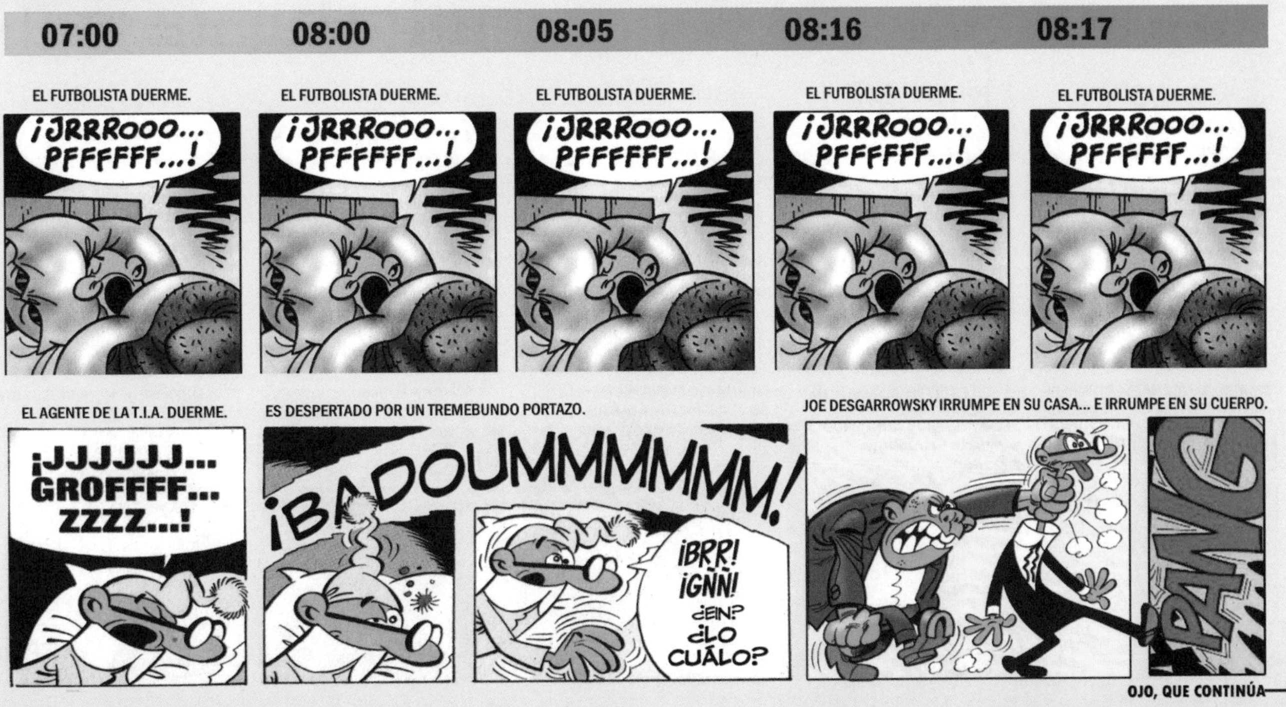
07:00
08:00
08:05
08:16
08:17
EL FUTBOLISTA DUERME.
¡JRRROOO... PFFFFFF...!
EL FUTBOLISTA DUERME.
¡JRRROOO... PFFFFFF...!
EL FUTBOLISTA DUERME.
¡JRRROOO... PFFFFFF...!
EL FUTBOLISTA DUERME.
¡JRRROOO... PFFFFFF...!
EL FUTBOLISTA DUERME.
¡JRRROOO... PFFFFFF...!
EL AGENTE DE LA T.I.A. DUERME.
¡JJJJJJ... GROFFFF... ZZZZ...!
ES DESPERTADO POR UN TREMEBUNDO PORTAZO.
¡BADOUMMMMMM!
¡BRR! ¡GNN! ¿EIN? ¿LO CUÁLO?
JOE DESGARROWSKY IRRUMPE EN SU CASA... E IRRUMPE EN SU CUERPO.
PANG

OJO, QUE CONTINÚA→

LOS JUGADORES PROFESIONALES TIENEN UNA JORNADA SEMANAL BASTANTE TRANQUILA. VAN A ENTRENAR UN PAR DE HORITAS AL DÍA Y, SEGÚN EL ENTRENADOR QUE LES TOQUE, TAMPOCO SON DOS HORITAS MUY INTENSIVAS.

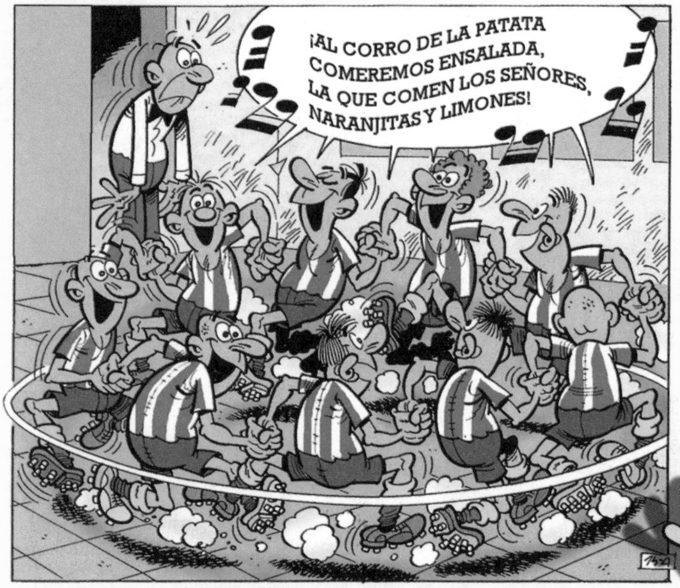
¡AL CORRO DE LA PATATA COMEREMOS ENSALADA, LA QUE COMEN LOS SEÑORES, NARANJITAS Y LIMONES!

DAR UNA RUEDA DE PRENSA ES UN TRAUMA PARA MUCHOS FUTBOLISTAS. ¡SIEMPRE DICEN LO MISMO! UNA SOLUCIÓN SERÍA UTILIZAR UNOS ROBOTS PROGRAMADOS PARA ESA FUNCIÓN.

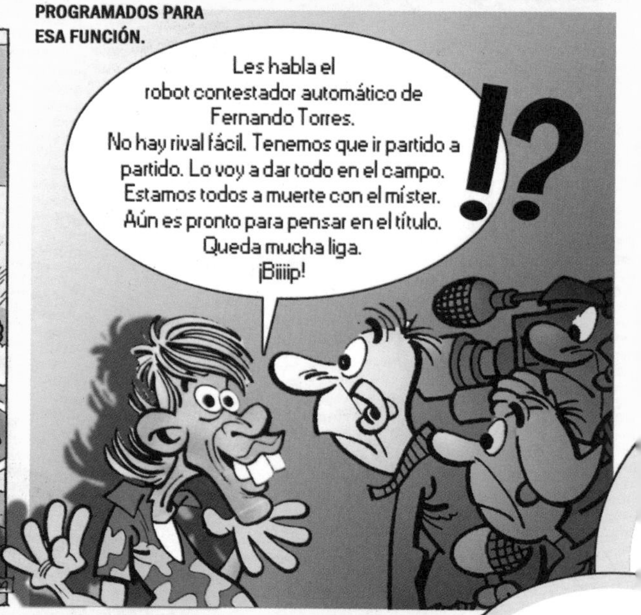
Les habla el robot contestador automático de Fernando Torres.
No hay rival fácil. Tenemos que ir partido a partido. Lo voy a dar todo en el campo.
Estamos todos a muerte con el míster.
Aún es pronto para pensar en el título.
Queda mucha liga.
¡Biiiip!
¡?

Y PARA ACABAR VAMOS CON UNO DE LOS TEMAS QUE MÁS SUELEN PREOCUPAR AL FUTBOLISTA. NO, NO ES EL DINERO, NI GANAR O PERDER, NO. SON...

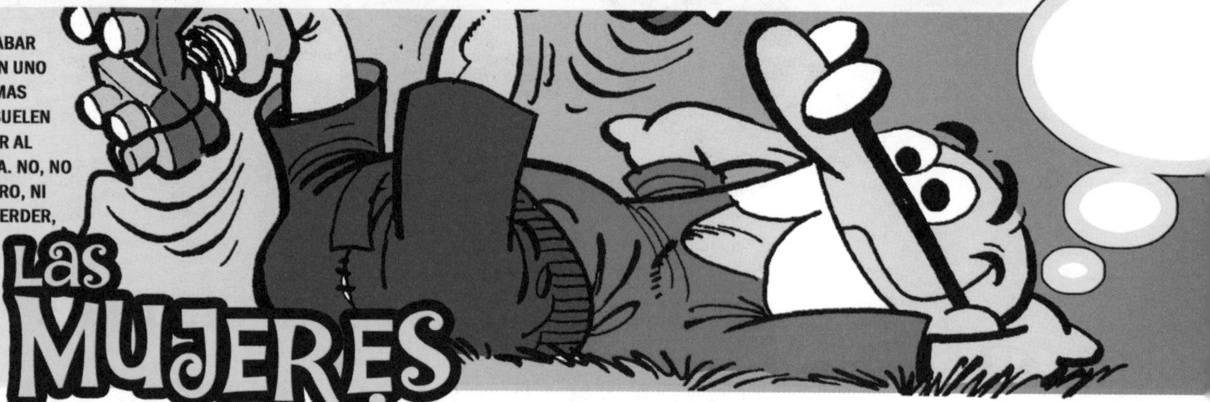
LAS MUJERES

08:18 — 08:19 — 08:23 — 08:29 — 08:30

EL FUTBOLISTA DUERME.

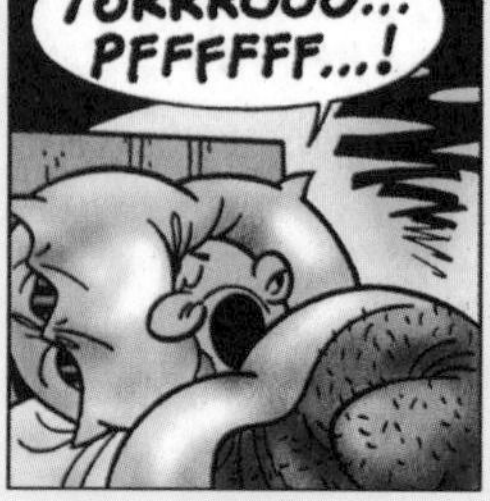
¡JRRROOO... PFFFFFF...!

EL FUTBOLISTA DUERME.

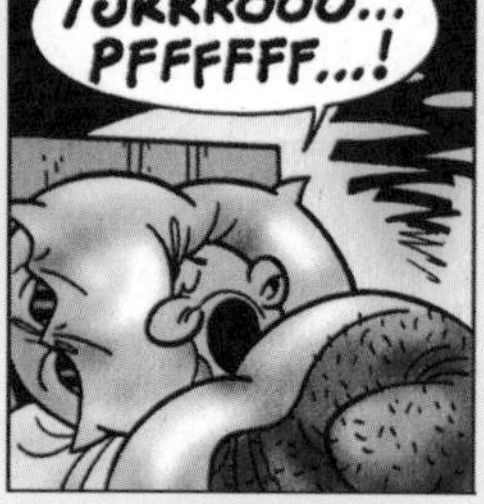
¡JRRROOO... PFFFFFF...!

EL FUTBOLISTA DUERME.

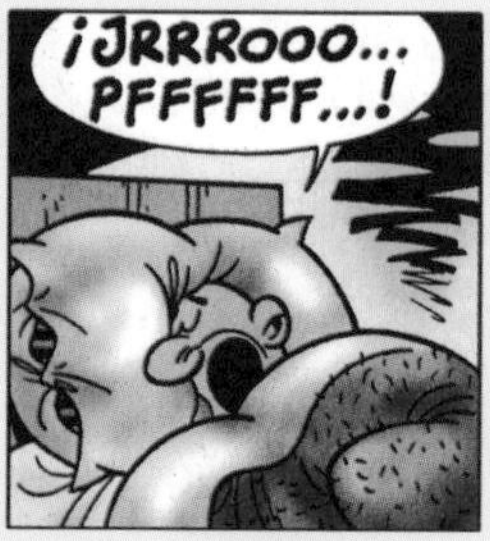
¡JRRROOO... PFFFFFF...!

EL FUTBOLISTA DUERME.

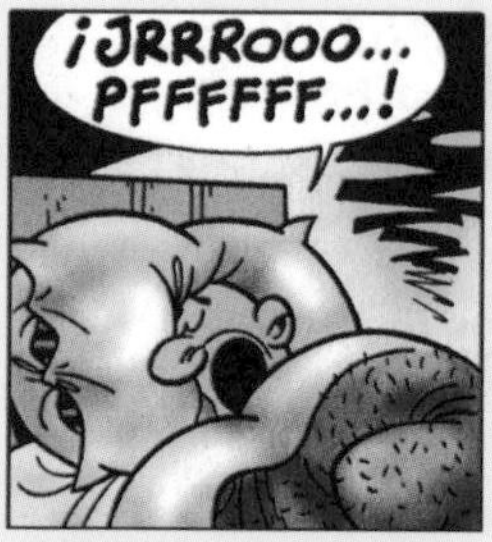
¡JRRROOO... PFFFFFF...!

EL FUTBOLISTA DUERME.

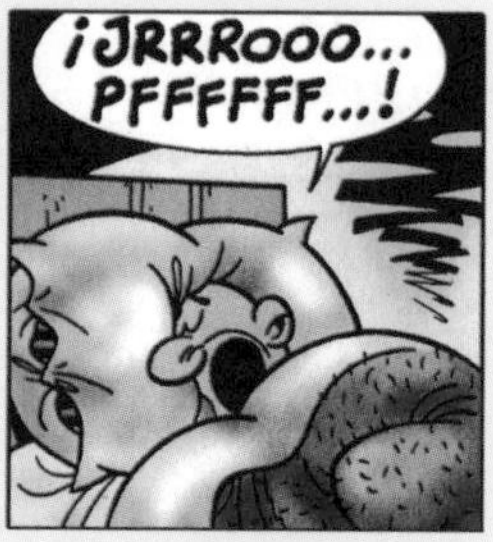
¡JRRROOO... PFFFFFF...!

MORTADELO ATRAVIESA TRES HABITACIONES SIN ABRIR LAS PUERTAS.

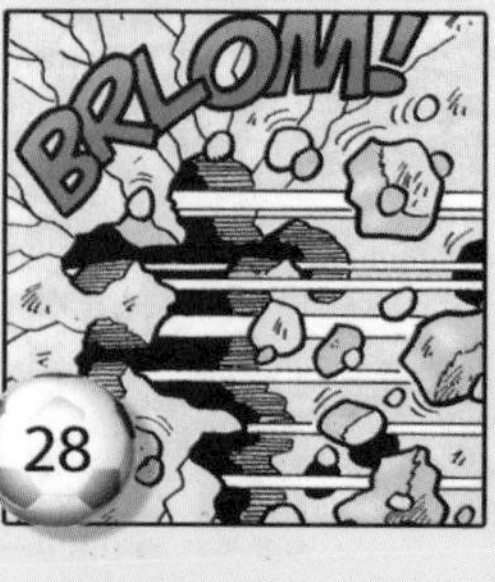
BRLOM!

LUEGO ENTRA EN SU CUARTO MAC DINAMITAS CON UNA BOMBA.

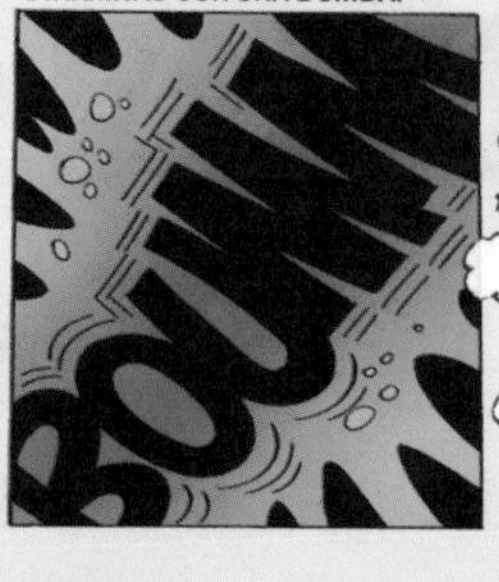
BOUM

MORTADELO EMPIEZA A PENSAR QUE NO VA A TENER UN BUEN DÍA.

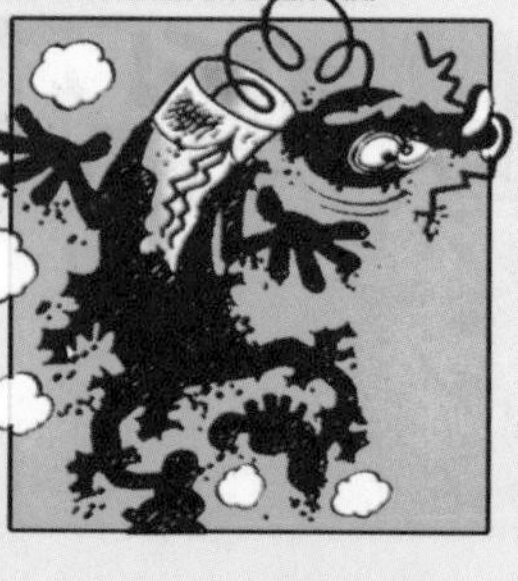

REGRESA MAC DINAMITAS, PUES AÚN LE QUEDABA OTRA BOMBA.

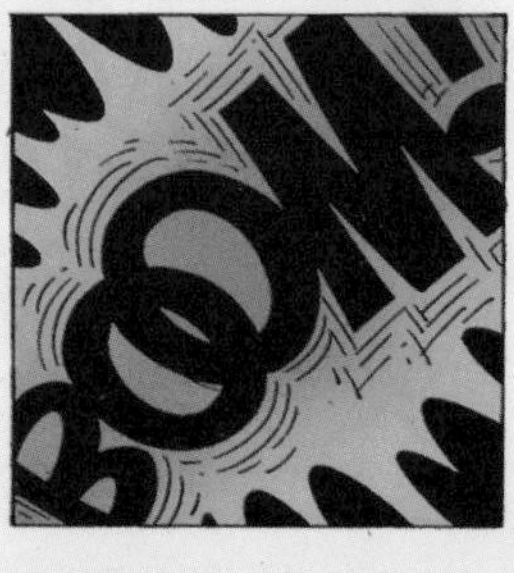
BOOM

TRAS ELEVARSE 45 METROS, IMPACTA CONTRA EL TECHO DEL EDIFICIO.

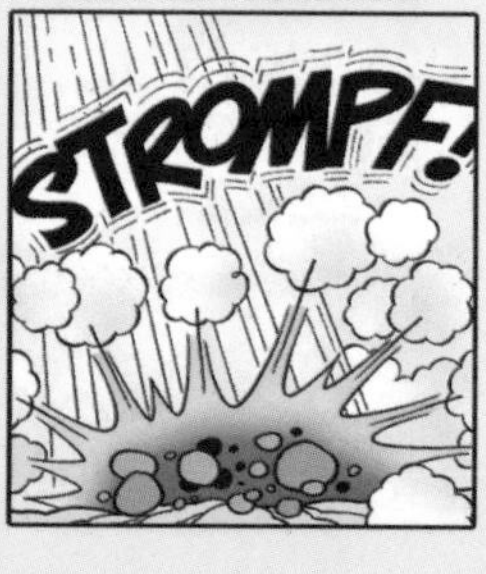
STROMPF!

¿CUÁL ES LA MUJER DE SU VIDA?

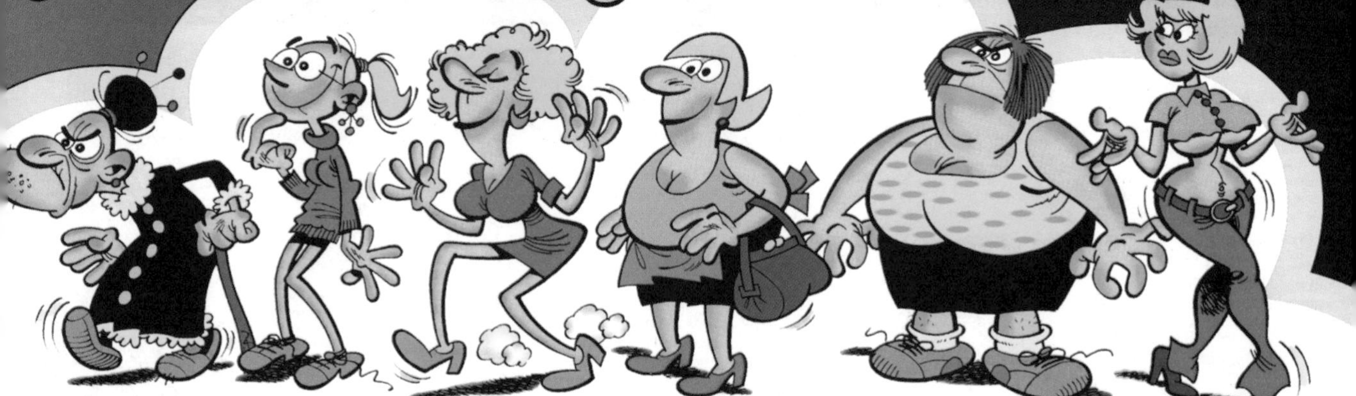

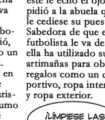

FAJARDA DAS NALGAS — LA ABUELA

Dado que el chaval se quedó huérfano a los 2 días, fue criado por esta anciana que ya contaba con 98 años en aquel momento.
Ella le amamantó y le enseñó a jugar a fútbol con una roca esférica y poniéndole vídeos de Raúl en sus buenos tiempos. Murió a los 111 años tras recibir un piedrazo, digo... un balonazo en la zona torácica.

PILI BANILI — LA AMIGA

La mejor amiga del joven. Siempre le apoyó y le ayudó en su sueño de llegar a ser futbolista.
Ella le lanzaba los córners con la roca, lo cual hizo que la pobre sea coja desde los 4 años de edad. Ahora que su amigo es un futbolista de éxito, sigue sus partidos por la televisión, aunque él ni le llamó ni le envió un mísero "whatsapp".

GODOFREDA CEDENILLAS — LA VECINA

Si su abuela le tuvo que amamantar, esta simpática vecina le alimentó con comida sólida, ya que el niño estuvo mamando hasta los 16 años y la abuela tenía los pechos más secos que una uva pasa. Ella le suministraba pienso y "whiskas" durante años, acelerando el desarrollo del joven. Con el paso del tiempo y como agradecimiento, el jugador le regaló una operación para corregir su poca visión y fue entonces cuando se dio cuenta de que no era un gato, sino un niño.

LIONESA AXÍLEZ — LA MADRE

Sí, sí, la madre del chaval. En cuanto se percató de que era rico y famoso apareció en escena.
Cuando el futbolista falló un penalti que suponía que su equipo perdía la liga, volvió a renegar de él, pero cuando fue "pichichi" y balón de oro, volvió a declarar su amor maternal hacia él.
Desde entonces vive en la lujosa mansión con el "crack".

SAMOYEDA ESQUINAS TORRES — LA FAN

Esta mocetona es la presidenta de su club de fans y de una peña futbolística que lleva su nombre.
Enamorada del futbolista desde que nació, siempre ha recibido un "no" por respuesta. Ella, lejos de ceder en su pasión por él, se metió a hacer culturismo, halterofilia y sumo con la intención de agarrarle algún día y que no se escape.

PURI PI — LA CHORBA

Otra de las vecinas del chaval. En cuanto este le echó el ojo, le pidió a la abuela que le cediese su puesto. Sabedora de que el futbolista le va detrás, ella ha utilizado sus artimañas para obtener regalos como un deportivo, ropa interior y ropa exterior.

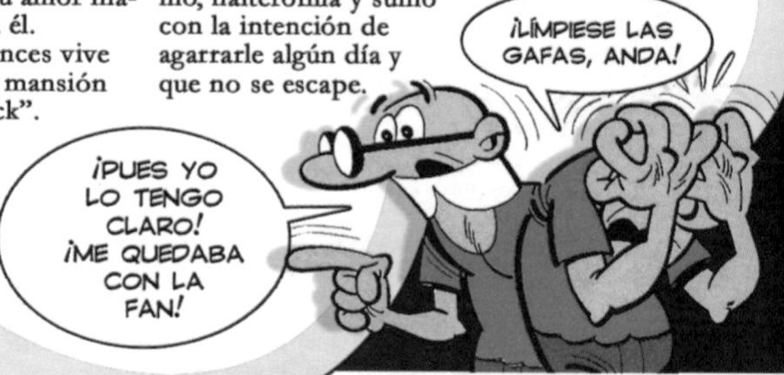
¡LÍMPIESE LAS GAFAS, ANDA!
¡PUES YO LO TENGO CLARO! ¡ME QUEDABA CON LA FAN!

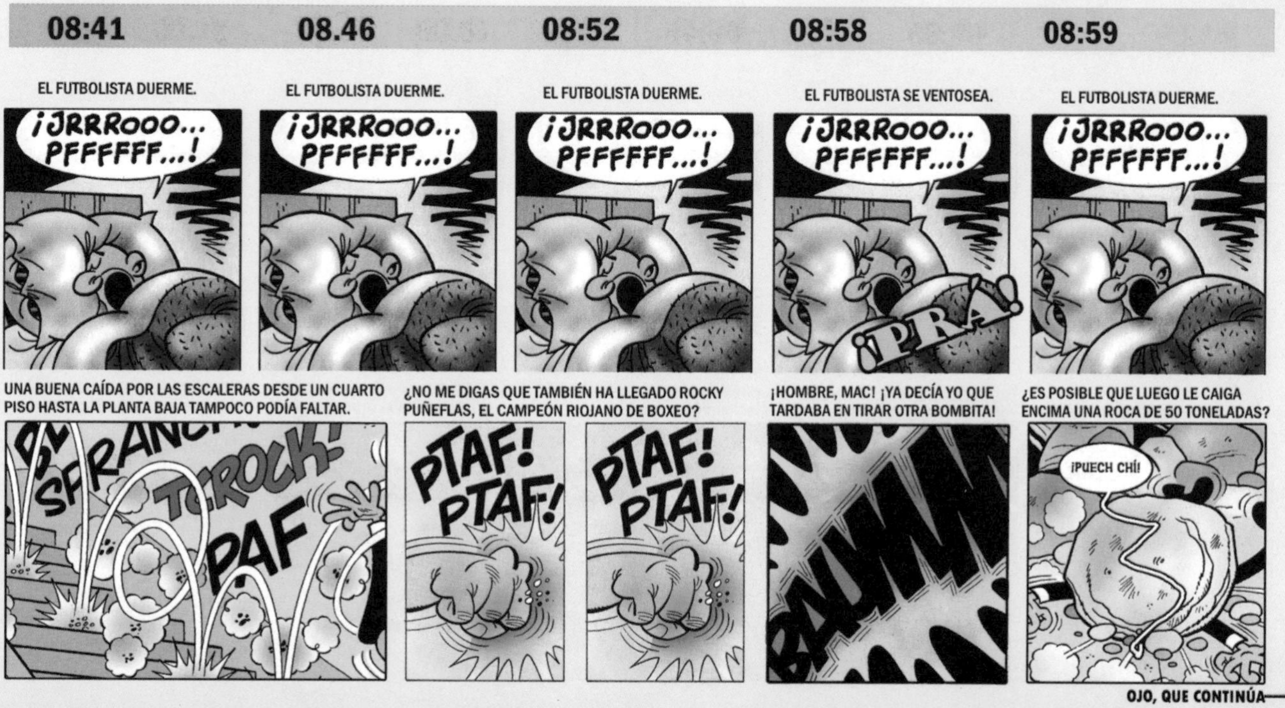
08:41
EL FUTBOLISTA DUERME.
¡JRRROOO... PFFFFFF...!
08.46
EL FUTBOLISTA DUERME.
¡JRRROOO... PFFFFFF...!
08:52
EL FUTBOLISTA DUERME.
¡JRRROOO... PFFFFFF...!
08:58
EL FUTBOLISTA SE VENTOSEA.
¡JRRROOO... PFFFFFF...!
¡PRA!
08:59
EL FUTBOLISTA DUERME.
¡JRRROOO... PFFFFFF...!
UNA BUENA CAÍDA POR LAS ESCALERAS DESDE UN CUARTO PISO HASTA LA PLANTA BAJA TAMPOCO PODÍA FALTAR.
TCROCK!
PAF
¿NO ME DIGAS QUE TAMBIÉN HA LLEGADO ROCKY PUÑEFLAS, EL CAMPEÓN RIOJANO DE BOXEO?
PTAF! PTAF!
PTAF! PTAF!
¡HOMBRE, MAC! ¡YA DECÍA YO QUE TARDABA EN TIRAR OTRA BOMBITA!
¿ES POSIBLE QUE LUEGO LE CAIGA ENCIMA UNA ROCA DE 50 TONELADAS?
¡PUECH CHÍ!

OJO, QUE CONTINÚA→

VAGANCIA FUTBOLERA

El futbolista actual está muy bien acostumbrado. Es una vida cómoda y relajada. ¿Se imaginan que Mortadelo fuese futbolista?

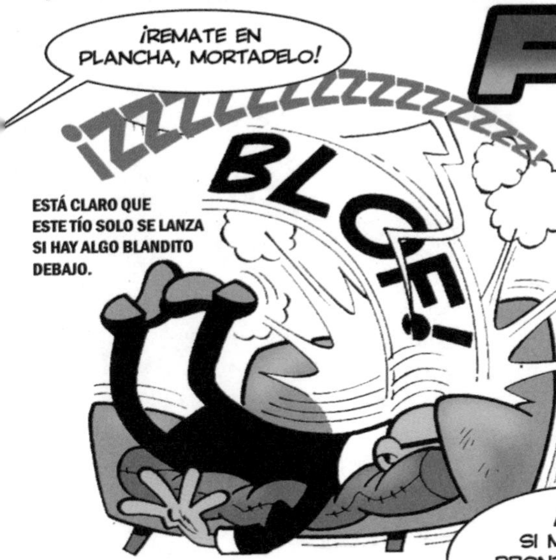

¡REMATE EN PLANCHA, MORTADELO!
¡ZZZZZZZZZZZZZZZ!
BLOF!

ESTÁ CLARO QUE ESTE TÍO SOLO SE LANZA SI HAY ALGO BLANDITO DEBAJO.

EN LA MEDIA PARTE DEL ENCUENTRO, ÉL SE TOMA MUY EN SERIO LO DE LOS 15 MINUTOS DE DESCANSO. SE PEGA UNA SIESTA AUNQUE NO HAYA JUGADO NI UN MINUTO. EN OCASIONES SE HA QUEDADO TAN FRITO QUE HAN TENIDO QUE DESPERTARLE METIÉNDOLE UNA BENGALA POR EL ORIFICIO DEL C

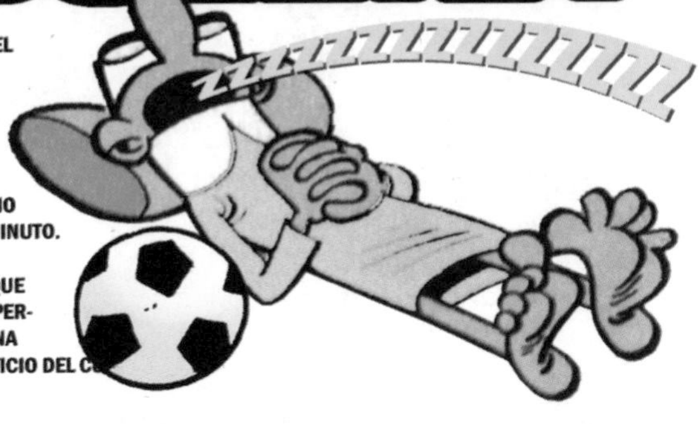

ZZZZZZZZZZZZZZ

MORTADELO HIZO TODO LO POSIBLE PARA SER DEL ATLÉTICO DE MADRID. LA IDEA DE PODER CONVERTIRSE EN UN "COLCHONERO" LE ENCANTABA.

ANTES DE JUGAR UN PARTIDO, MORTADELO REALIZA SIEMPRE UNOS ESTIRAMIENTOS. PERMANECE ESTIRADO DURANTE VARIAS HORAS. LO MISMO SUELE REALIZAR EN EL PARTIDO Y DESPUÉS DE JUGAR.

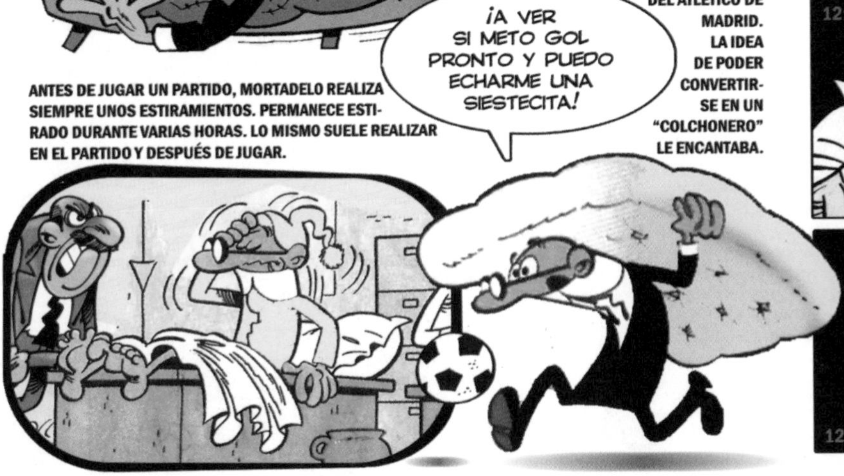

¡A VER SI METO GOL PRONTO Y PUEDO ECHARME UNA SIESTECITA!

EL TEMA DE LAS ROTACIONES LO DOMINA PERFECTAMENTE. ES CAPAZ DE ROTAR 360 GRADOS (DURMIENDO EN LA CAMA, CLARO).

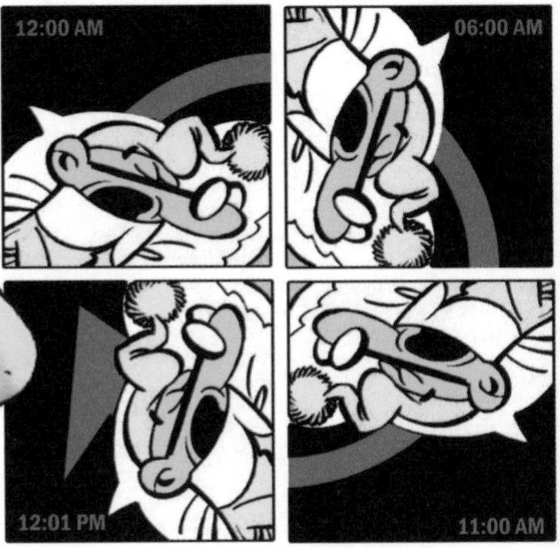

12:00 AM
06:00 AM
12:01 PM
11:00 AM

09:00	09:30	09:45	10:00	11:00
EL FUTBOLISTA DUERME.	EL FUTBOLISTA DUERME.	EL FUTBOLISTA DUERME.	EL FUTBOLISTA DUERME.	EL FUTBOLISTA DUERME.

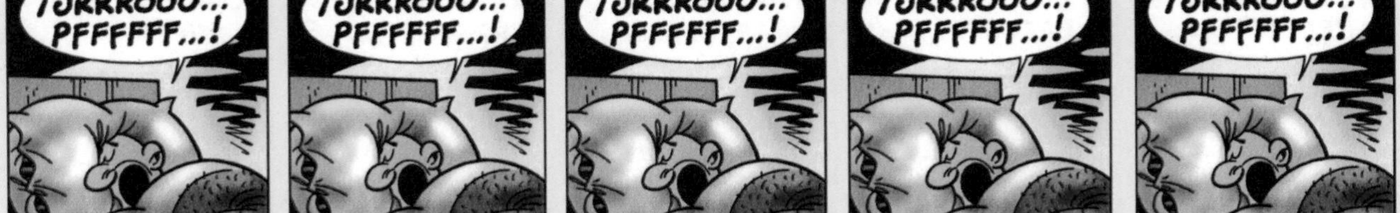

¡JRRROOO... PFFFFFF...!
¡JRRROOO... PFFFFFF...!
¡JRRROOO... PFFFFFF...!
¡JRRROOO... PFFFFFF...!
¡JRRROOO... PFFFFFF...!

PUÑETAZO FACIAL DE JIMMY MUÑÓN.

LUEGO ENTRA EN SU CUARTO OLAF SOPAPSSON, QUE LE ABOFETEA.

POR LA VENTANA ENTRA EL GANG DEL CHICHARRÓN AL COMPLETO.

TRAS LA PALIZA DECIDE VOLVER A LA CAMA PARA REPOSAR.

PERO ACABA REPOSANDO EN LA PARED TRAS LA PATADA DE UN CACO.

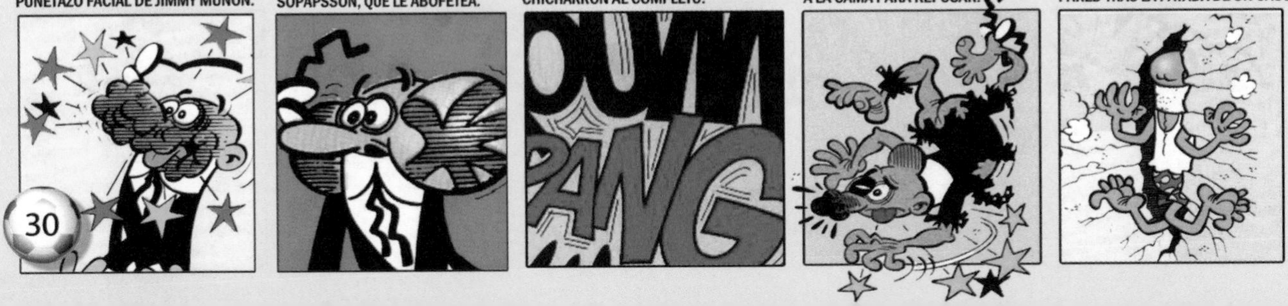

PANG

HACER DE PORTERO NO SE LE DA MUY BIEN. ESO DE SALTAR NO ES LO SUYO. LO MÁS QUE LLEGA A SALTAR ES DE LA PARTE ALTA DE LA LITERA HASTA ABAJO.

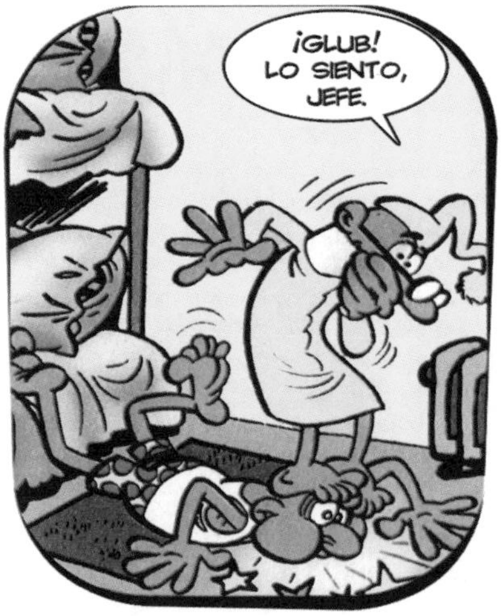
¡GLUB! LO SIENTO, JEFE.

TANTO A ÉL COMO A SU COMPAÑERO FILEMÓN NO LE GUSTA NADA ESTAR EN EL BANQUILLO. SI NO SON TITULARES PREFIEREN EN TODO CASO UN "SOFACILLO".

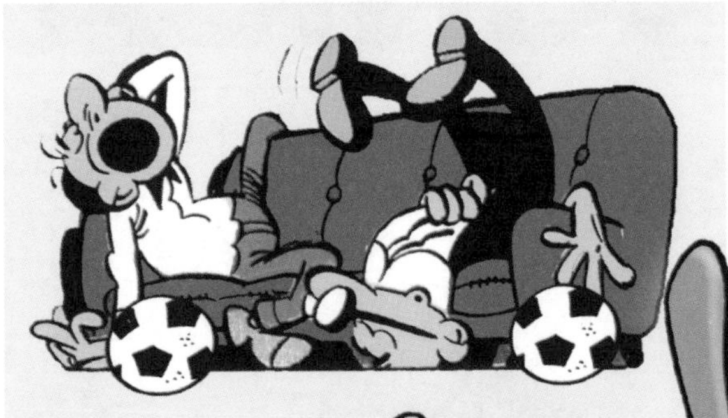

Mortadelo es de las pocas personas del planeta capaz de hacer una chilena cuando está totalmente dormido. Estira la pata al tiempo que se tumba en el sillón con un estilo que ni el Rooney ese.

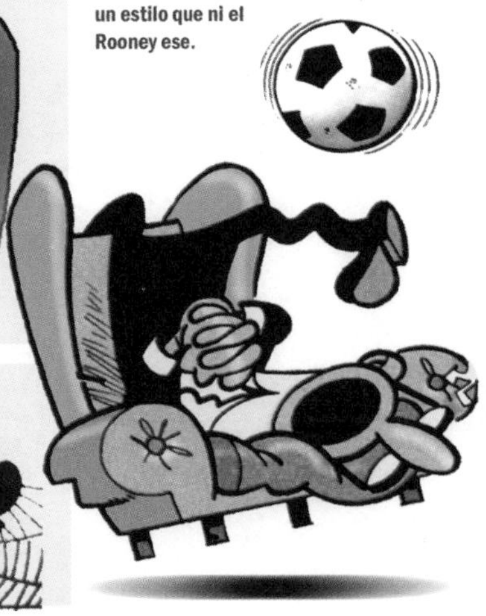

POR CIERTO, EN ESTA ÉPOCA AMBOS JUGABAN EN EL "SIESTAO" VIZCAÍNO.

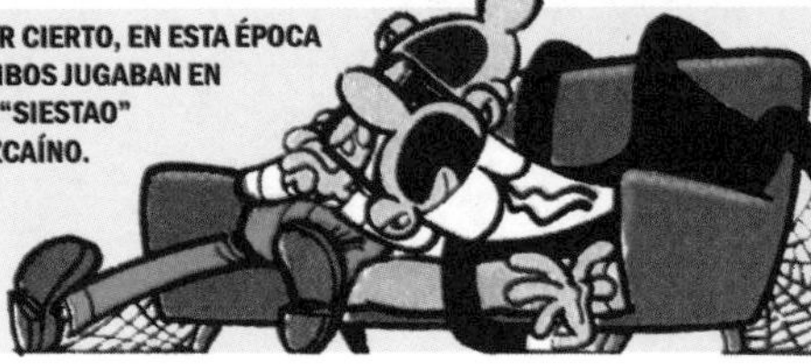

EQUIPOS DE LA LIGA DE LA VAGANCIA

PIJAMA PLAYAS (Canarias)
NO ME LEVANTE (Valencia)
VAGO RALLECANO (Madrid)
COLCHÓN VILLA (Inglaterra)
SOFÁ JUNIORS (Argentina)
VASCO DA CAMA (Brasil)
ALCOLCHÓN (Madrid)
SABANADELL (Barcelona)
VAYAADORMIR (Valladolid)

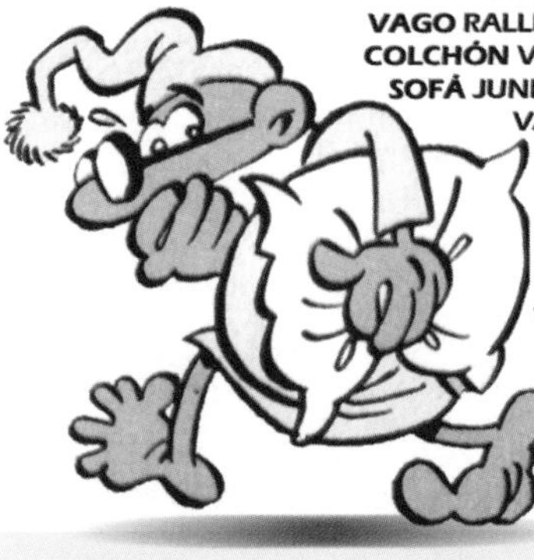

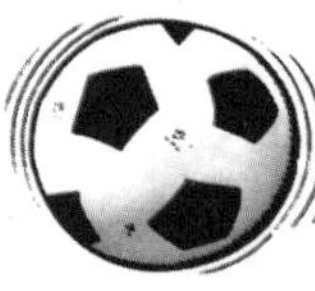

Mortadelo ostenta el récord de mantener en el aire suspendido un balón de fútbol durante más de 23 horas. ¿Cómo lo hace? Pues con los resoplidos que pega al roncar. Una técnica impresionante, oigan.

A MORTADELO LE ENCANTA CUANDO EL ENTRENADOR LES PIDE "PERDER TIEMPO", ES DECIR, RALENTIZAR EL JUEGO. ESPECIALMENTE LO DE "DORMIR EL BALÓN".

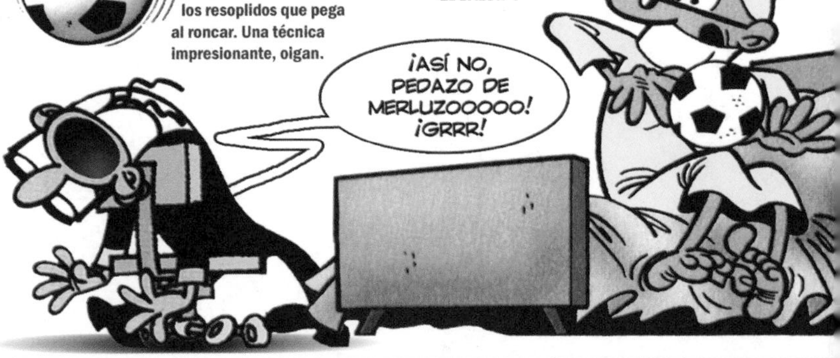
¡ASÍ NO, PEDAZO DE MERLUZOOOOO! ¡GRRR!

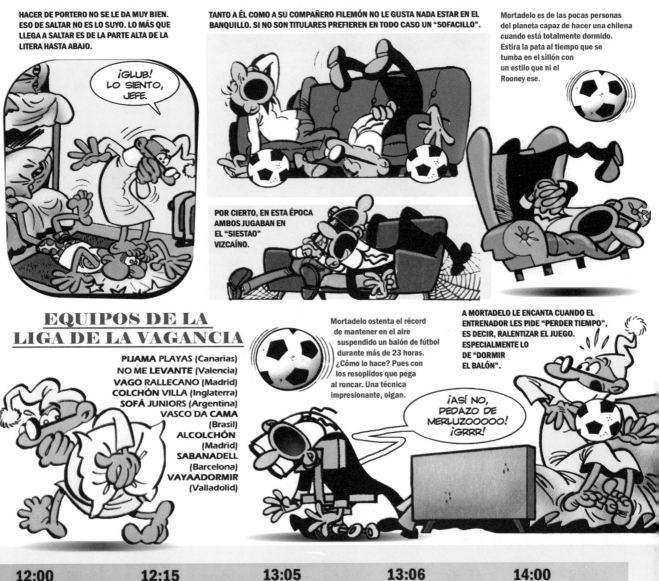

12:00	12:15	13:05	13:06	14:00
EL FUTBOLISTA DUERME.	EL FUTBOLISTA DUERME.	EL FUTBOLISTA SE LEVANTA YA QUE TIENE UNA CITA IMPORTANTE.	LA CITA SE LLAMA MARI PILI Y ESTÁ MÁS BUENA QUE EL PAN.	EL FUTBOLISTA VUELVE A LA CAMA, PERO CAMBIA DE POSTURA.

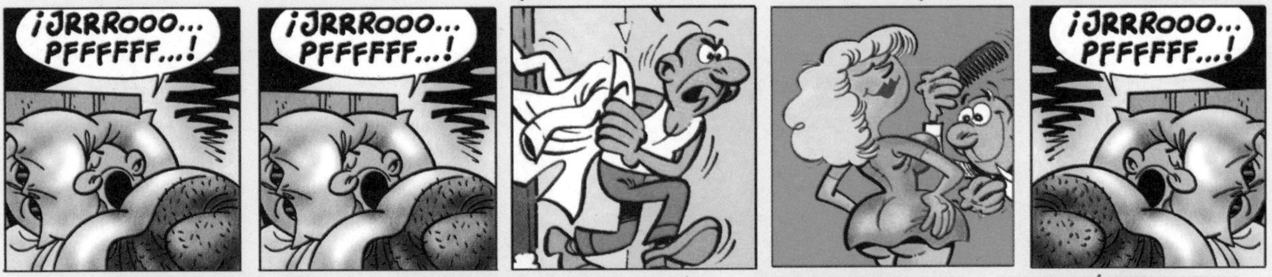
¡JRRROOO... PFFFFFF...!
¡JRRROOO... PFFFFFF...!
¡JRRROOO... PFFFFFF...!

UNA HORA MÁS TARDE, CHOCA CON SU VEHÍCULO CONTRA UN CAMIÓN CISTERNA CARGADO CON UN MILLÓN DE LITROS DE LÍQUIDO INFLAMABLE. TRAS EL IMPACTO Y EL DERRAME DEL LÍQUIDO, EXPLOTA EL BARRIO ENTERO.

VISIBLEMENTE AFECTADO, DECIDE METERSE EN LA CAMA.

Y CUANDO ESTÁ DENTRO RECIBE UNA INESPERADA VISITA. ¡HORROR!

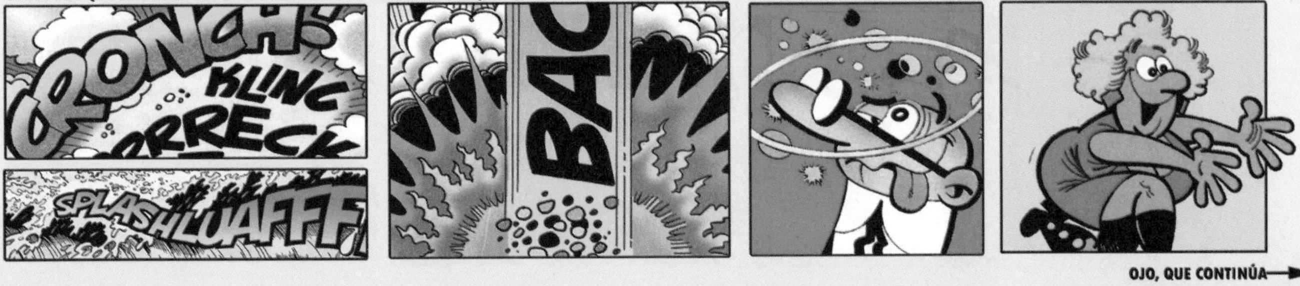
CRONCH!
KLING
CRRECK
SPLASHLUAFFF
BAO

OJO, QUE CONTINÚA→

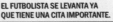

TÉCNICAS DEL

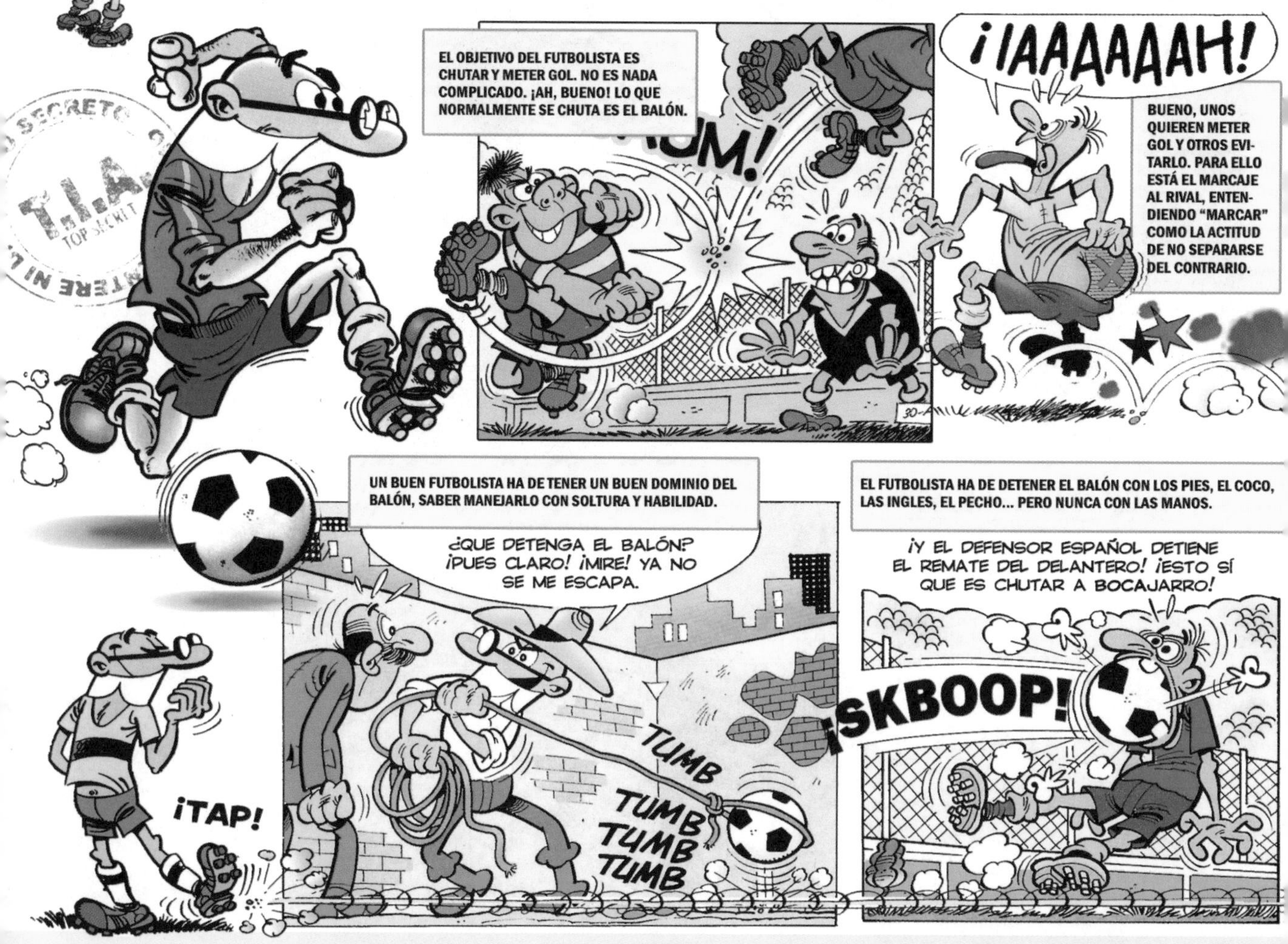
EL OBJETIVO DEL FUTBOLISTA ES CHUTAR Y METER GOL. NO ES NADA COMPLICADO. ¡AH, BUENO! LO QUE NORMALMENTE SE CHUTA ES EL BALÓN.
...UM!
¡IAAAAAAH!
BUENO, UNOS QUIEREN METER GOL Y OTROS EVITARLO. PARA ELLO ESTÁ EL MARCAJE AL RIVAL, ENTENDIENDO "MARCAR" COMO LA ACTITUD DE NO SEPARARSE DEL CONTRARIO.
UN BUEN FUTBOLISTA HA DE TENER UN BUEN DOMINIO DEL BALÓN, SABER MANEJARLO CON SOLTURA Y HABILIDAD.
¿QUE DETENGA EL BALÓN? ¡PUES CLARO! ¡MIRE! YA NO SE ME ESCAPA.
TUMB
TUMB TUMB TUMB
¡TAP!
EL FUTBOLISTA HA DE DETENER EL BALÓN CON LOS PIES, EL COCO, LAS INGLES, EL PECHO... PERO NUNCA CON LAS MANOS.
¡Y EL DEFENSOR ESPAÑOL DETIENE EL REMATE DEL DELANTERO! ¡ESTO SÍ QUE ES CHUTAR A BOCAJARRO!
¡SKBOOP!

15:00

SE LEVANTA DE NUEVO PUES RECUERDA QUE TIENE OTRA CITA INELUDIBLE.

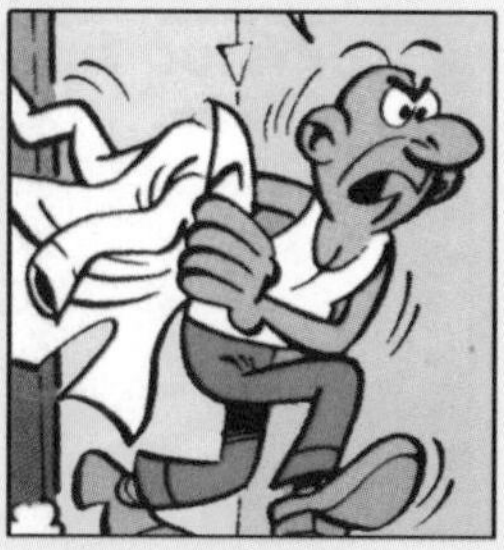

15:09

ESTA VEZ LA CITA SE LLAMA GUNILA VON JAMONNEN Y NO ESTÁ MAL.

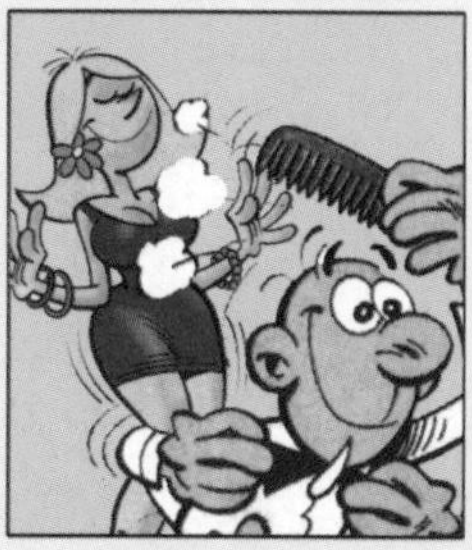

16:05

TRAS LA DURA MAÑANA ES HORA DE REPONER FUERZAS EN EL MEJOR RESTAURANTE DE LA CIUDAD.

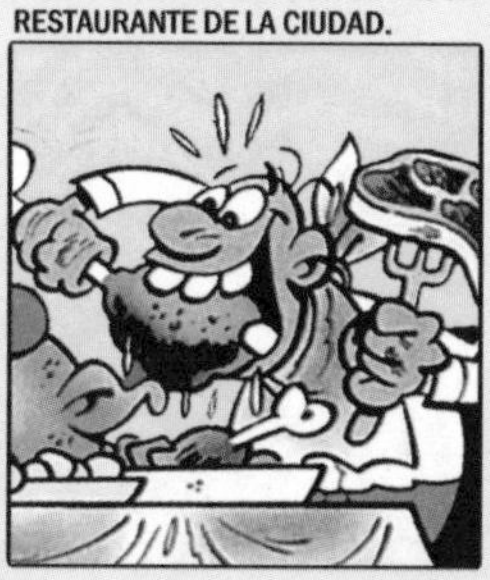

18:00

Y DESPUÉS NADA MEJOR QUE UNA REPARADORA SIESTA.

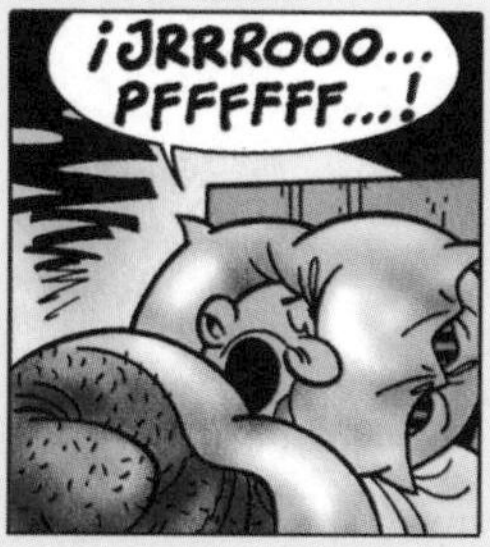
¡JRRROOO... PFFFFFF...!

19:00

HORA DE MERENDAR..

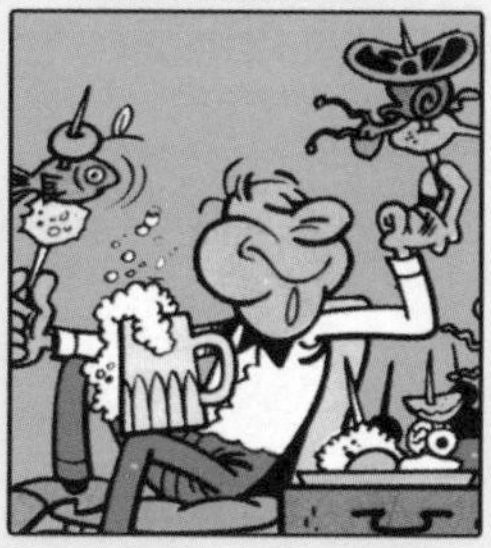

MORTADELO RECUERDA QUE TAMBIÉN TIENE UNA CITA.

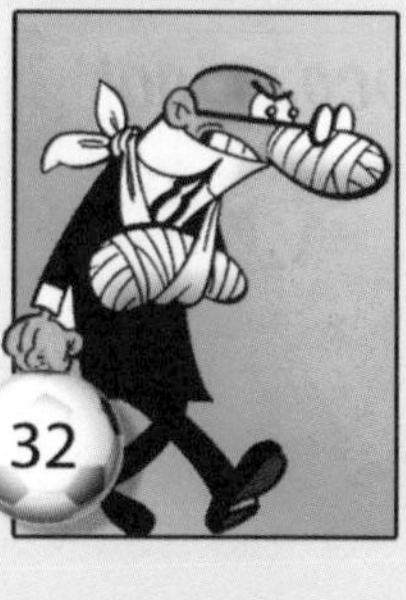

LA CITA ES CON EL SÚPER, QUIEN LE REPRENDE SU ACTITUD POCO VIGOROSA Y LE DA VIGOR CON UNA VIGA.

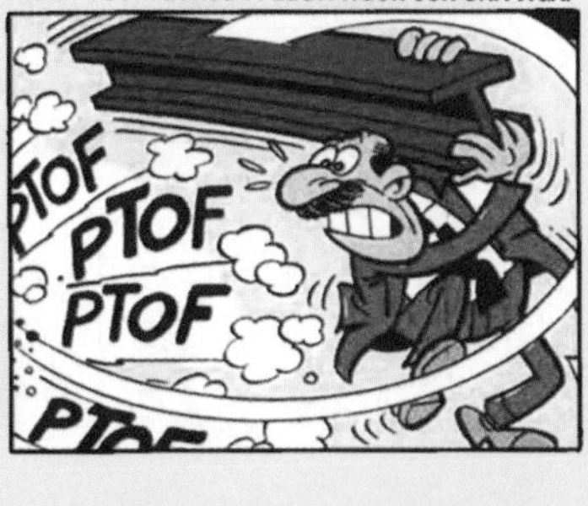
PTOF
PTOF
PTOF
PTOF

TRAS LA DURA MAÑANA ES HORA DE REPONER FUERZAS EN EL MEJOR BAR DE LA ESQUINA.

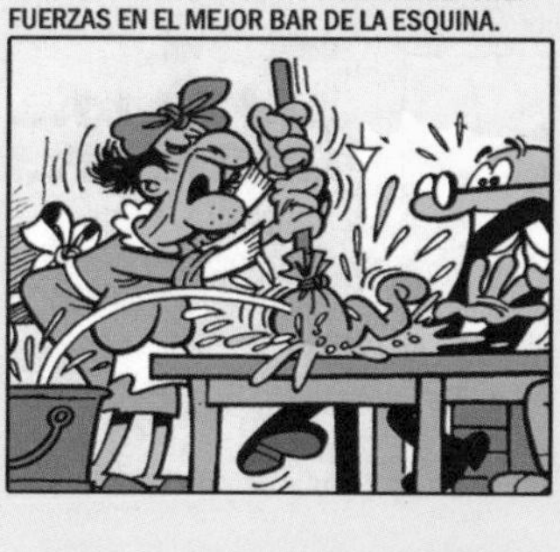

LA DIGESTIÓN DE LAS ALBÓNDIGAS RELLENAS DE MORCILLAS CHINAS LE PROVOCA UN POTENTE ARDOR.

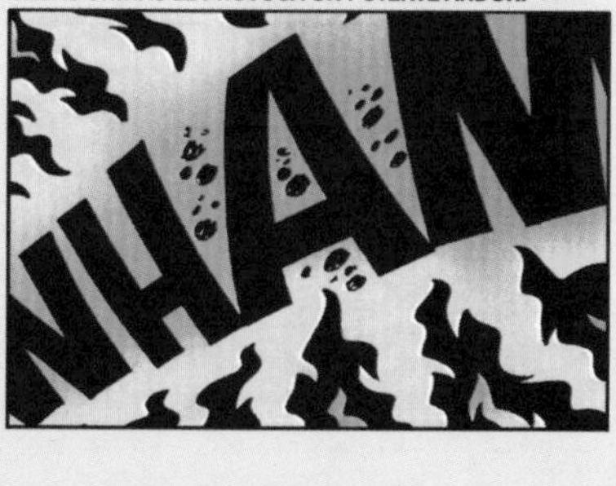
NHAM

FUTBOLISTA

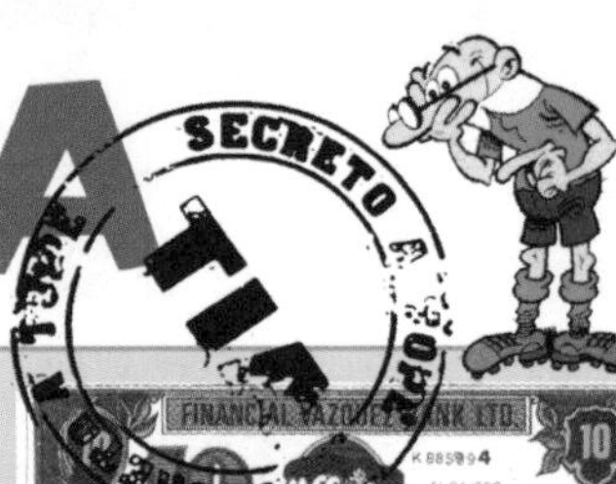
SECRETO
TIA

TODO POR LA PASTA

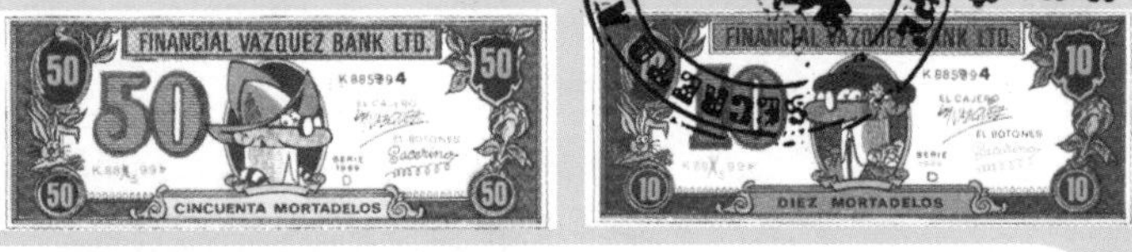
FINANCIAL VAZQUEZ BANK LTD.
50
CINCUENTA MORTADELOS
FINANCIAL VAZQUEZ BANK LTD.
10
DIEZ MORTADELOS

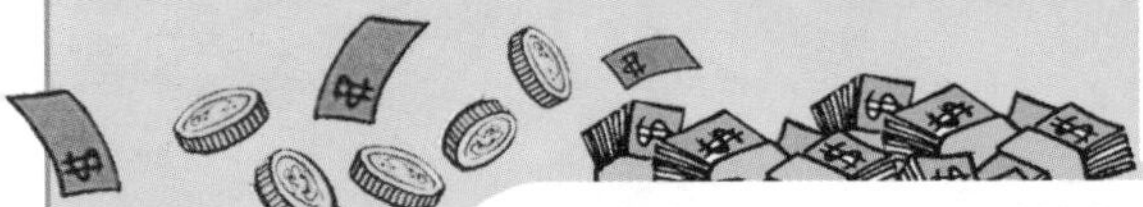

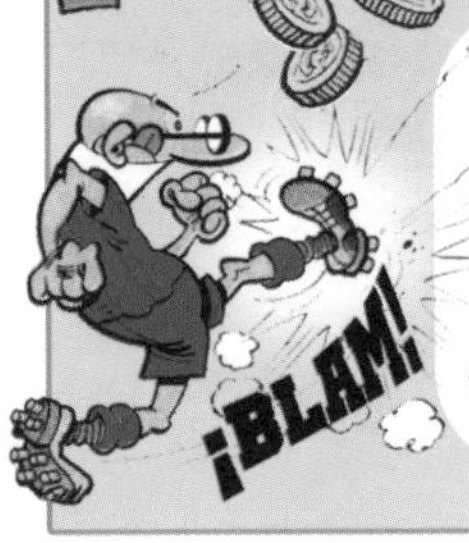
¡BLAM!

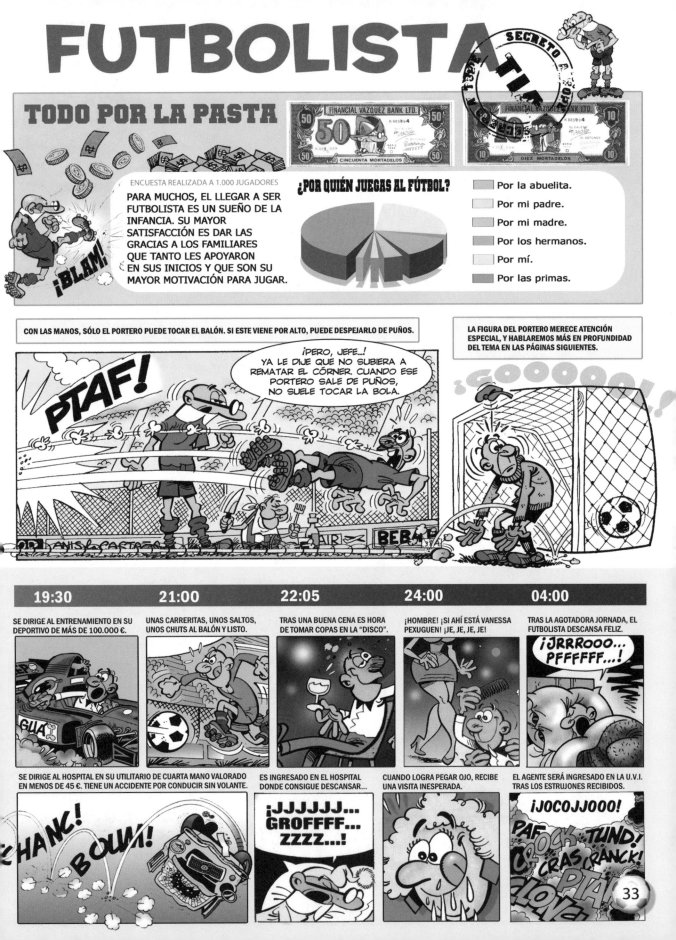

ENCUESTA REALIZADA A 1.000 JUGADORES

PARA MUCHOS, EL LLEGAR A SER FUTBOLISTA ES UN SUEÑO DE LA INFANCIA. SU MAYOR SATISFACCIÓN ES DAR LAS GRACIAS A LOS FAMILIARES QUE TANTO LES APOYARON EN SUS INICIOS Y QUE SON SU MAYOR MOTIVACIÓN PARA JUGAR.

¿POR QUIÉN JUEGAS AL FÚTBOL?

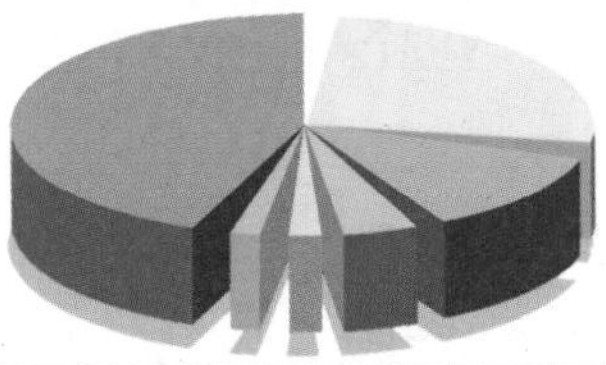

- Por la abuelita.
- Por mi padre.
- Por mi madre.
- Por los hermanos.
- Por mí.
- Por las primas.

CON LAS MANOS, SÓLO EL PORTERO PUEDE TOCAR EL BALÓN. SI ESTE VIENE POR ALTO, PUEDE DESPEJARLO DE PUÑOS.

LA FIGURA DEL PORTERO MERECE ATENCIÓN ESPECIAL, Y HABLAREMOS MÁS EN PROFUNDIDAD DEL TEMA EN LAS PÁGINAS SIGUIENTES.

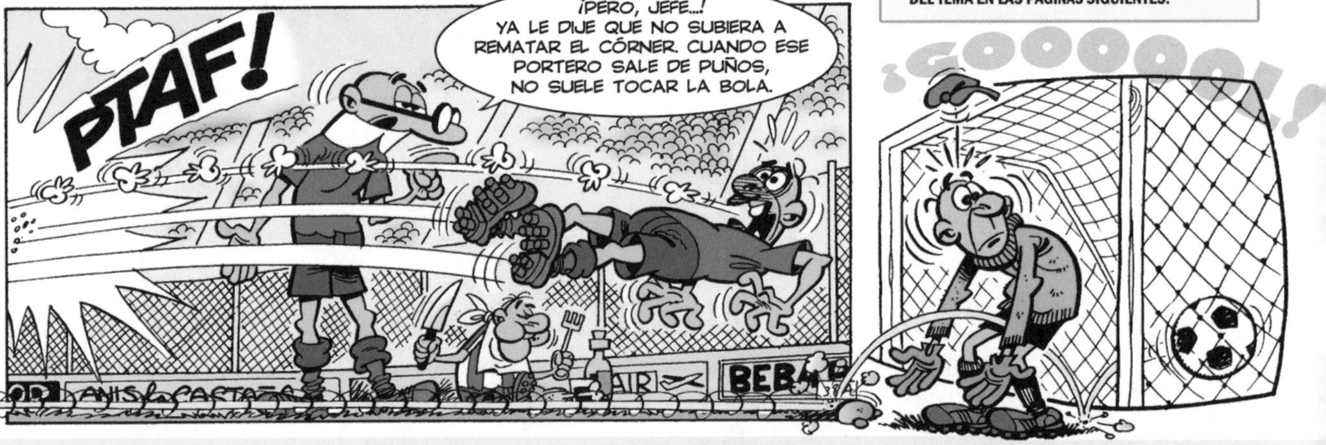
PTAF!
¡PERO, JEFE...! YA LE DIJE QUE NO SUBIERA A REMATAR EL CÓRNER. CUANDO ESE PORTERO SALE DE PUÑOS, NO SUELE TOCAR LA BOLA.
¡GOOOOOL!
BEB

19:30	21:00	22:05	24:00	04:00

SE DIRIGE AL ENTRENAMIENTO EN SU DEPORTIVO DE MÁS DE 100.000 €.

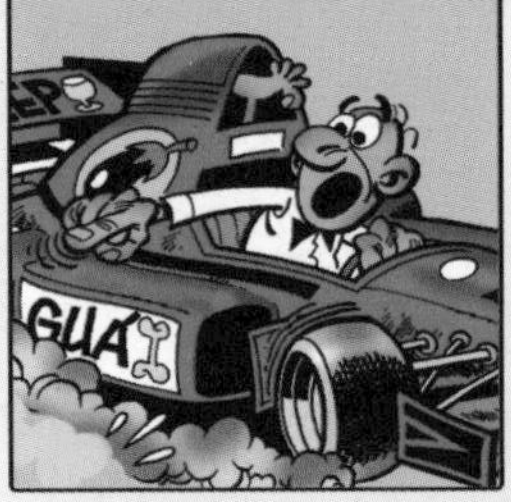
GUAI

UNAS CARRERITAS, UNOS SALTOS, UNOS CHUTS AL BALÓN Y LISTO.

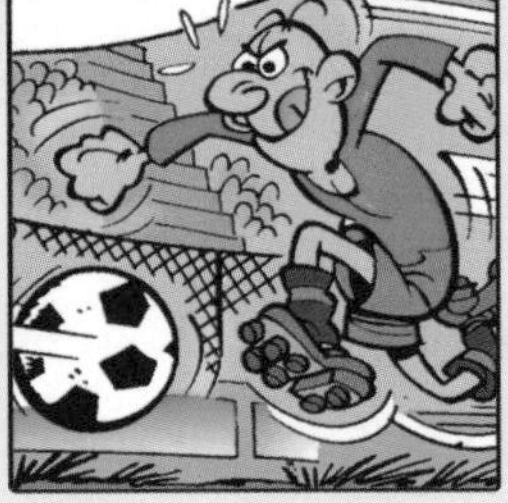

TRAS UNA BUENA CENA ES HORA DE TOMAR COPAS EN LA "DISCO".

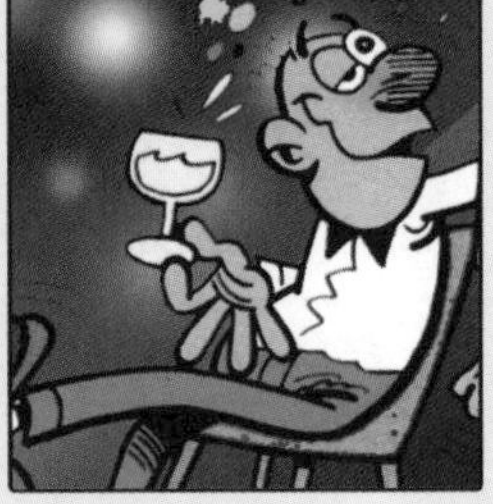

¡HOMBRE! ¡SI AHÍ ESTÁ VANESSA PEXUGUEN! ¡JE, JE, JE, JE!

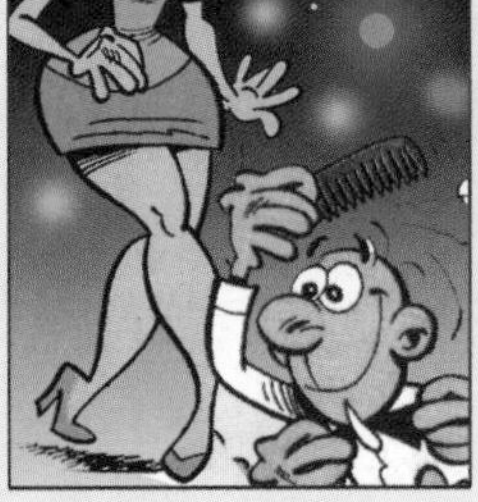

TRAS LA AGOTADORA JORNADA, EL FUTBOLISTA DESCANSA FELIZ.

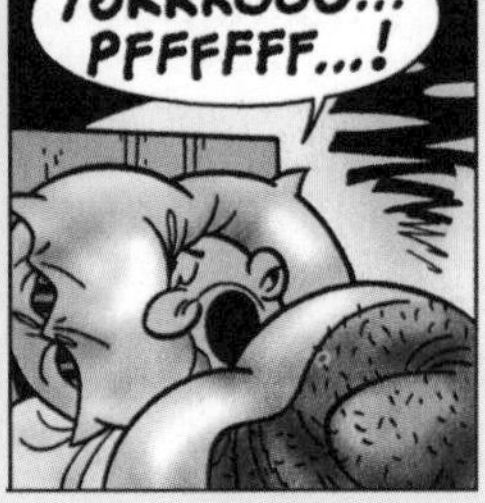
¡JRRROOO... PFFFFFF...!

SE DIRIGE AL HOSPITAL EN SU UTILITARIO DE CUARTA MANO VALORADO EN MENOS DE 45 €. TIENE UN ACCIDENTE POR CONDUCIR SIN VOLANTE.

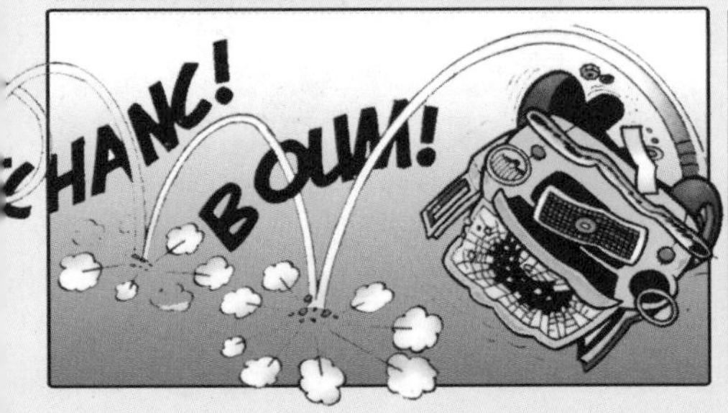
¡CHANC!
BOUM!

ES INGRESADO EN EL HOSPITAL DONDE CONSIGUE DESCANSAR...

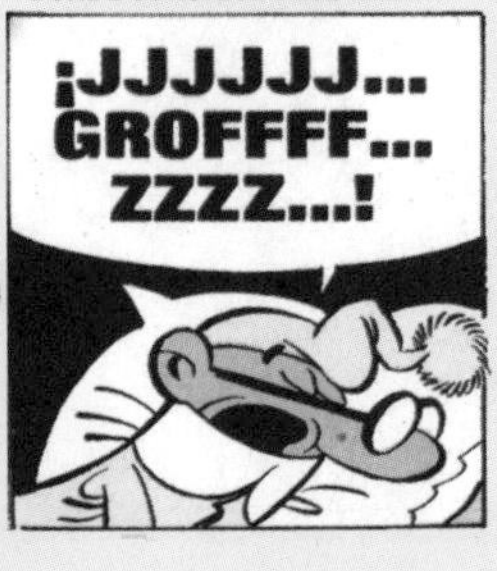
¡JJJJJJ... GROFFFF... ZZZZ...!

CUANDO LOGRA PEGAR OJO, RECIBE UNA VISITA INESPERADA.

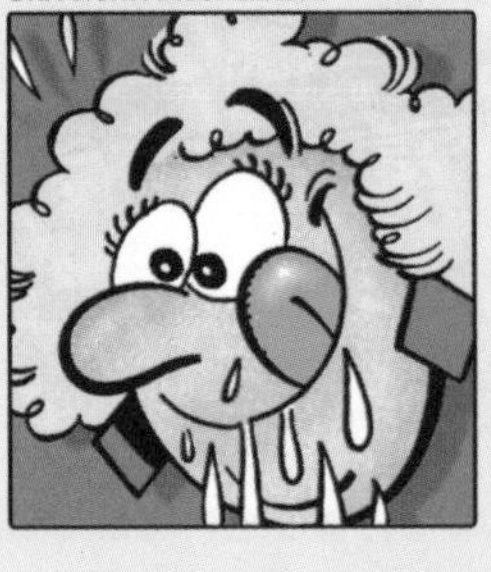

EL AGENTE SERÁ INGRESADO EN LA U.V.I. TRAS LOS ESTRUJONES RECIBIDOS.

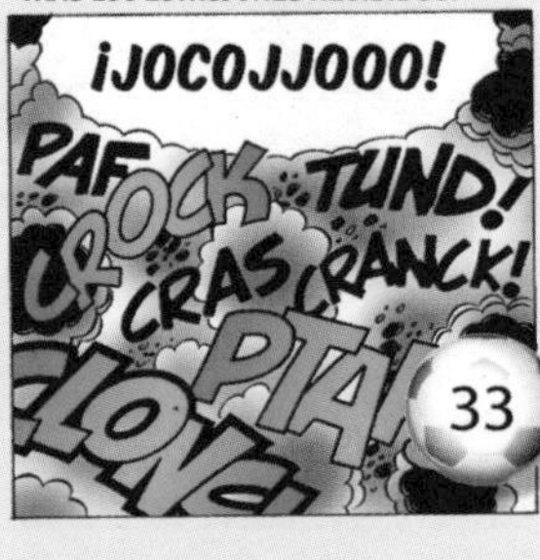
¡JOCOJJOOO!
PAF
CROCK
TUND!
CRAS
CRANCK!
PTAF
CLONC

EL PORTERO

EL OBJETIVO DEL PORTERO ES EVITAR QUE EL BALÓN ENTRE EN SU PORTERÍA. ES UN JUGADOR QUE SUELE ESTAR SOLO LA MAYOR PARTE DEL TIEMPO Y ESTA FALTA DE ACTIVIDAD PUEDE SER A VECES UTILIZADA PARA HECHOS EXTRADEPORTIVOS.

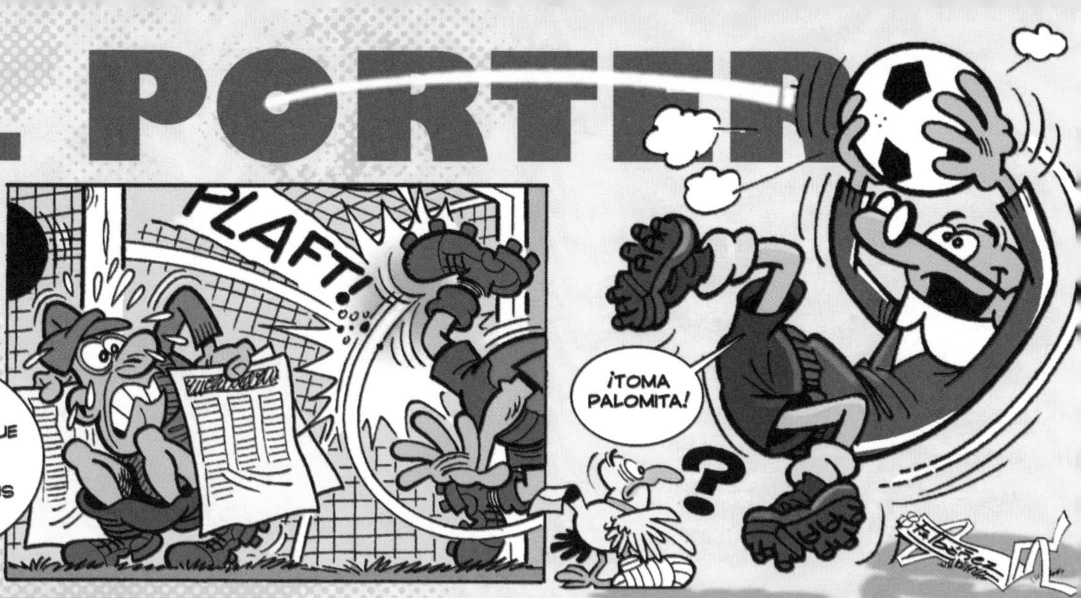
¡Y VILLA REMATA A GOL APROVECHANDO QUE EL META RUSO, MIJAIL MOJONOV ESTÁ HACIENDO SUS NECESIDADES!
PLAFT!
¡TOMA PALOMITA!
?

MANDAMIENTOS DEL PORTERO

1. Pararás el balón sobre todas las cosas.
2. Si no puedes parar el balón pararás al delantero que lo lleve.
3. Cuando lancen un córner no te pondrás guantes de boxeo para salir de puños.
4. Aunque el equipo rival no pase de medio campo, no sacarás tu móvil para entretenerte.
5. No le pedirás un autógrafo a Messi después de que te haya metido un golazo.
6. No te despistarás observando a las mozas que haya en las graderías.
7. Si Ronaldo va a lanzar un libre directo no te taparás con las manos tu entrepierna.
8. Pasarás tus vacaciones en un Parador Nacional.

EL PORTERO DEBE ESTAR PREPARADO PARA RECIBIR POTENTES CAÑONAZOS Y SABER DETENERLOS.

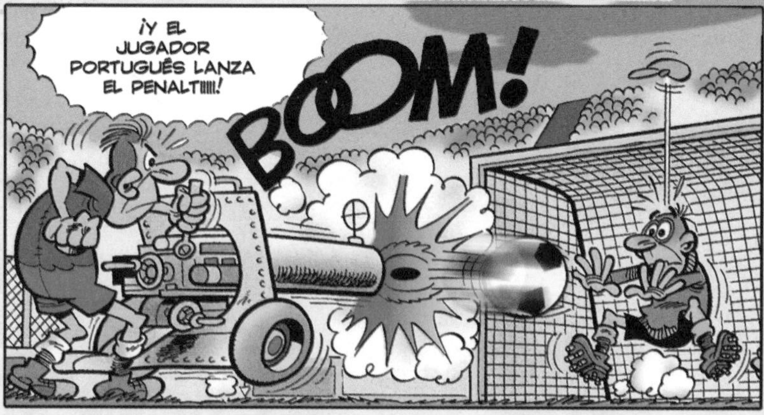
¡Y EL JUGADOR PORTUGUÉS LANZA EL PENALTIIIII!
BOOM!

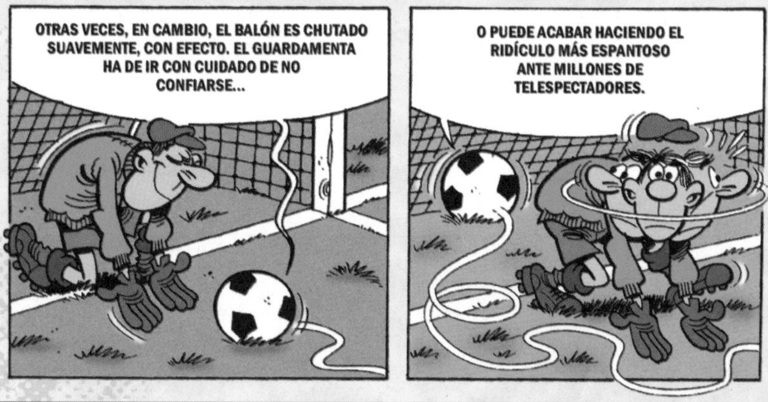
OTRAS VECES, EN CAMBIO, EL BALÓN ES CHUTADO SUAVEMENTE, CON EFECTO. EL GUARDAMENTA HA DE IR CON CUIDADO DE NO CONFIARSE...
O PUEDE ACABAR HACIENDO EL RIDÍCULO MÁS ESPANTOSO ANTE MILLONES DE TELESPECTADORES.

CONDICIÓN FUNDAMENTAL DE TODO CANCERBERO ES SER ALTO. LO DE SER GORDO TAMBIÉN TIENE SUS VENTAJAS, YA QUE CUBRES MÁS PORTERÍA.

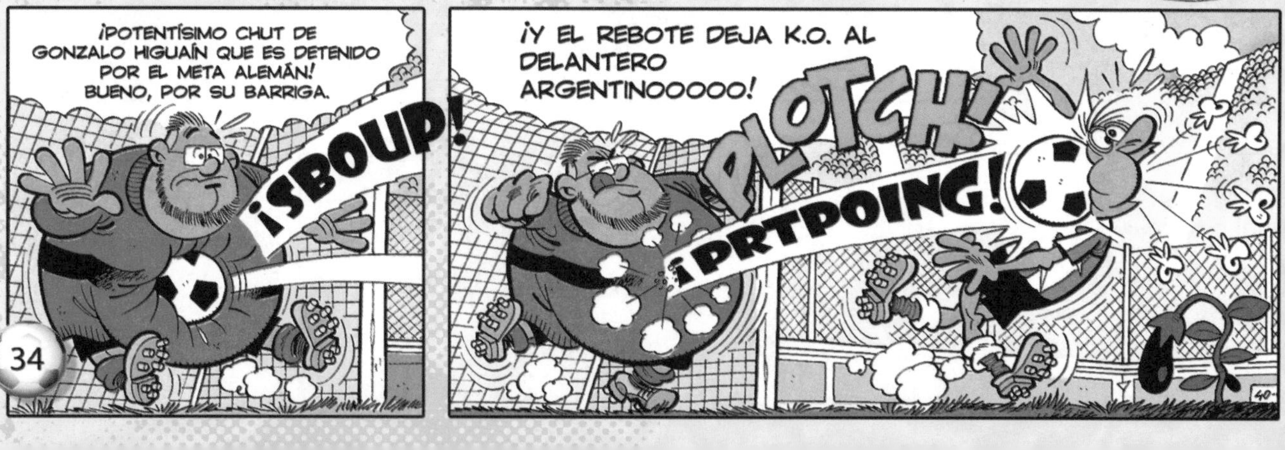
¡POTENTÍSIMO CHUT DE GONZALO HIGUAÍN QUE ES DETENIDO POR EL META ALEMÁN! BUENO, POR SU BARRIGA.
¡SBOUP!
¡Y EL REBOTE DEJA K.O. AL DELANTERO ARGENTINOOOOO!
PLOTCH!
¡PRTPOING!

un portero nunca debe...

Tener otra afición o *hobby* más que la de hacer de portero.

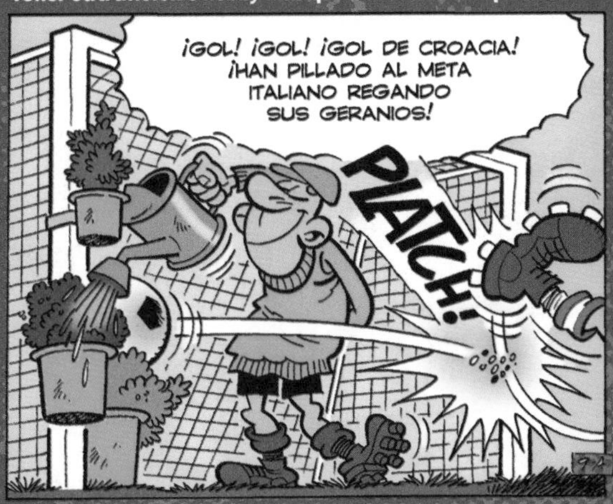
¡GOL! ¡GOL! ¡GOL DE CROACIA! ¡HAN PILLADO AL META ITALIANO REGANDO SUS GERANIOS!
PLATCH!

Ser excesivamente presumido y cuidar su aspecto cuando sabe que las cámaras le están enfocando.

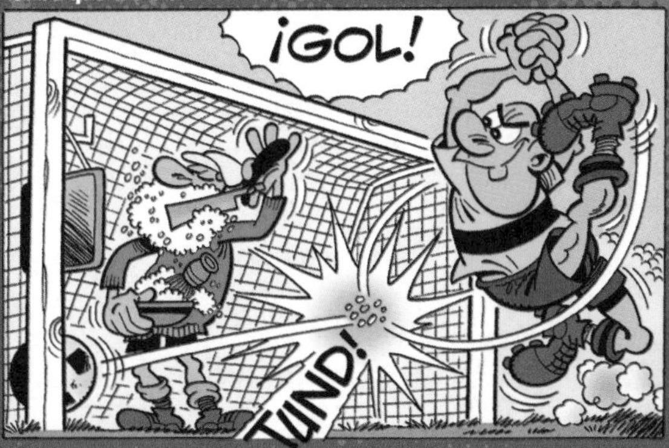
¡GOL!

Ser alérgico a los bichos e insectos.

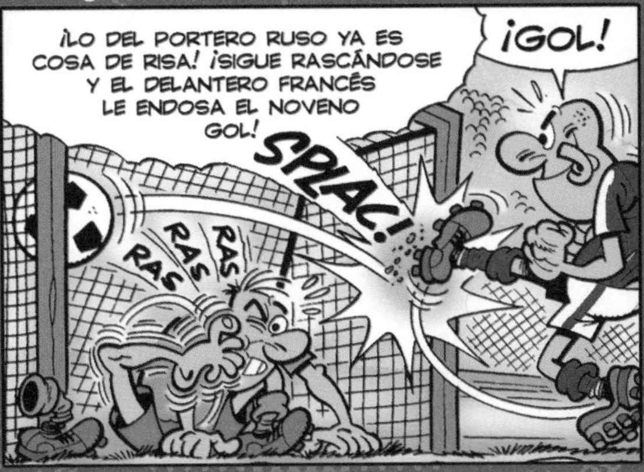
¡LO DEL PORTERO RUSO YA ES COSA DE RISA! ¡SIGUE RASCÁNDOSE Y EL DELANTERO FRANCÉS LE ENDOSA EL NOVENO GOL!
¡GOL!
SPLAC!
RAS RAS RAS

Ser un vago aunque disponga de una defensa muy buena.

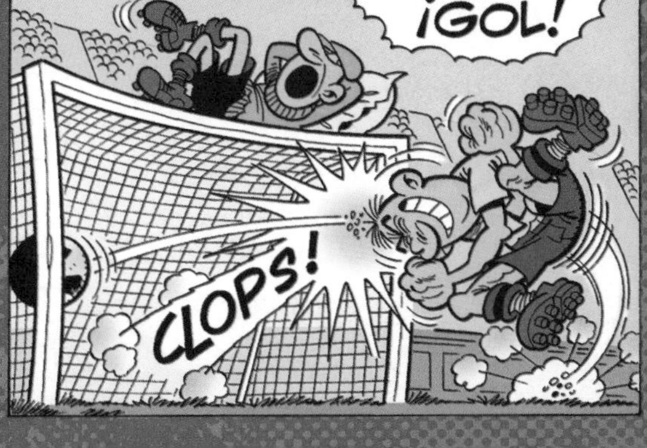
¡GOL!
CLOPS!

HAY UNA COSA INCLUSO PEOR PARA UN PORTERO QUE EL HECHO DE QUE LE CUELEN EL BALÓN:

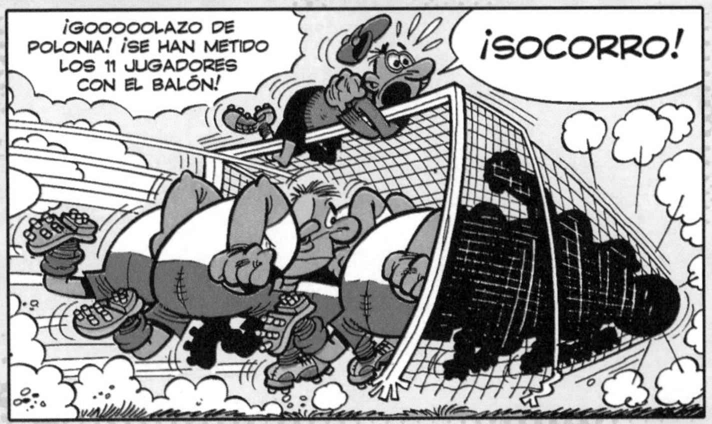
¡GOOOOOLAZO DE POLONIA! ¡SE HAN METIDO LOS 11 JUGADORES CON EL BALÓN!
¡SOCORRO!

ALGUNOS PORTEROS SON TAN BUENOS QUE RESULTA DIFICILÍSIMO METERLES UN GOL. NO HAY DISPARO QUE NO PUEDAN DETENER.

LA PORTERÍA DE "LA ROJA" ESTÁ MUY BIEN CUBIERTA, PERO EN LA T.I.A. HAN BUSCADO UN TÍO MÁS ALTO QUE CASILLAS Y MÁS HABILIDOSO CON EL BALÓN EN LAS MANOS. ¿SERÁ EL NUEVO PORTERO DE LA SELECCIÓN?

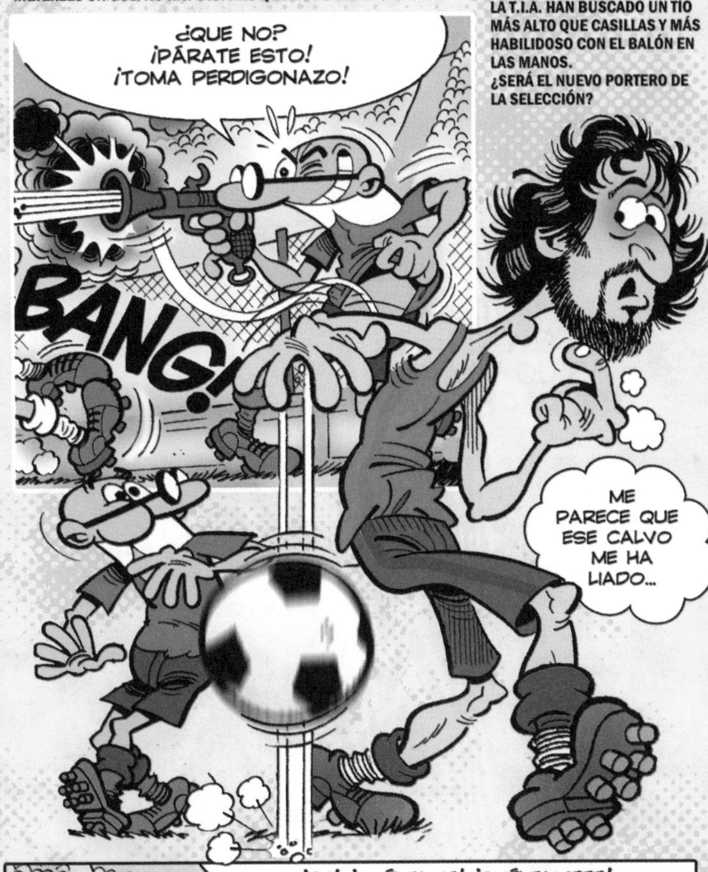
¿QUE NO? ¡PÁRATE ESTO! ¡TOMA PERDIGONAZO!
BANG!
ME PARECE QUE ESE CALVO ME HA LIADO...

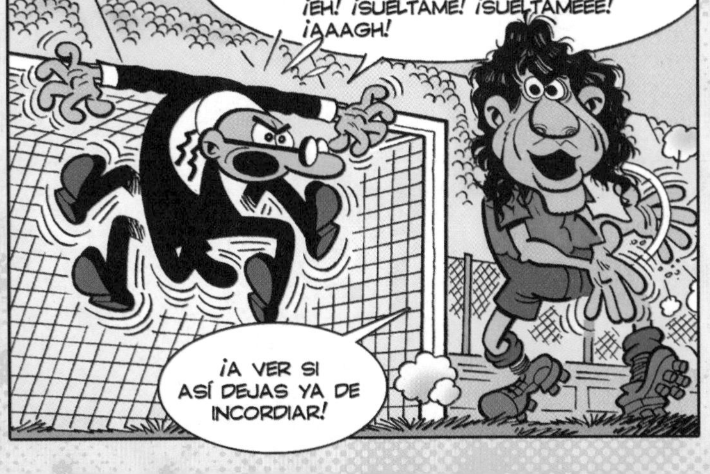
¡EH! ¡SUÉLTAME! ¡SUÉLTAMEEE! ¡AAAGH!
¡A VER SI ASÍ DEJAS YA DE INCORDIAR!

DU YU SPIK INGLISH?

CUANDO EL FUTBOLISTA JUEGA UN PARTIDO INTERNACIONAL DEBE TENER CONOCIMIENTOS DE INGLÉS SI QUIERE DIRIGIRSE AL ÁRBITRO. HE AQUÍ UNAS FRASES ÚTILES PARA EL PROFANO EN LA LENGUA DE CHÉSPIR.

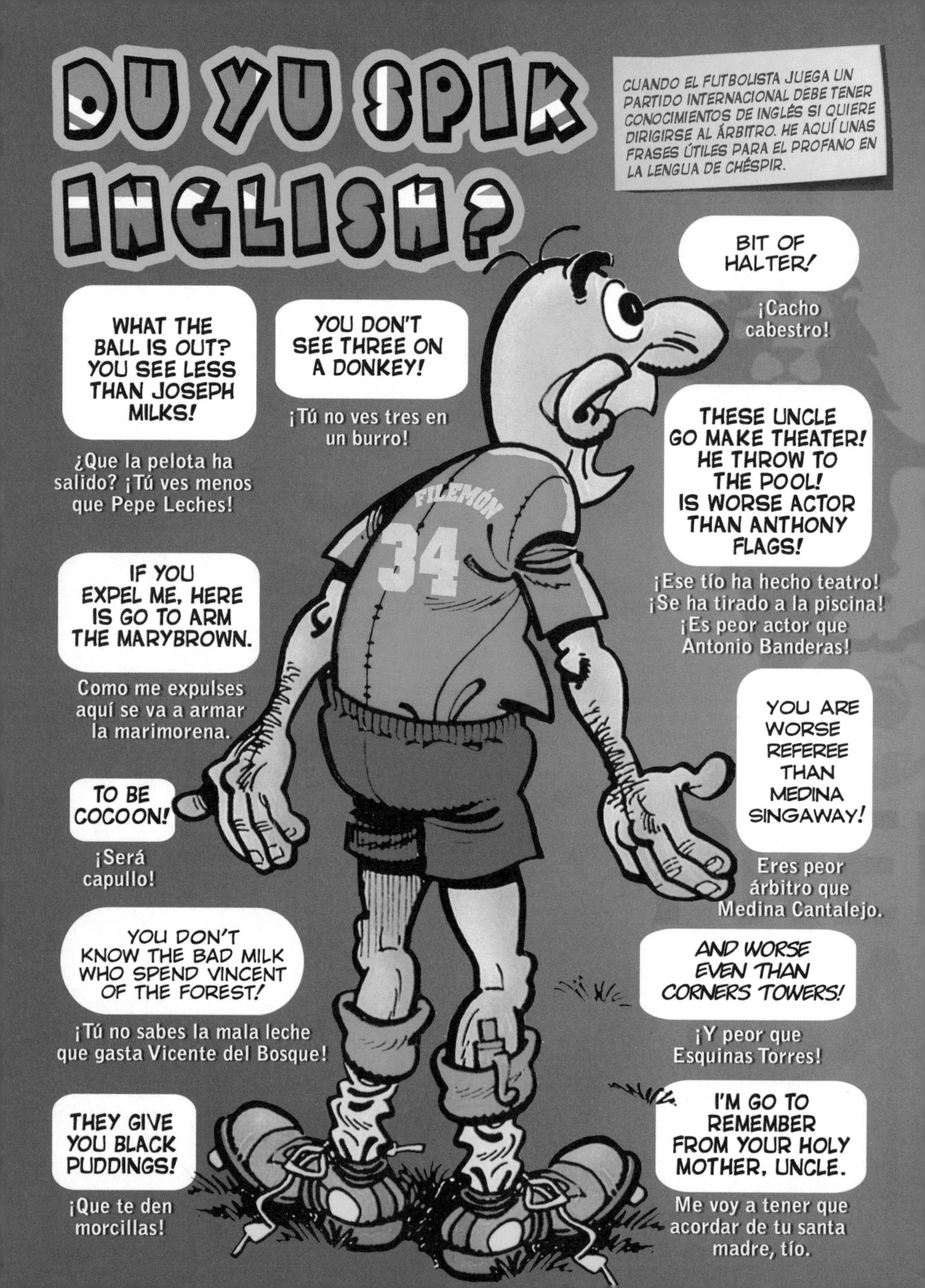
FILEMÓN
34

WHAT THE BALL IS OUT? YOU SEE LESS THAN JOSEPH MILKS!

¿Que la pelota ha salido? ¡Tú ves menos que Pepe Leches!

YOU DON'T SEE THREE ON A DONKEY!

¡Tú no ves tres en un burro!

BIT OF HALTER!

¡Cacho cabestro!

THESE UNCLE GO MAKE THEATER! HE THROW TO THE POOL! IS WORSE ACTOR THAN ANTHONY FLAGS!

¡Ese tío ha hecho teatro! ¡Se ha tirado a la piscina! ¡Es peor actor que Antonio Banderas!

IF YOU EXPEL ME, HERE IS GO TO ARM THE MARYBROWN.

Como me expulses aquí se va a armar la marimorena.

TO BE COCOON!

¡Será capullo!

YOU ARE WORSE REFEREE THAN MEDINA SINGAWAY!

Eres peor árbitro que Medina Cantalejo.

YOU DON'T KNOW THE BAD MILK WHO SPEND VINCENT OF THE FOREST!

¡Tú no sabes la mala leche que gasta Vicente del Bosque!

AND WORSE EVEN THAN CORNERS TOWERS!

¡Y peor que Esquinas Torres!

THEY GIVE YOU BLACK PUDDINGS!

¡Que te den morcillas!

I'M GO TO REMEMBER FROM YOUR HOLY MOTHER, UNCLE.

Me voy a tener que acordar de tu santa madre, tío.

IT SEE YOU THE DUSTER!

¡Se te ve el plumero!

YOU MUST INFORM OF HOW TO COST A COMB!

Te vas a enterar de lo que vale un peine.

MORNING-SINGER!

¡Cantamañanas!

HAKE!

¡Merluzo!

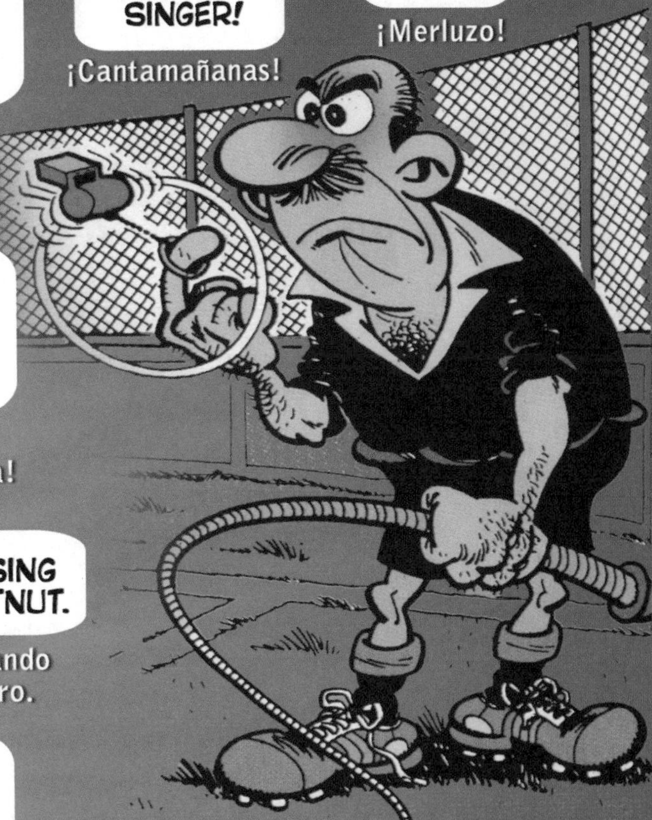

YES, UNCLE. I AM FROM THE APPLE ORCHARDS. I AM MATTRESS MAKER!

Sí, tío. Soy del Manzanares. ¡Soy colchonero!

SILLY OF THE BROAD BEAN! YOUR PAN HAS GONE!

¡Tonto l'haba! ¡Se te ha ido la olla!

ROLL YOU, MAN! MAKE THE FAT VIEW AND LITTLE HAIRS TO THE SEA!

¡Enróllate, hombre! ¡Haz la vista gorda y pelillos a la mar!

THIS IS CROSSING OF DARK CHESTNUT.

Esto ya está pasando de castaño oscuro.

TO JUDGE OF LINE THEIR ARMPITS ARE SINGIN' A LOAD!

¡Al juez de línea le cantan los sobacos en cantidad!

TO JOSEPH QUEEN IT GOES THE MOTION!

¡A Pepe Reina le va la marcha!

YOU SEE LESS THAN BREAKROOFS!

¡Tú ves menos que Rompetechos!

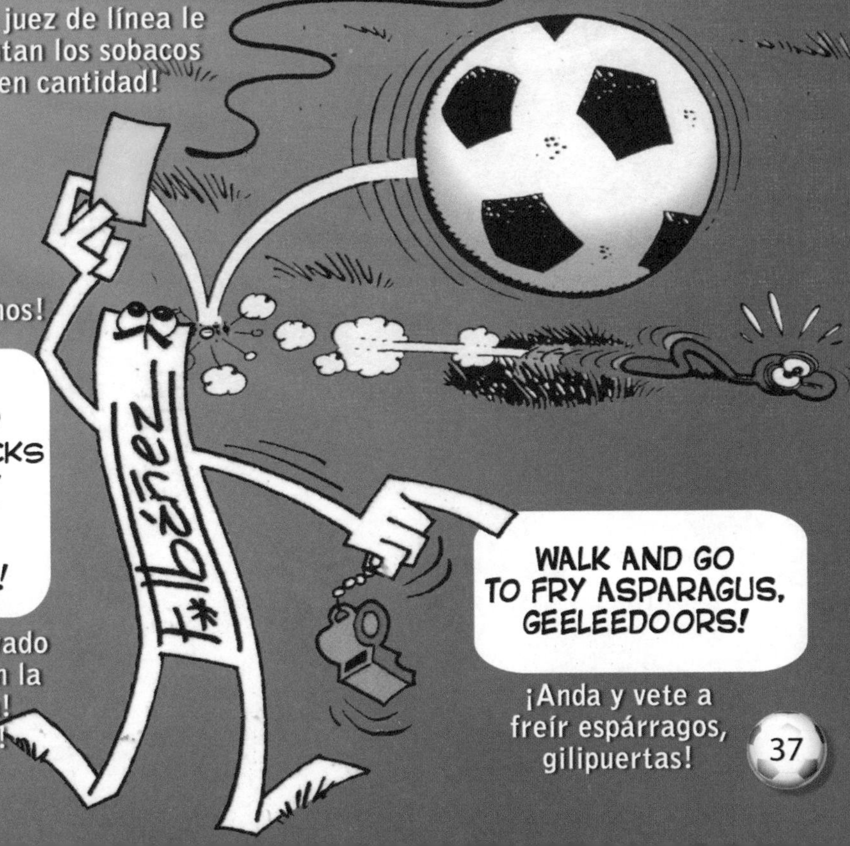
El Jגעez

ARE GOOD THE KETTLE OF BOXES. IS CALLED SARAH COAL!

Está buena la pava de Casillas. Se llama Sara Carbonero.

HE NAILED THE BLOCKS ON MY RUMP! SEA BREAM!

¡Me ha clavado los tacos en la rabadilla! ¡Besugo!

WALK AND GO TO FRY ASPARAGUS, GEELEEDOORS!

¡Anda y vete a freír espárragos, gilipuertas!

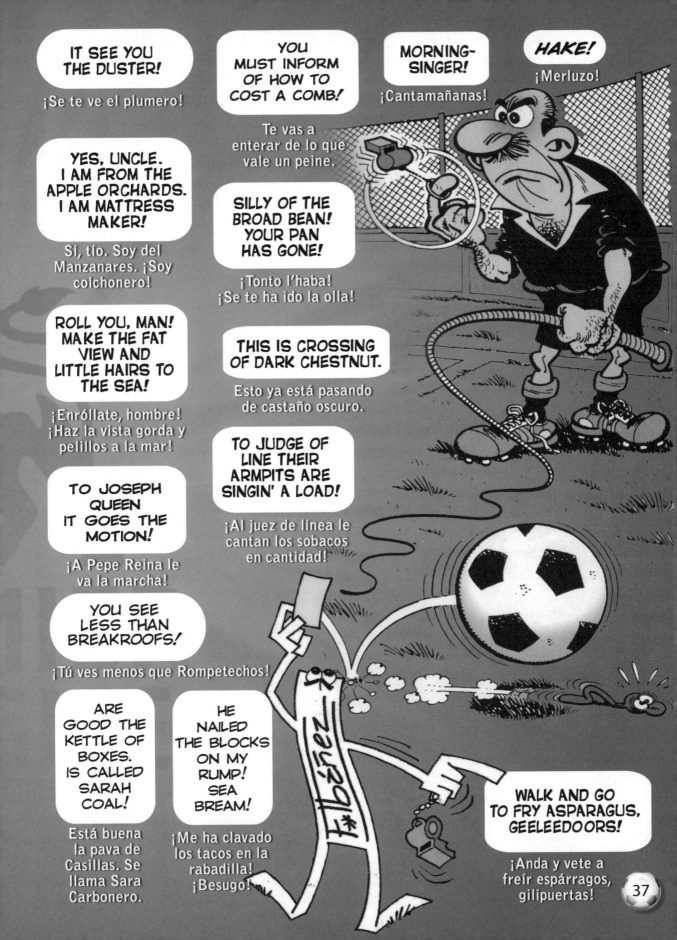

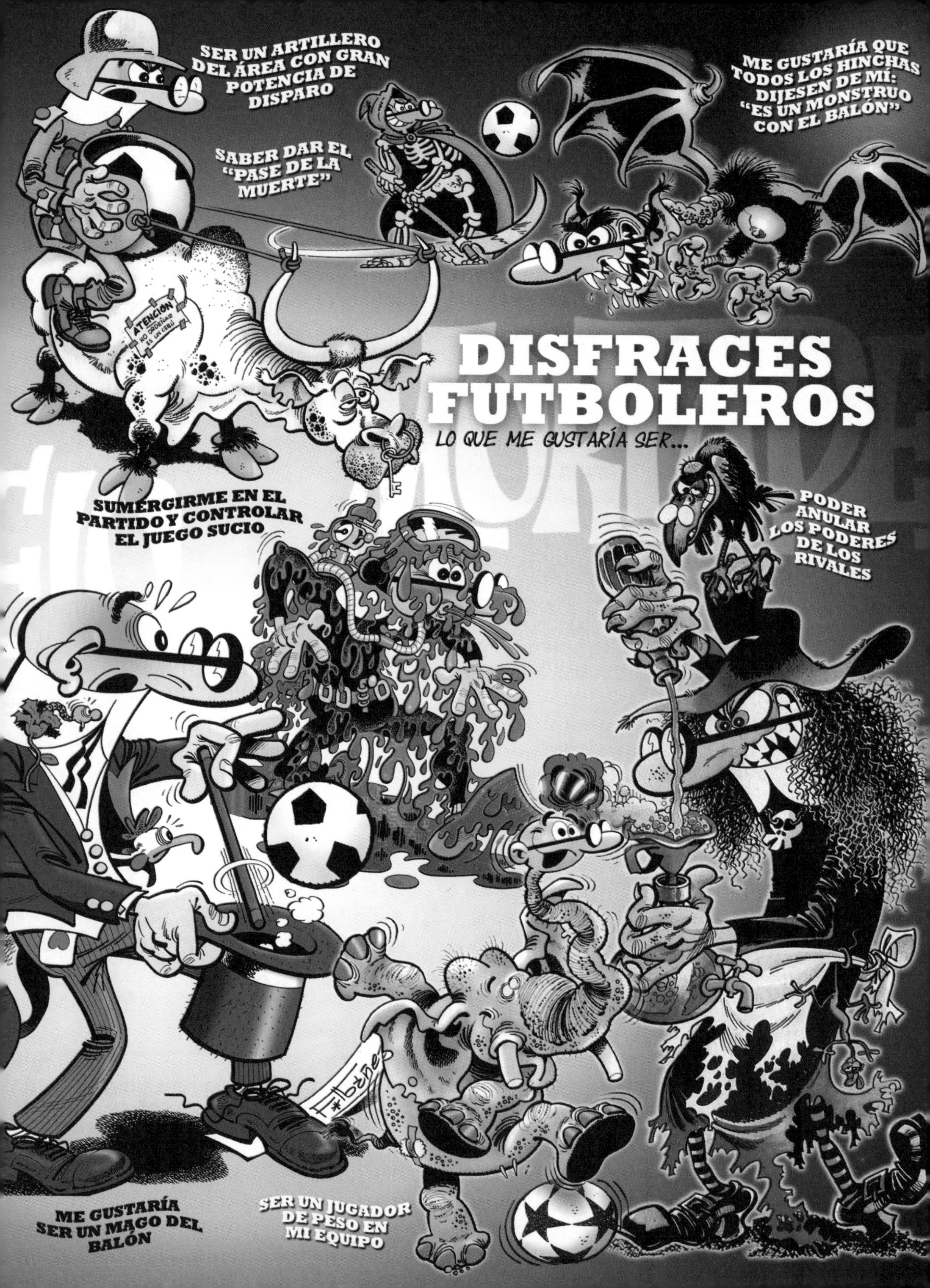
DISFRACES FUTBOLEROS
LO QUE ME GUSTARÍA SER...
SER UN ARTILLERO DEL ÁREA CON GRAN POTENCIA DE DISPARO
ATENCIÓN NO ORDEÑAR ES UN CEBÚ
SABER DAR EL "PASE DE LA MUERTE"
ME GUSTARÍA QUE TODOS LOS HINCHAS DIJESEN DE MÍ: "ES UN MONSTRUO CON EL BALÓN"
SUMERGIRME EN EL PARTIDO Y CONTROLAR EL JUEGO SUCIO
PODER ANULAR LOS PODERES DE LOS RIVALES
ME GUSTARÍA SER UN MAGO DEL BALÓN
SER UN JUGADOR DE PESO EN MI EQUIPO

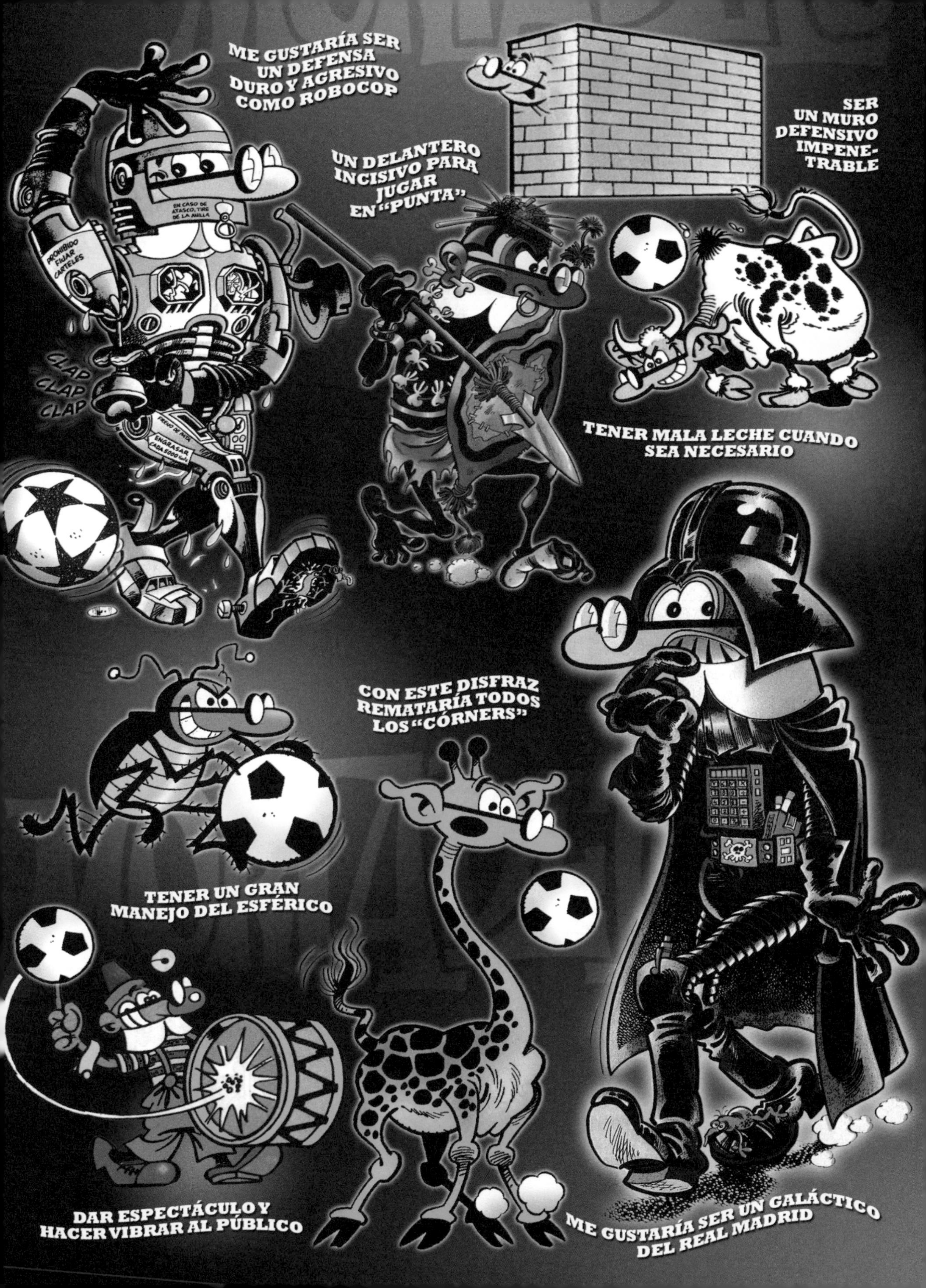

ME GUSTARÍA SER UN DEFENSA DURO Y AGRESIVO COMO ROBOCOP
EN CASO DE ATASCO, TIRE DE LA ANILLA
PROHIBIDO FIJAR CARTELES
CLAP CLAP CLAP
UN DELANTERO INCISIVO PARA JUGAR EN "PUNTA"
SER UN MURO DEFENSIVO IMPENE-TRABLE
TENER MALA LECHE CUANDO SEA NECESARIO
CON ESTE DISFRAZ REMATARÍA TODOS LOS "CÓRNERS"
TENER UN GRAN MANEJO DEL ESFÉRICO
DAR ESPECTÁCULO Y HACER VIBRAR AL PÚBLICO
ME GUSTARÍA SER UN GALÁCTICO DEL REAL MADRID

Las LESIONES

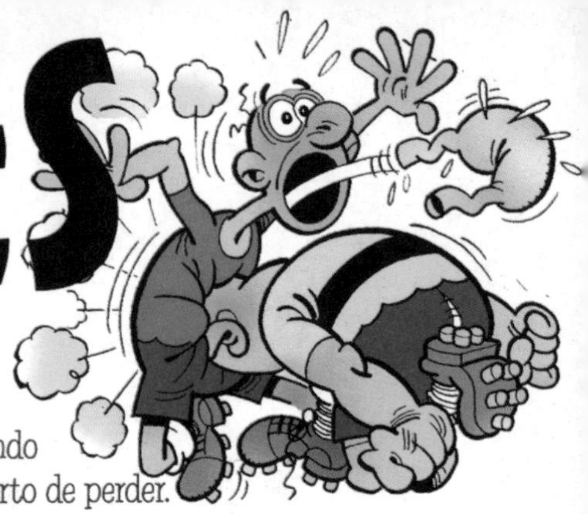

DICCIONARIO MÉDICO

ROTURA DE LIGAMENTOS: Dolencia psicológica del jugador cuyo ligue con una moza se rompe.

ROTURA PÚBICA: Cuando el jugador rompe con su novia estando dentro de un pub.

BRONQUITIS: Cuando el jugador ha de soportar las broncas del entrenador.

DIABÉTICO: Jugador del Real Betis Balompié con problemas sanguíneos.

LUSACIÓN: Dolencia muscular propia de jugadores lusos como Cristiano Ronaldo o Pepe.

INSUFICIENCIA RENAL: Enfermedad característica de los equipos nórdicos en cuyos campos destaca la poca o nula existencia de renos.

DISTENSIÓN FEMORAL: Es cuando baja tu ánimo, tu fe y tu moral ante la pérdida continuada de partidos.

SOBRECARGA MOLUSCULAR: Cuando el futbolista acaba empachado de ostras y demás moluscos.

ROTURA DE MARISCO: Cuando el futbolista se pone morado de gambas, langostinos, cigalas y bogavantes.

PINZAMIENTO: Cuando la langosta atrapa con sus pinzas la nariz del futbolista que va a comérsela.

MUSCULAR: Cuando el individuo juega al mus como el cu

OSTIOPOROSIS: Cuando el delantero recibe una gran cantidad de ostias por parte de los defensas rivales.

TIENDONITIS: Costumbre del jugador multimillonario de irse a tiendas caras a gastar pasta.

¡OH, TITIS!: Cuando el jugador capta con su oído la presencia de mozas macizorras.

HARTROSIS: Cuando el jugador acaba harto de perder.

ESGUINCE DE GIZEH: Cuando te tuerces el tobillo jugando cerca de las pirámides de Egipto.

ESQUINCE O ESDIECISÉIS: Cuando te has torcido tantas veces el tobillo que ya ni te acuerdas del número de lesiones.

PENDINITIS: Cuando el rival te agarra del pendiente y acaba arrancándote un trozo de oreja.

TIBIA: Hueso que no está ni frío ni caliente.

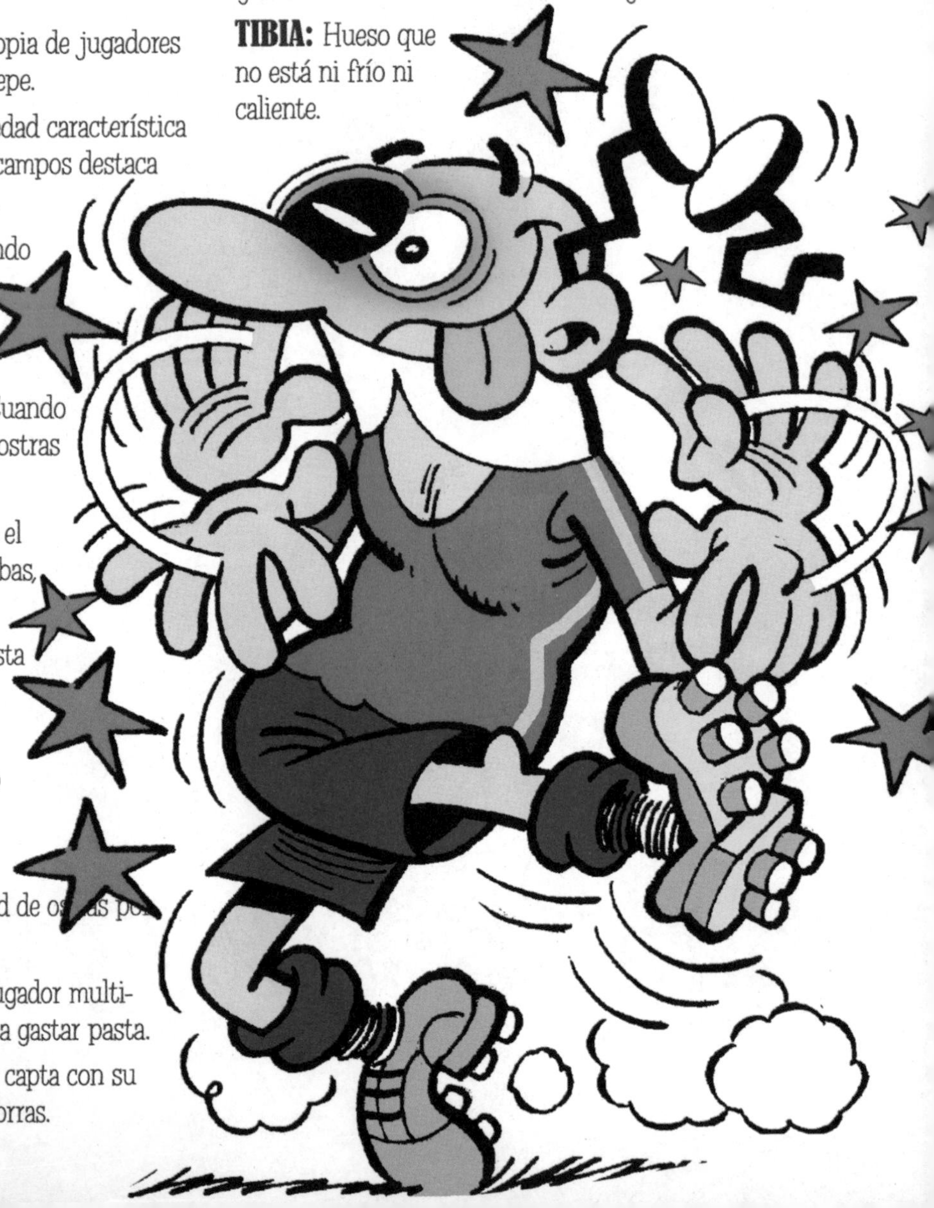

LA PORTENTOSA
FISIOLOGÍA DE MORTADELO

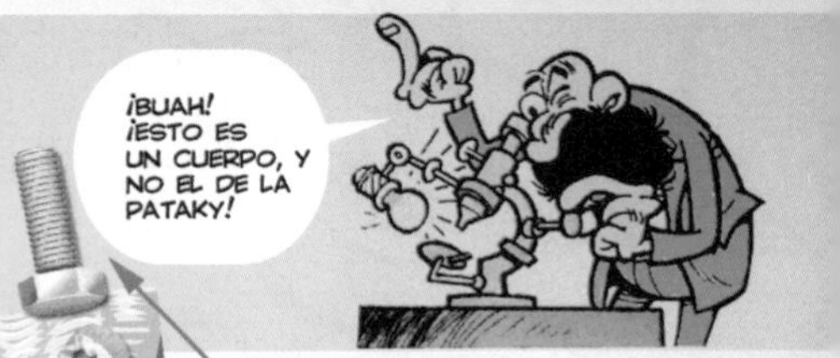

¡BUAH! ¡ESTO ES UN CUERPO, Y NO EL DE LA PATAKY!

CABEZA

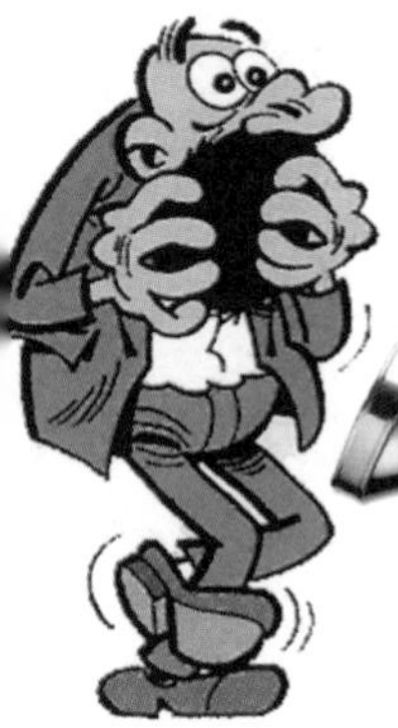

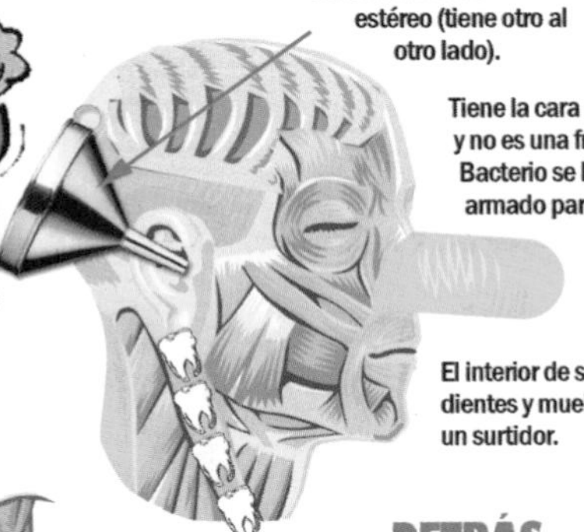

Para aportar mayor ligereza craneal, este ser dispone de costillas en el colodrillo.

Sistema auditivo estéreo (tiene otro al otro lado).

Los ojos son muy defectuosos. Padecen el síndrome de Joseph Milks (Pepe Leches), o sea, que ven menos que un topo.

Tiene la cara más dura que el cemento, y no es una frase hecha, no. Bacterio se la rebozó con hormigón armado para soportar mejor los golpes.

El músculo napial dispone de movimientos salchichiles, capaces de levantar pesos de hasta 3 kilos.

El interior de su boca contiene más de 500 dientes y muelas de repuesto, que emanan por un surtidor.

MANO

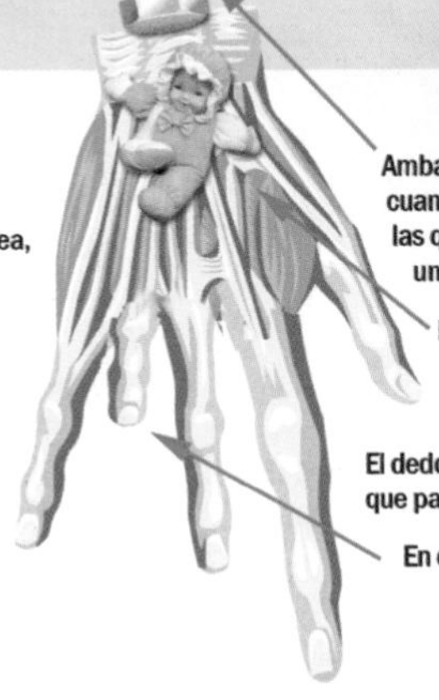

Ambas manos son de quita y pon, pues cuando Mortadelo defiende en el área, se las quita para no tocar el balón y provocar un penalti.

La muñeca. En la otra mano tiene una que incluso habla y hace pipí.

El dedo índice está muy desarrollado dado que pasa largas horas hurgándose la nariz.

En cambio el anular lo tiene casi anulado.

FRONTAL

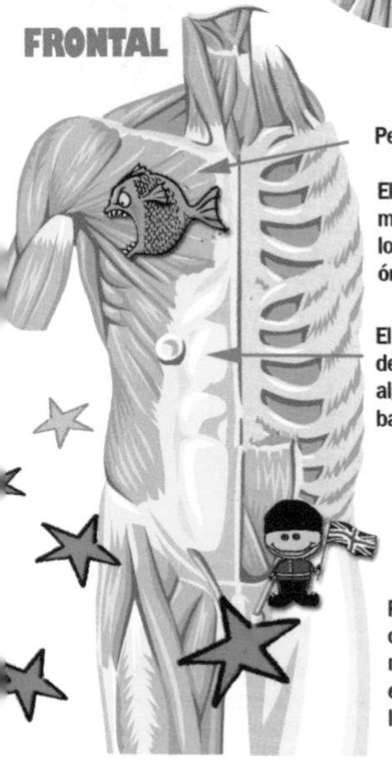

Pezón.

El andoba tiene mogollón de costillas, lo cual le proteje los órganos internos.

El ombligo ha sido desplazado por alguna patada en la barriga que ha sufrido.

Inglés.

Por ahí abajo se supone que tiene algo, pero tras más de cincuenta años de existencia de este ser, no lo vamos a desvelar ahora.

DETRÁS

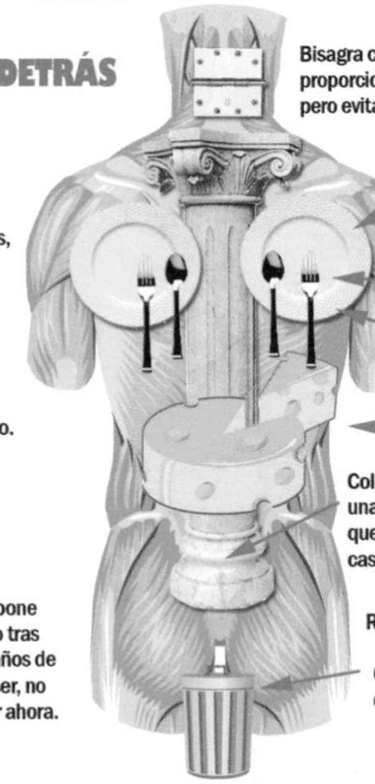

Bisagra cuellil que le proporciona pocos movimientos, pero evita cualquier rotura o lesión.

Omoplatos.

Omocucharas.

Omotenedores.

Lomo con queso.

Columna griega que garantiza una estabilidad tremebunda y que hace de Mortadelo alguien casi indestructible.

Rabadilla.

Contenedor o papelera de reciclaje.

PIERNA

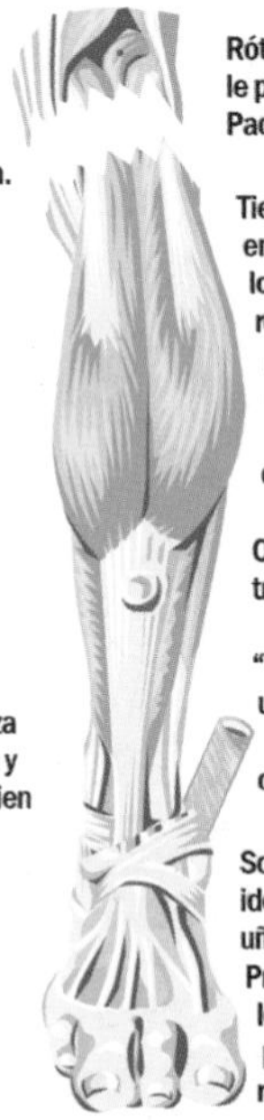

Rótula rota debido a la patada que le propinó el defensa portugués Paolo Dos Santos Das Ostias.

Tiene los gemelos por delante en lugar de detrás, lo cual explica los extraños movimientos que puede realizar con sus piernas. Además, no son gemelos, puesto que en la otra pierna tiene otros dos, lo cual significa que tiene cuatrillizos.

Ombligo. Sí, sí. Se le bajó hasta aquí tras sufrir una durísima entrada.

"Tubillo". En lugar de tobillo, presenta un pequeño tubo que al parecer es por donde salen los nocivos gases con olor a queso de sus pies.

Solo tiene 4 dedos, una mutación ideal para él, pues así tiene menos uñas que cortarse. Presenta además dos dedos gordos, lo cual le permite chutar descalzo piedras, pedruscos e incluso rocas.

PARTE MÉDICO DE UN ACCIDENTE EN CADENA

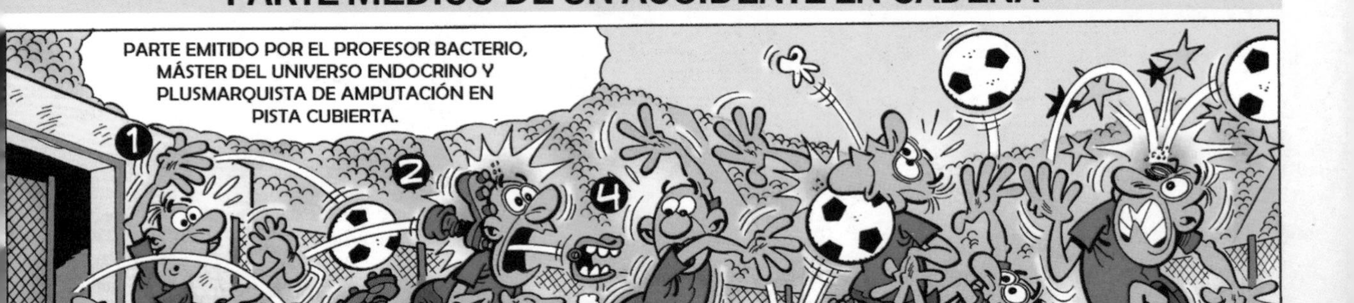

PARTE EMITIDO POR EL PROFESOR BACTERIO, MÁSTER DEL UNIVERSO ENDOCRINO Y PLUSMARQUISTA DE AMPUTACIÓN EN PISTA CUBIERTA.
1
2
3
4
BANG!

El jugador 1 se provoca un desprendimiento de la ingle izquierda tras alzar la pata. Se le sale el zapato que impacta en el jugador 2, quien pierde los piños. A su vez, el jugador número 3 pierde la lengua al estallarle el balón en la boca. La lengua acaba metida en su intestino recto. El jugador 4 se lía con las piernas al intentar emular a Leo Messi y termina rompiéndose las rótulas, un peroné y una tibia pasa a ponerse muy caliente.

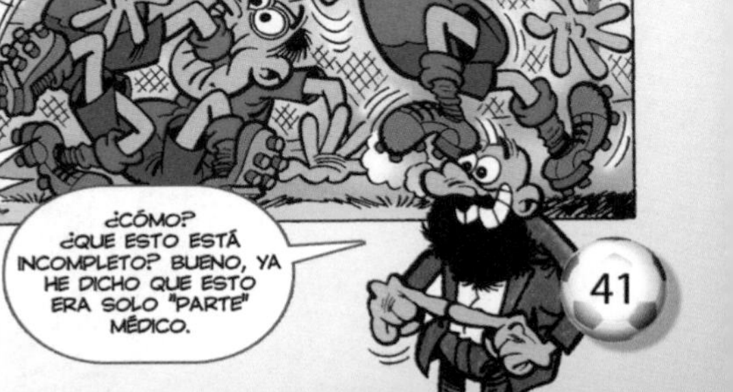

¿CÓMO? ¿QUE ESTO ESTÁ INCOMPLETO? BUENO, YA HE DICHO QUE ESTO ERA SOLO "PARTE" MÉDICO.

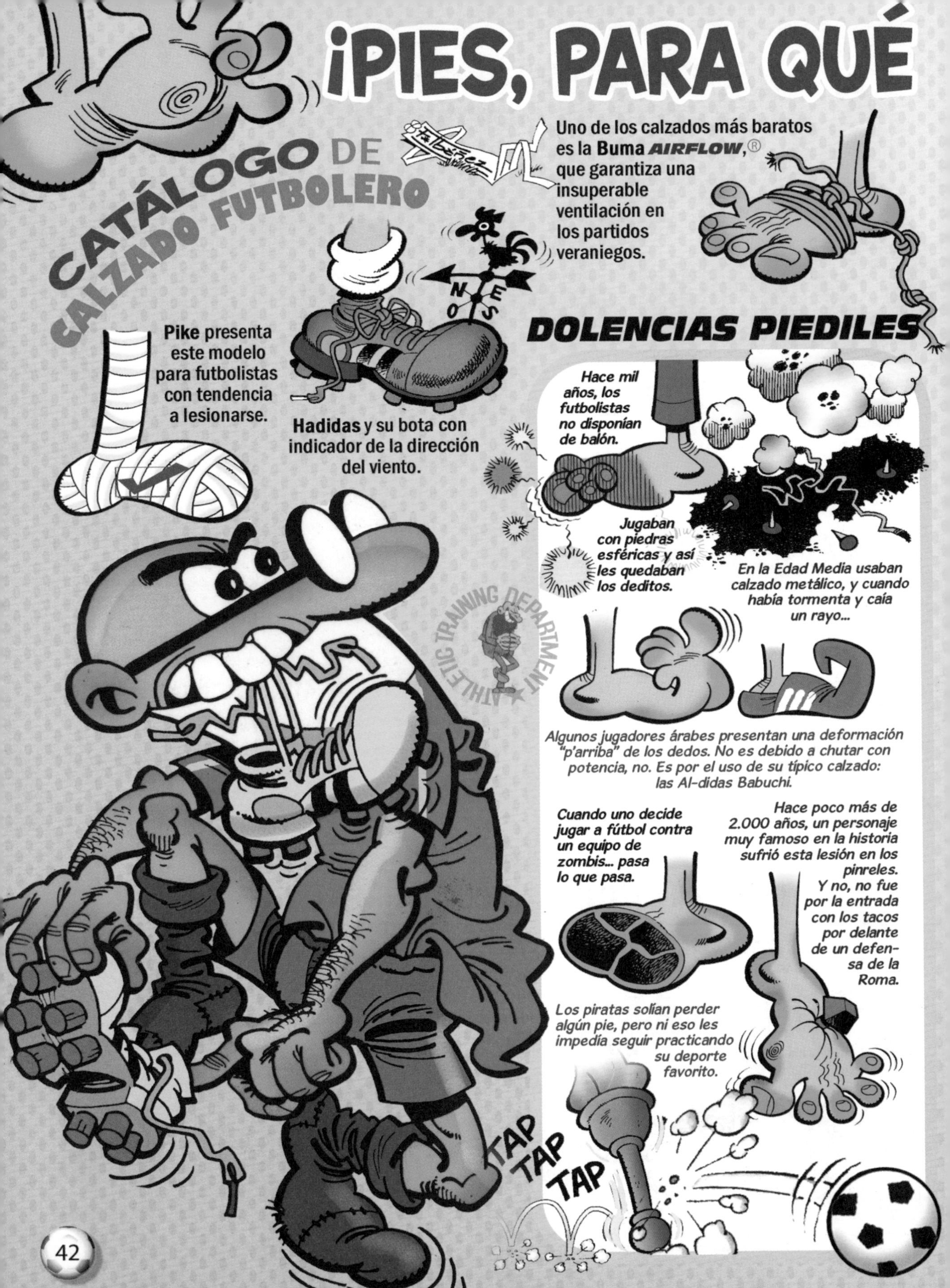

¡PIES, PARA QUÉ
CATÁLOGO DE CALZADO FUTBOLERO
Uno de los calzados más baratos es la Buma AIRFLOW,® que garantiza una insuperable ventilación en los partidos veraniegos.
Pike presenta este modelo para futbolistas con tendencia a lesionarse.
Hadidas y su bota con indicador de la dirección del viento.
N E O S
DOLENCIAS PIEDILES
Hace mil años, los futbolistas no disponían de balón.
Jugaban con piedras esféricas y así les quedaban los deditos.
En la Edad Media usaban calzado metálico, y cuando había tormenta y caía un rayo...
ATHLETIC TRAINING DEPARTMENT
Algunos jugadores árabes presentan una deformación "p'arriba" de los dedos. No es debido a chutar con potencia, no. Es por el uso de su típico calzado: las Al-didas Babuchi.
Cuando uno decide jugar a fútbol contra un equipo de zombis... pasa lo que pasa.
Hace poco más de 2.000 años, un personaje muy famoso en la historia sufrió esta lesión en los pinreles. Y no, no fue por la entrada con los tacos por delante de un defensa de la Roma.
Los piratas solían perder algún pie, pero ni eso les impedía seguir practicando su deporte favorito.
TAP TAP TAP

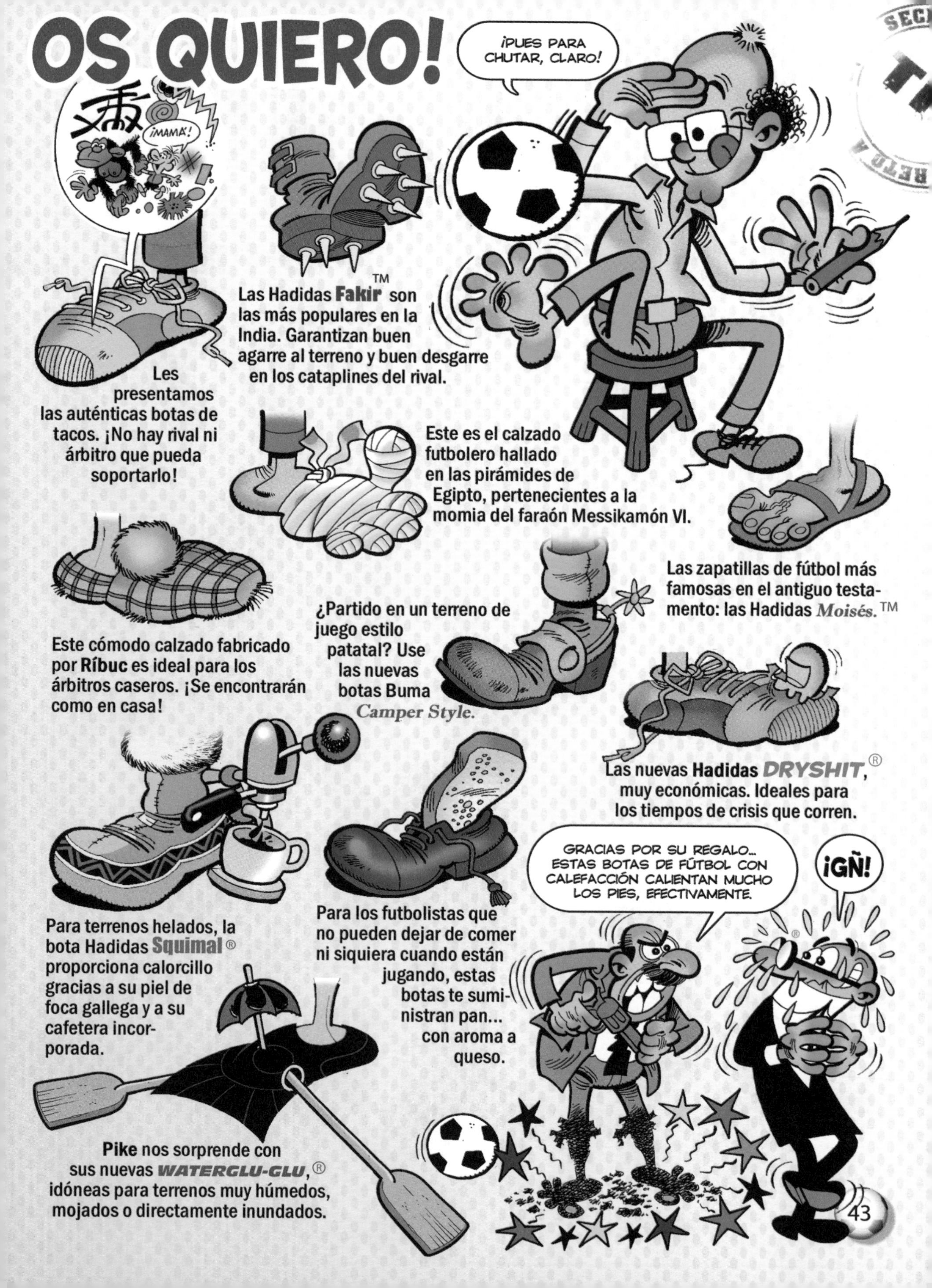
OS QUIERO!
¡PUES PARA CHUTAR, CLARO!
¡MAMÁ!
Las Hadidas Fakir™ son las más populares en la India. Garantizan buen agarre al terreno y buen desgarre en los cataplines del rival.
Les presentamos las auténticas botas de tacos. ¡No hay rival ni árbitro que pueda soportarlo!
Este es el calzado futbolero hallado en las pirámides de Egipto, pertenecientes a la momia del faraón Messikamón VI.
Las zapatillas de fútbol más famosas en el antiguo testamento: las Hadidas Moisés.™
Este cómodo calzado fabricado por Ríbuc es ideal para los árbitros caseros. ¡Se encontrarán como en casa!
¿Partido en un terreno de juego estilo patatal? Use las nuevas botas Buma Camper Style.
Las nuevas Hadidas DRYSHIT,® muy económicas. Ideales para los tiempos de crisis que corren.
Para terrenos helados, la bota Hadidas Squimal® proporciona calorcillo gracias a su piel de foca gallega y a su cafetera incorporada.
Para los futbolistas que no pueden dejar de comer ni siquiera cuando están jugando, estas botas te suministran pan... con aroma a queso.
GRACIAS POR SU REGALO... ESTAS BOTAS DE FÚTBOL CON CALEFACCIÓN CALIENTAN MUCHO LOS PIES, EFECTIVAMENTE.
¡GÑ!
Pike nos sorprende con sus nuevas WATERGLU-GLU,® idóneas para terrenos muy húmedos, mojados o directamente inundados.

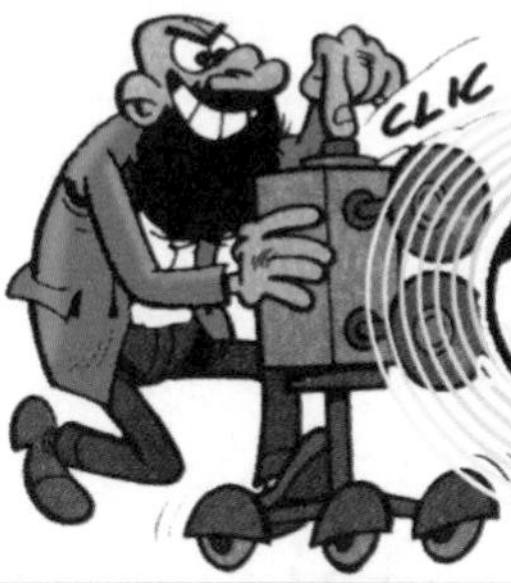

FÚTBOL MUTANTE

por el PROFESOR BACTERIO

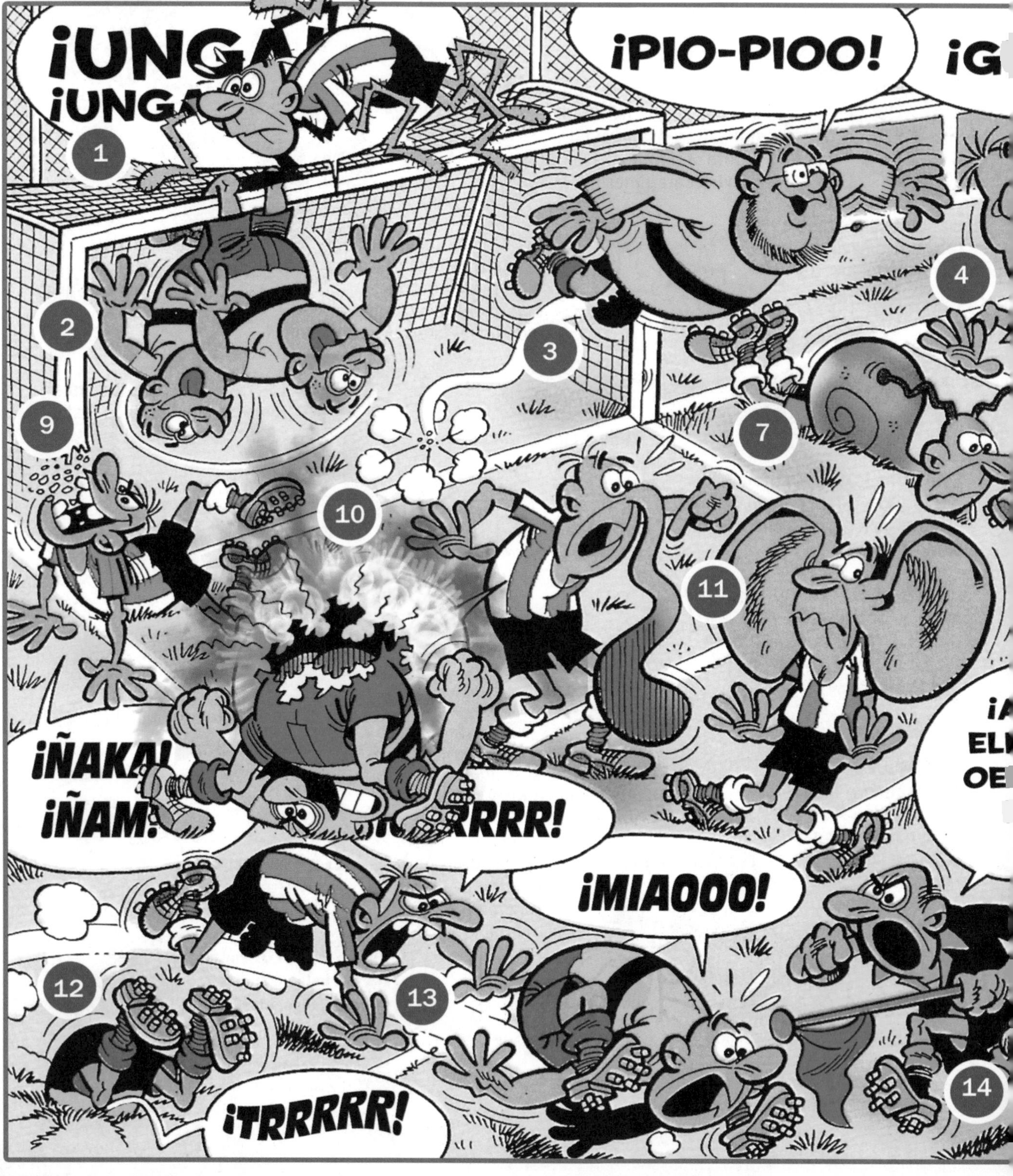
¡PIO-PIOO!
¡ÑAKA! ¡ÑAM!
¡MIAOOO!
¡TRRRRR!
1
2
3
4
7
9
10
11
12
13
14

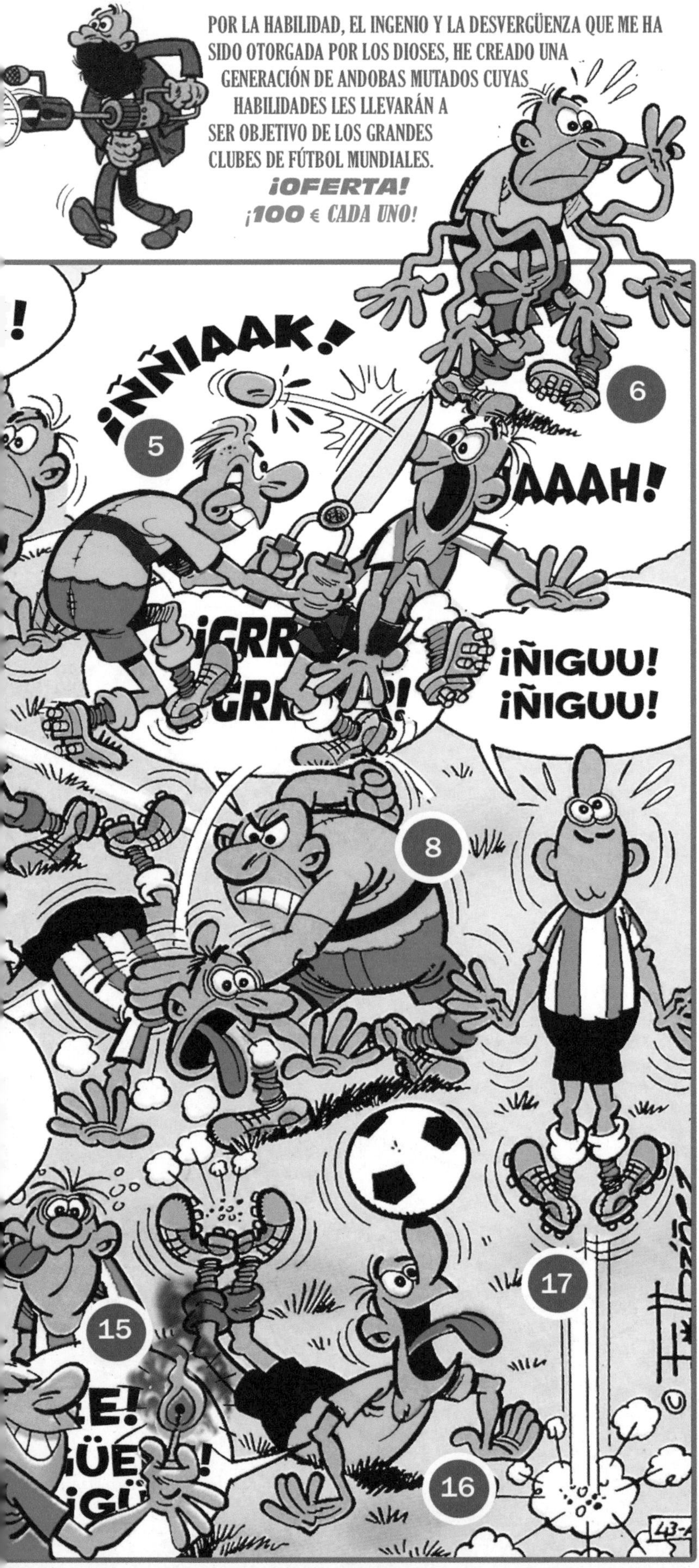
POR LA HABILIDAD, EL INGENIO Y LA DESVERGÜENZA QUE ME HA SIDO OTORGADA POR LOS DIOSES, HE CREADO UNA GENERACIÓN DE ANDOBAS MUTADOS CUYAS HABILIDADES LES LLEVARÁN A SER OBJETIVO DE LOS GRANDES CLUBES DE FÚTBOL MUNDIALES.
¡OFERTA!
¡100 € CADA UNO!
¡ÑÑIAAK!
AAAH!
¡ÑIGUU! ¡ÑIGUU!
5
6
8
15
16
17

1. ARÁCNIDO: Mutante encargado de tejer redes con las que aprisiona al portero rival impidiéndole moverse.

2. EL BADAJO COLGANTE: Cuelga como un jamón. Sus extraños movimientos sirven para hipnotizar al delantero rival.

3. PALOMEQUE: Dado que a muchos metas les gusta tirarse haciendo "palomitas", este posee genes de palomo que le hacen revolotear y alcanzar los balones más altos.

4. EUSEBIO BI-HEAD: Mutante con dos cabezas ideal para rematar *córners*.

5. AMPUTATOR: Lejos de cortar el juego sucio, este andoba lo extiende por el terreno de juego con sus tijeras gigantes.

6. PULPOMAN: Andoba mutado con la posibilidad de sacudir muchos sopapos a la vez. Lo malo es que le suelen pitar muchos penaltis cuando defiende en nuestra área.

7. CARACOLEITOR: Con su baba pringosa hace resbalar a los jugadores rivales.

8. CHUCK PORRIS: Con genes del famoso actor, sacude porrazos hasta en la media parte.

9. TERMITATOR: Se zampa las maderas de nuestra portería y así el rival no nos mete gol.

10. VOLCANO: Furia de la naturaleza que con sus rayos y truenos masacra a los rivales.

11. MILI Y BANILI: Hermanos con poderes tales como un gran olfato de gol y unas orejas capaces de detener cualquier balón.

12. TOPO REMIGIO: Mutante especialista en el juego subterráneo.

13. TONTÓN Y JERRI: No les gusta el fútbol, pero crean ambiente de caos y desmadre.

14. IVÁN JOE: Linier que con el banderín empala a todo bicho viviente.

15. EL ANTORCHO: Pirómano que quema el campo cuando vamos perdiendo.

16. FOQUITO: Hábil con el balón en nariz y cola... digo, pies.

17. MISIL MAN: Vuela hasta la gradería rival y estalla entre los forofos.

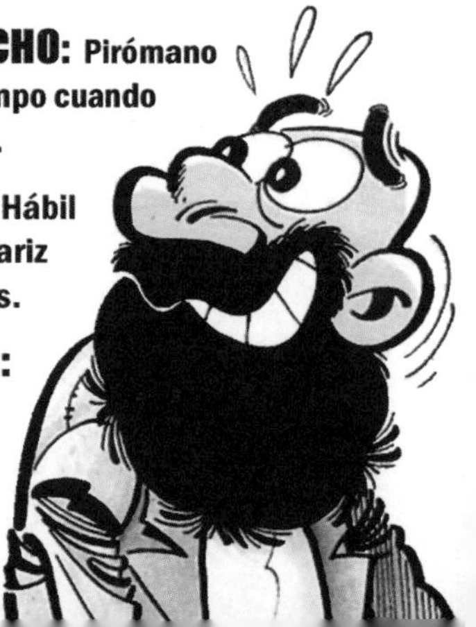

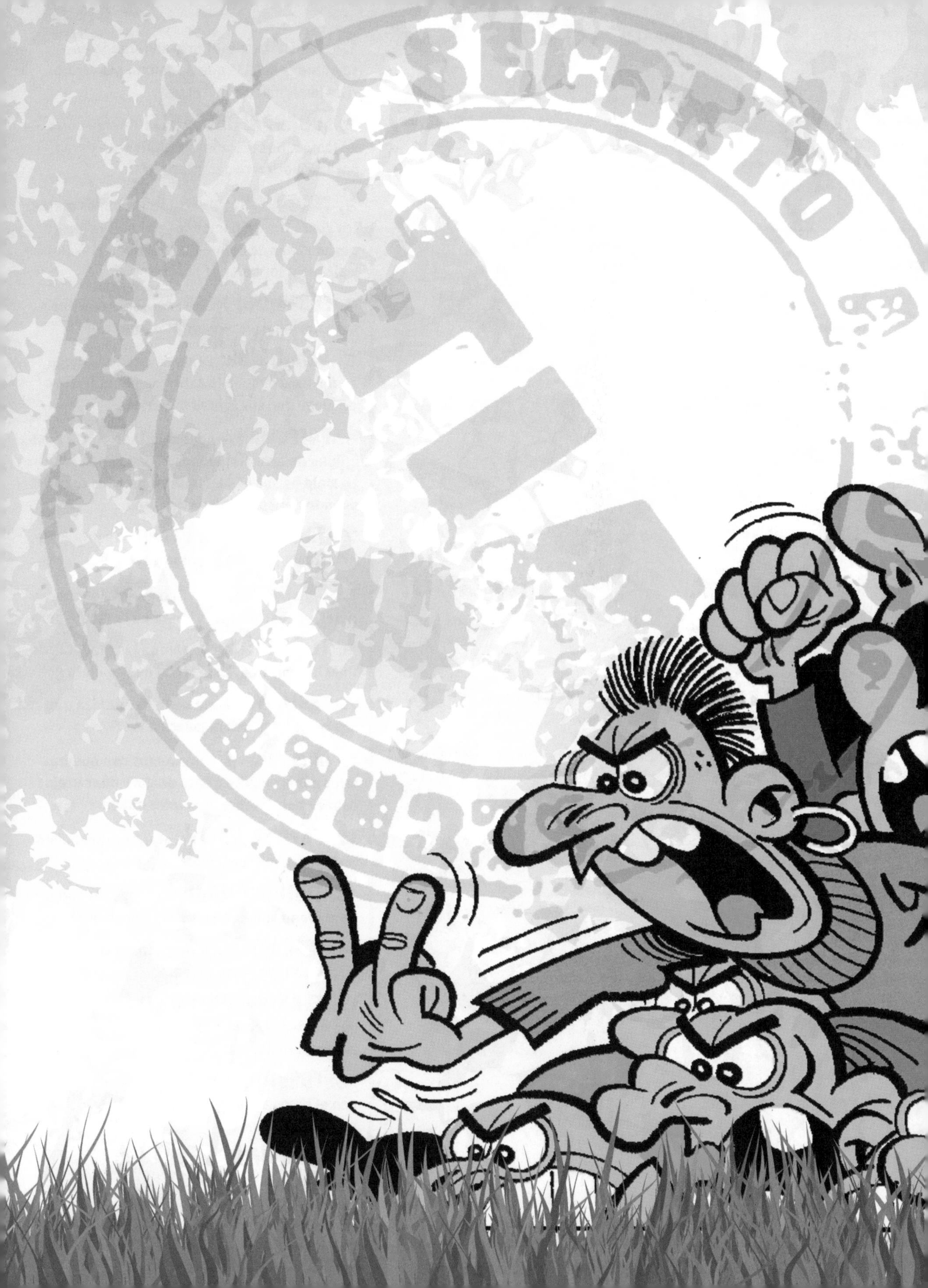
SECRETO

LOS HINCHAS

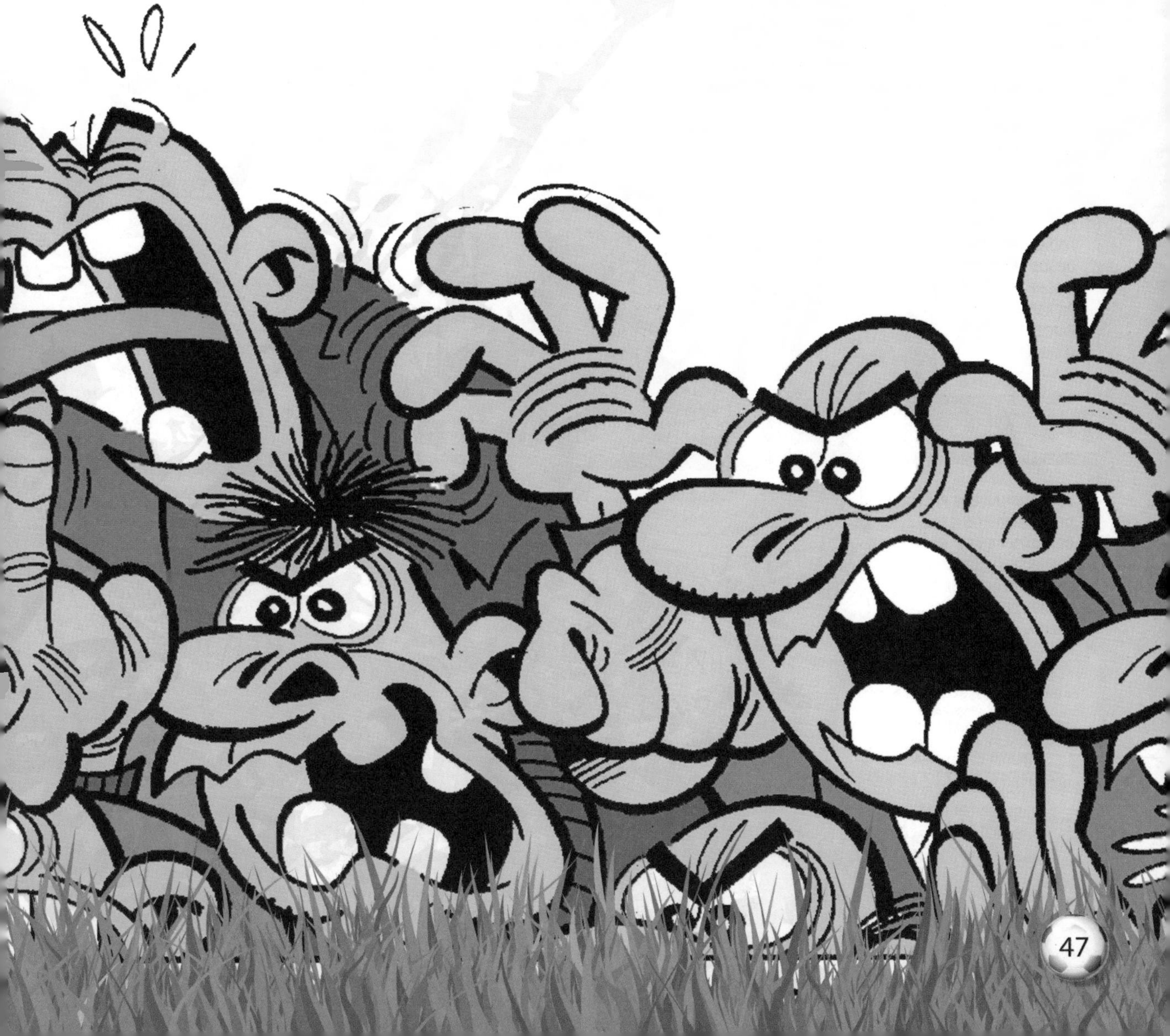

AFICIÓN AL

SER HINCHA DE FÚTBOL ES COMO UNA ENFERMEDAD: DA IGUAL QUE SEAS POBRE O RICO, GUAPO O FEO... TE TOPAS CON UN FOROFO EN EL LUGAR MÁS INESPERADO.

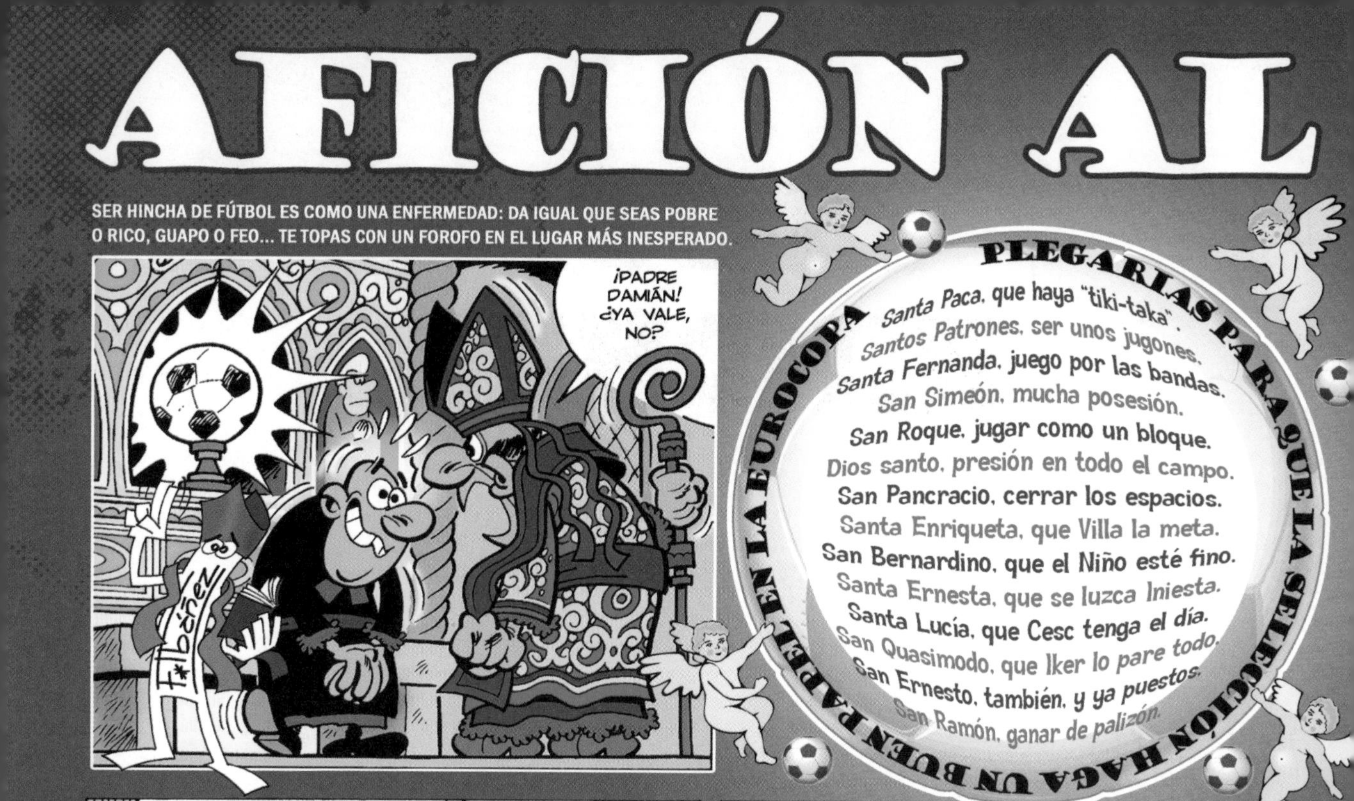
¡PADRE DAMIÁN! ¿YA VALE, NO?

PLEGARIAS PARA QUE LA SELECCIÓN HAGA UN BUEN PAPEL EN LA EUROCOPA

Santa Paca, que haya "tiki-taka".
Santos Patrones, ser unos jugones.
Santa Fernanda, juego por las bandas.
San Simeón, mucha posesión.
San Roque, jugar como un bloque.
Dios santo, presión en todo el campo.
San Pancracio, cerrar los espacios.
Santa Enriqueta, que Villa la meta.
San Bernardino, que el Niño esté fino.
Santa Ernesta, que se luzca Iniesta.
Santa Lucía, que Cesc tenga el día.
San Quasimodo, que Iker lo pare todo.
San Ernesto, también, y ya puestos.
San Ramón, ganar de palizón.

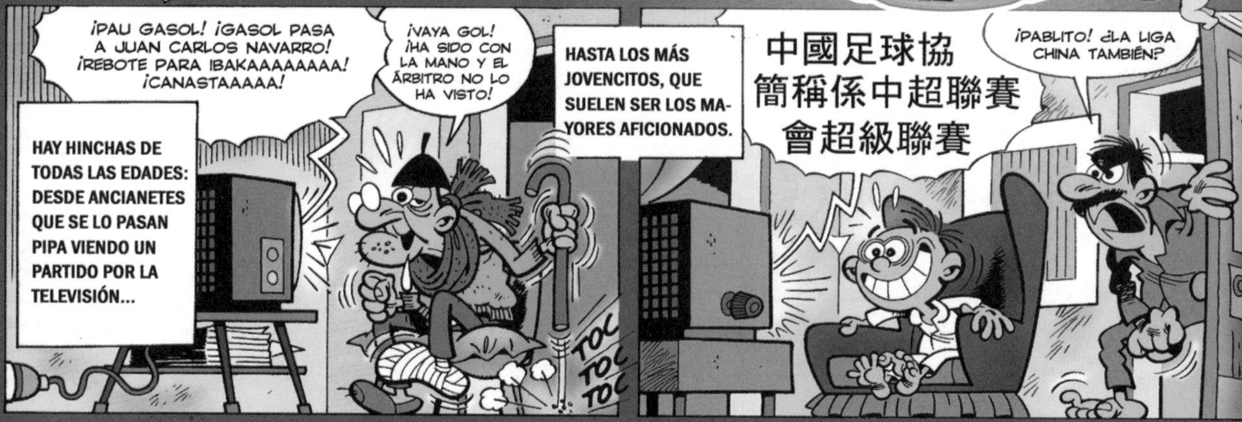
HAY HINCHAS DE TODAS LAS EDADES: DESDE ANCIANETES QUE SE LO PASAN PIPA VIENDO UN PARTIDO POR LA TELEVISIÓN...
¡PAU GASOL! ¡GASOL PASA A JUAN CARLOS NAVARRO! ¡REBOTE PARA IBAKAAAAAAAAA! ¡CANASTAAAAA!
¡VAYA GOL! ¡HA SIDO CON LA MANO Y EL ÁRBITRO NO LO HA VISTO!
TOC TOC TOC
HASTA LOS MÁS JOVENCITOS, QUE SUELEN SER LOS MAYORES AFICIONADOS.
中國足球協
簡稱係中超聯賽
會超級聯賽
¡PABLITO! ¿LA LIGA CHINA TAMBIÉN?

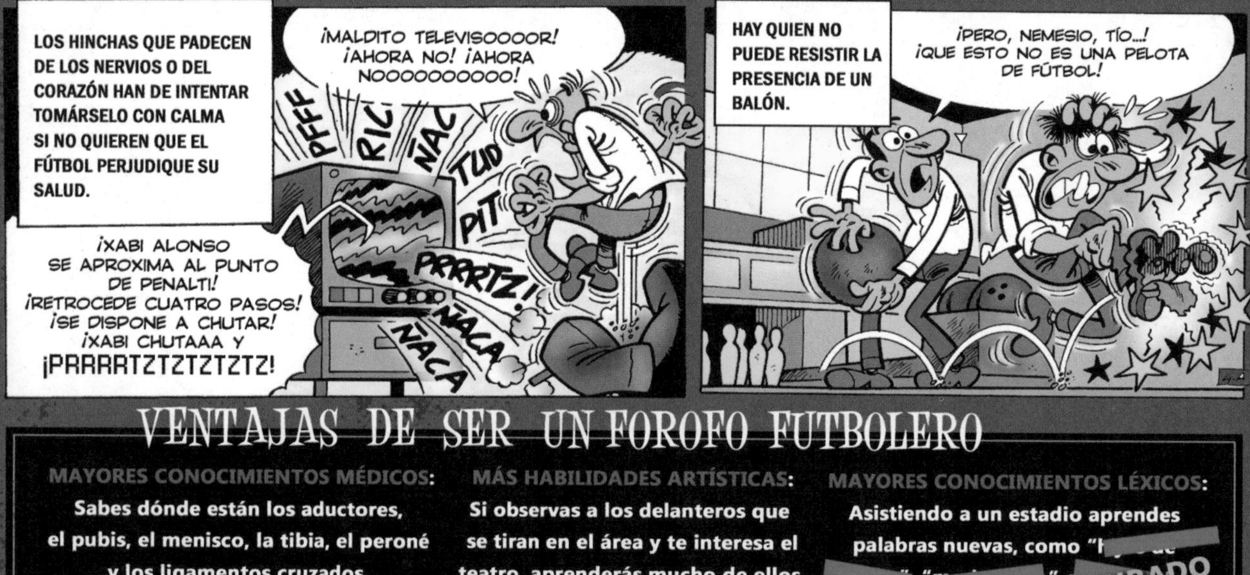
LOS HINCHAS QUE PADECEN DE LOS NERVIOS O DEL CORAZÓN HAN DE INTENTAR TOMÁRSELO CON CALMA SI NO QUIEREN QUE EL FÚTBOL PERJUDIQUE SU SALUD.
¡MALDITO TELEVISOOOOR! ¡AHORA NO! ¡AHORA NOOOOOOOOOO!
PFFF
RIC
ÑAC
TUD
PIT
PRRRTZ!
ÑACA
ÑACA
¡XABI ALONSO SE APROXIMA AL PUNTO DE PENALTI! ¡RETROCEDE CUATRO PASOS! ¡SE DISPONE A CHUTAR! ¡XABI CHUTAAA Y ¡PRRRRTZTZTZTZTZ!
HAY QUIEN NO PUEDE RESISTIR LA PRESENCIA DE UN BALÓN.
¡PERO, NEMESIO, TÍO...! ¡QUE ESTO NO ES UNA PELOTA DE FÚTBOL!

VENTAJAS DE SER UN FOROFO FUTBOLERO

MAYORES CONOCIMIENTOS MÉDICOS: Sabes dónde están los aductores, el pubis, el menisco, la tibia, el peroné y los ligamentos cruzados.

MÁS HABILIDADES ARTÍSTICAS: Si observas a los delanteros que se tiran en el área y te interesa el teatro, aprenderás mucho de ellos.

MAYORES CONOCIMIENTOS LÉXICOS: Asistiendo a un estadio aprendes palabras nuevas, como "[redacted]", "[redacted]" CENSURADO

FÚTBOL

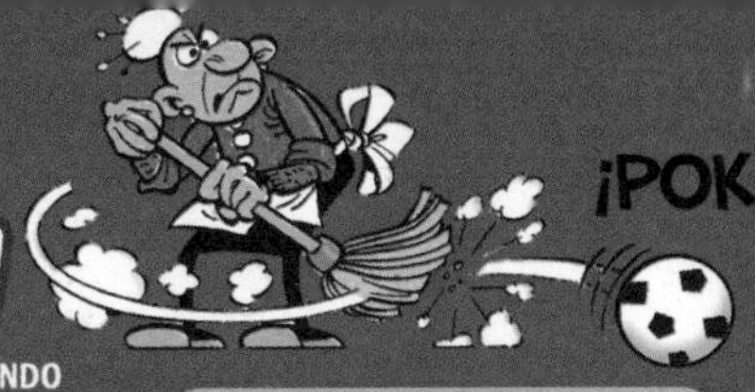
¡POK!

MUCHOS HINCHAS MALEDUCADOS LANZAN OBJETOS, COMO LAS ALMOHADILLAS, AL TERRENO DE JUEGO CUANDO ACABA UN PARTIDO Y ESTÁN MUY MOSQUEADOS CON LA ACTUACIÓN DE LOS JUGADORES.

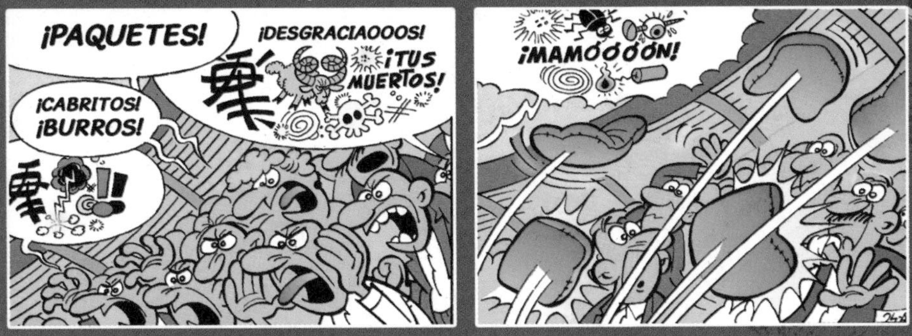
¡PAQUETES!
¡DESGRACIAOOOS!
¡TUS MUERTOS!
¡CABRITOS! ¡BURROS!
¡MAMÓÓÓÓN!

GRANDES FOROFOS EN LA HISTORIA

Cristóbal Golón
Golfucio
Marco Golo
Agustina de Aragol
Navoleón Mediaparte
Galigoleo Galigolei
Don Trivote y Sancho Hincha
Vincent Van Gol
Ricardo Corazón de Balón

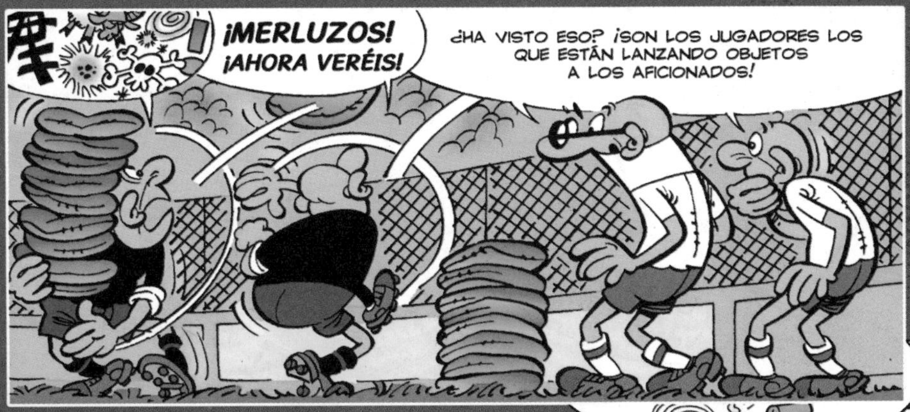
¡MERLUZOS! ¡AHORA VERÉIS!
¿HA VISTO ESO? ¡SON LOS JUGADORES LOS QUE ESTÁN LANZANDO OBJETOS A LOS AFICIONADOS!

HABITUALMENTE SON LOS ÁRBITROS QUIENES RECIBEN EL "CARIÑO" DE LOS AFICIONADOS MÁS ACÉRRIMOS.

¡PARA QUE LUEGO DIGAN QUE EL FÚTBOL NO SIRVE PARA NADA! PUES CLARO. AUMENTA TU CULTURILLA HISTÓRICA.

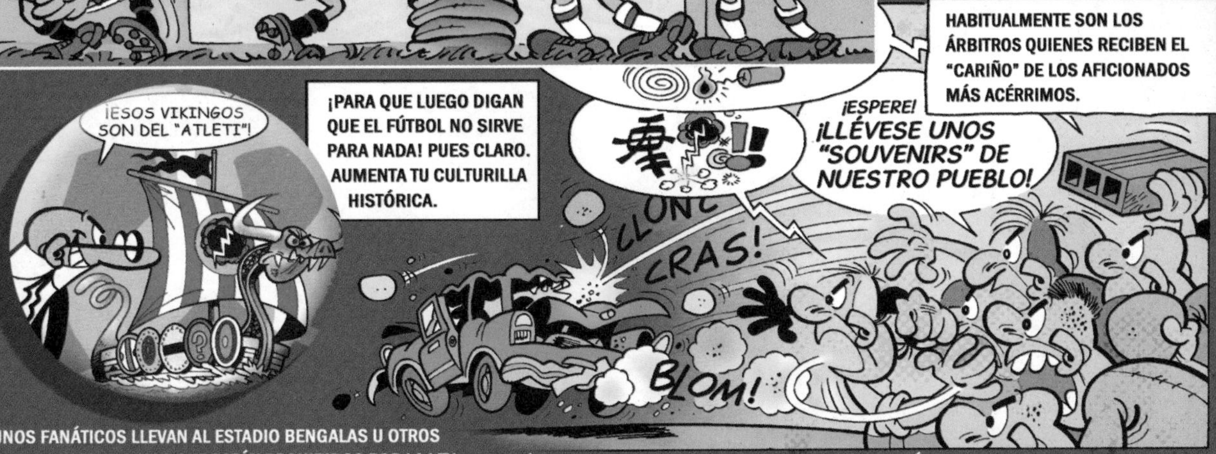
¡ESOS VIKINGOS SON DEL "ATLETI"!
¡ESPERE! ¡LLÉVESE UNOS "SOUVENIRS" DE NUESTRO PUEBLO!
CLONC
CRAS!
BLOM!

ALGUNOS FANÁTICOS LLEVAN AL ESTADIO BENGALAS U OTROS ARTILUGIOS INCENDIARIOS QUE ESTÁN PROHIBIDOS POR LA LEY.

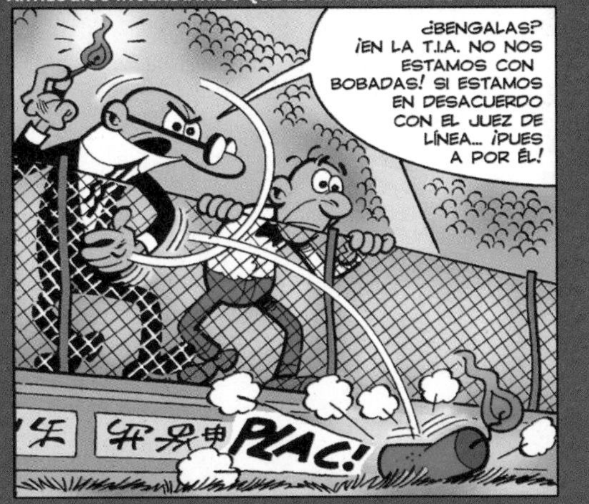
¿BENGALAS? ¡EN LA T.I.A. NO NOS ESTAMOS CON BOBADAS! SI ESTAMOS EN DESACUERDO CON EL JUEZ DE LÍNEA... ¡PUES A POR ÉL!
PLAC!

EL SÚPER ES UNO DE LOS MAYORES AFICIONADOS AL FÚTBOL EN LA T.I.A. POSEE UNA VOLEA A DOS PATAS QUE NI EL CRISTIANO RONALDO ESE, OIGAN.

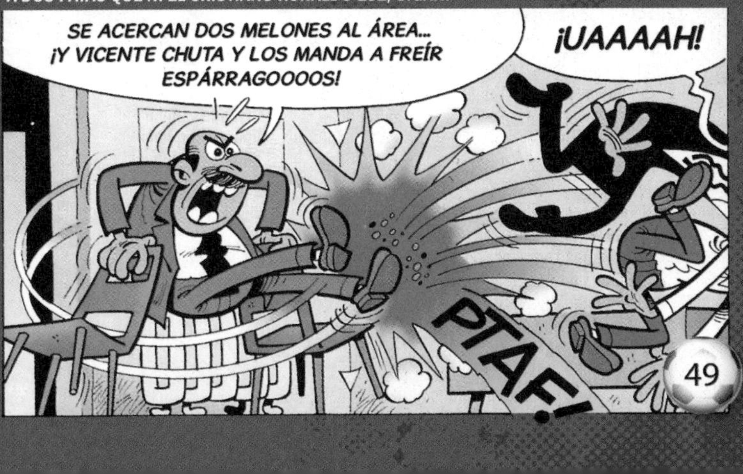
SE ACERCAN DOS MELONES AL ÁREA... ¡Y VICENTE CHUTA Y LOS MANDA A FREÍR ESPÁRRAGOOOOS!
¡UAAAAH!
PTAF!

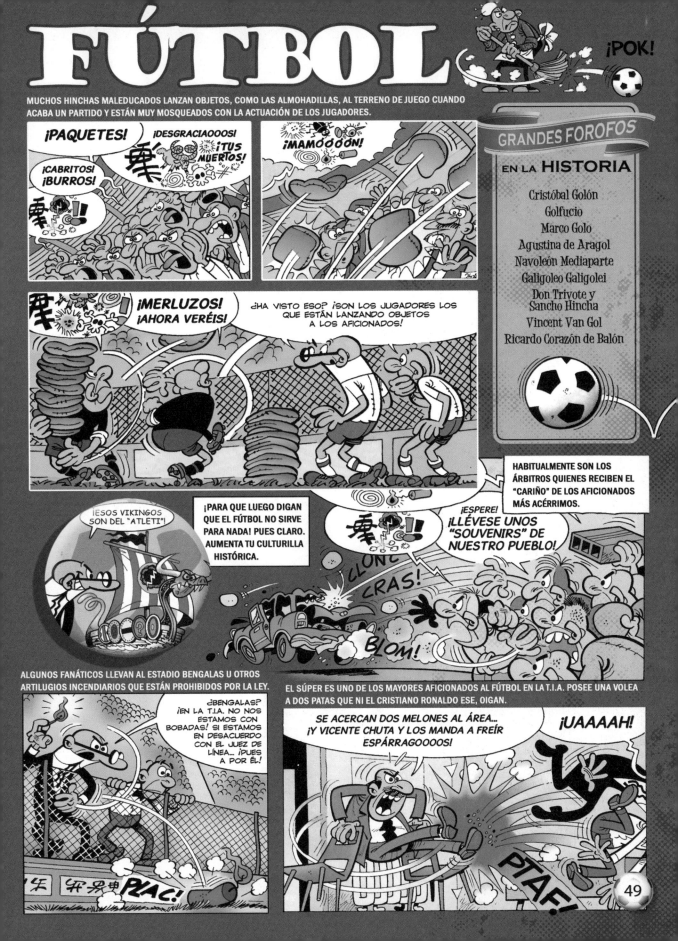

Comparación cerebral

NORMAL

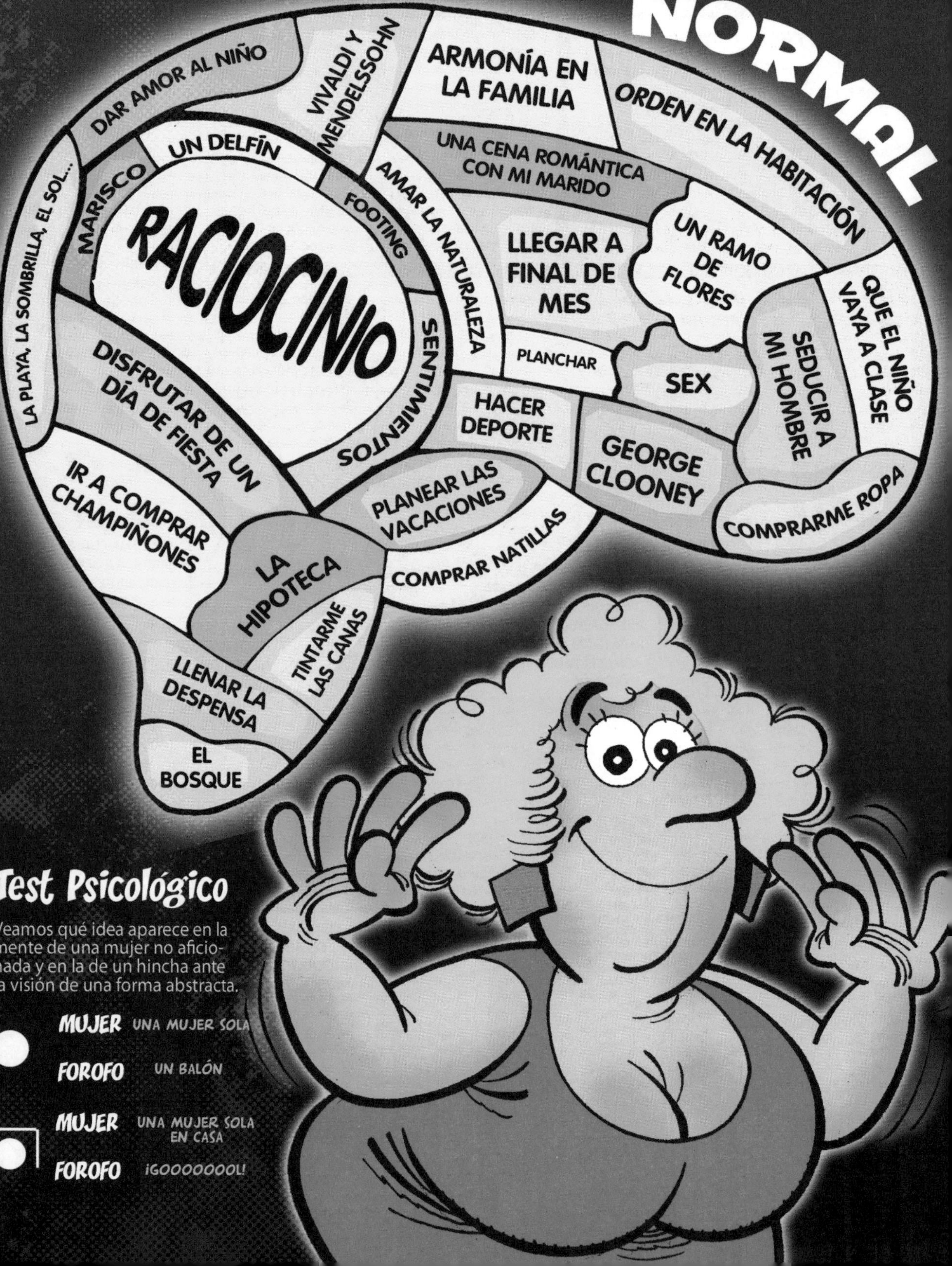
DAR AMOR AL NIÑO
VIVALDI Y MENDELSSOHN
ARMONÍA EN LA FAMILIA
ORDEN EN LA HABITACIÓN
LA PLAYA, LA SOMBRILLA, EL SOL...
MARISCO
UN DELFÍN
UNA CENA ROMÁNTICA CON MI MARIDO
FOOTING
AMAR LA NATURALEZA
RACIOCINIO
LLEGAR A FINAL DE MES
UN RAMO DE FLORES
QUE EL NIÑO VAYA A CLASE
SEDUCIR A MI HOMBRE
SENTIMIENTOS
PLANCHAR
SEX
DISFRUTAR DE UN DÍA DE FIESTA
HACER DEPORTE
GEORGE CLOONEY
IR A COMPRAR CHAMPIÑONES
PLANEAR LAS VACACIONES
COMPRARME ROPA
COMPRAR NATILLAS
LA HIPOTECA
TINTARME LAS CANAS
LLENAR LA DESPENSA
EL BOSQUE

Test Psicológico

Veamos qué idea aparece en la mente de una mujer no aficionada y en la de un hincha ante la visión de una forma abstracta.

MUJER UNA MUJER SOLA
FOROFO UN BALÓN

MUJER UNA MUJER SOLA EN CASA
FOROFO ¡GOOOOOOOL!

HABITUALMENTE SON LOS HOMBRES QUIENES SIENTEN MAYOR DEVOCIÓN POR EL FÚTBOL. A BUEN SEGURO, DURANTE ESTA EUROCOPA, SURGIRÁN DESAVENENCIAS EN LAS PAREJAS EN LAS QUE CONVIVAN UNA MUJER SIN AFICIÓN FUTBOLERA Y UN FOROFO.

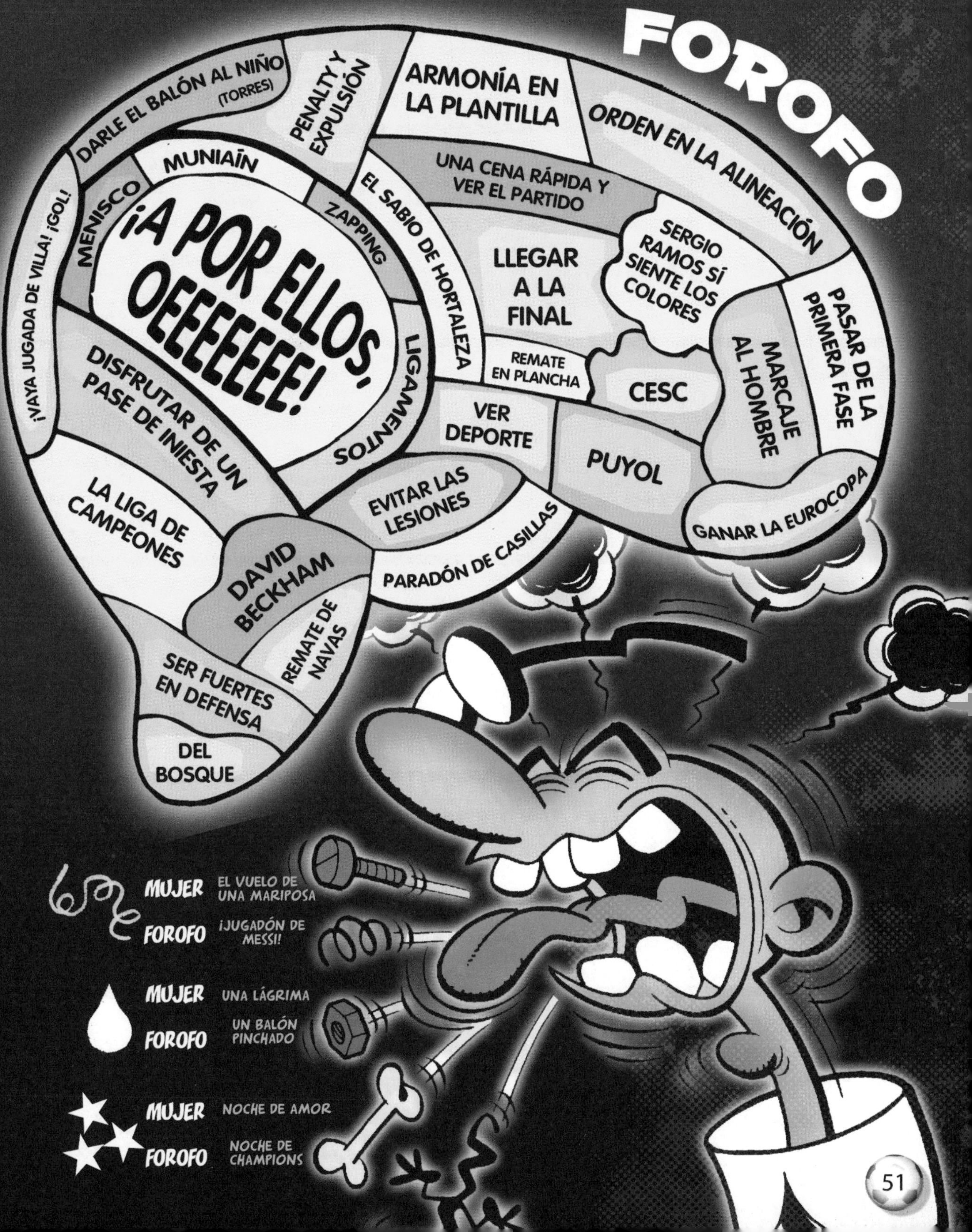

FOROFO
DARLE EL BALÓN AL NIÑO (TORRES)
PENALTY Y EXPULSIÓN
ARMONÍA EN LA PLANTILLA
ORDEN EN LA ALINEACIÓN
MUNIAÍN
MENISCO
¡VAYA JUGADA DE VILLA! ¡GOL!
¡A POR ELLOS, OEEEEEEE!
ZAPPING
EL SABIO DE HORTALEZA
UNA CENA RÁPIDA Y VER EL PARTIDO
LLEGAR A LA FINAL
SERGIO RAMOS SÍ SIENTE LOS COLORES
PASAR DE LA PRIMERA FASE
MARCAJE AL HOMBRE
REMATE EN PLANCHA
CESC
LIGAMENTOS
DISFRUTAR DE UN PASE DE INIESTA
VER DEPORTE
PUYOL
GANAR LA EUROCOPA
LA LIGA DE CAMPEONES
EVITAR LAS LESIONES
DAVID BECKHAM
PARADÓN DE CASILLAS
REMATE DE NAVAS
SER FUERTES EN DEFENSA
DEL BOSQUE
MUJER EL VUELO DE UNA MARIPOSA
FOROFO ¡JUGADÓN DE MESSI!
MUJER UNA LÁGRIMA
FOROFO UN BALÓN PINCHADO
MUJER NOCHE DE AMOR
FOROFO NOCHE DE CHAMPIONS

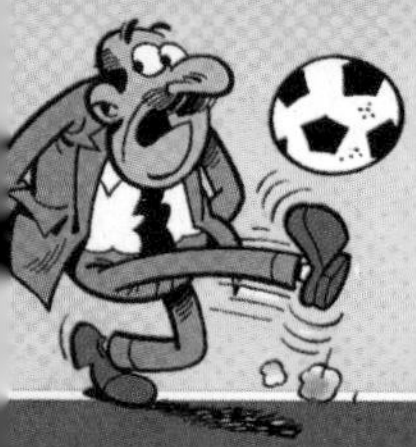

EL FANATISMO FUTBOLERO ES CAPAZ DE TRANSFORMAR AL MÁS PACÍFICO DE LOS MORTALES EN UNA ALIMAÑA. VEAMOS, EN ESTE ESTUDIO REALIZADO POR LA ABUELA DE PLATINI, LOS DIFERENTES TIPOS DE HINCHA QUE HAY EN UN ESTADIO.

CLASES

CARETO	ESPECIE GRITO DE ALIENTO	CARACTERÍSTICAS GENERALES	A FAVOR EN CONTRA	SI SU EQUIPO PIERDE...
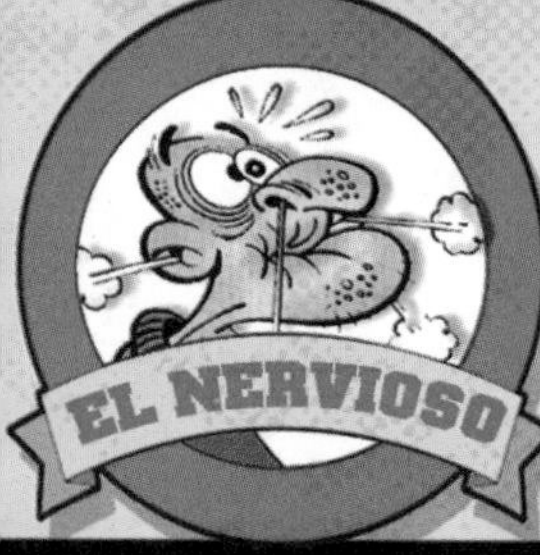 EL NERVIOSO	"CAGUETAS TONTO L'HABA" "¡A MÍ ME VA A DAR ALGO!"	Está presente en el estadio, pero casi no se entera del partido porque se pasa los noventa minutos con los ojos y los oídos tapados para no sufrir si le meten gol a su equipo.	Si se tapa los ojos y no ve el partido, se evita el sufrimiento. Si se tapa los ojos y no ve el partido, se ha gastado la pasta de la entrada y ha hecho el gilipuertas.	"¡Ga-ga-gaaaaaaaa! ¡Agñ! ¡Noooooooo! ¡Ay, que me da! ¡Ay, que me da!" (En el caso de que su equipo ganase, le pasaría exactamente lo mismo debido a la emoción.)
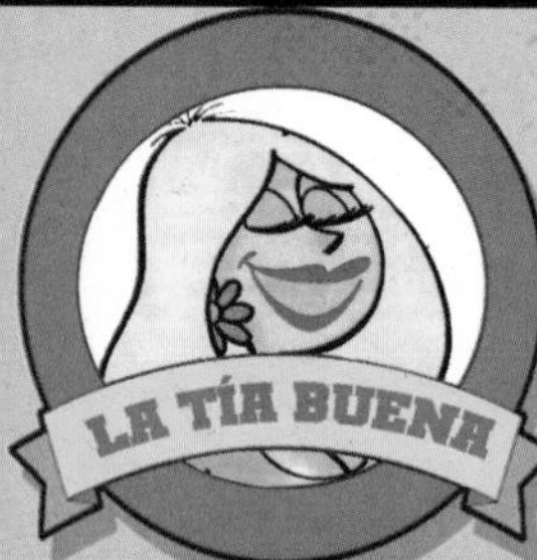 LA TÍA BUENA	"CHORBUS JAMONCIUS PECTORALE" "¡Huy!"	Chavala imponente que anima sin parar. Tú también te animas al verla, sobre todo cuando hace la ola y la moza no lleva sujetador.	Si el partido es malo, por lo menos te alegras la vista. Si va con el novio, este te puede partir la cara si no eres discreto.	"¿3 a 0? ¡A mí me da igual! Solo he venido por ver a Cristiano! ¡Tío buenoooo!"
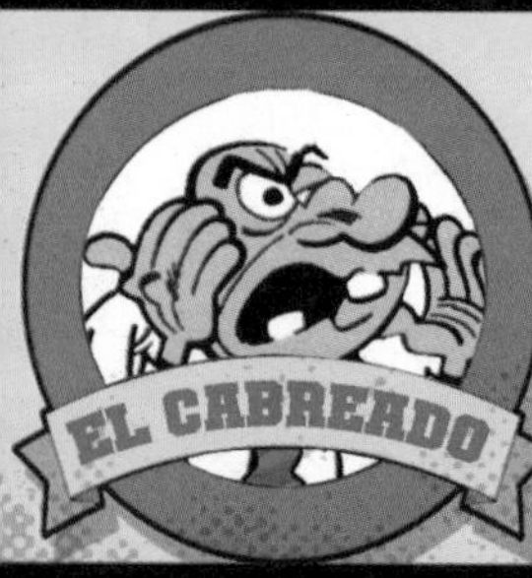 EL CABREADO	"MALALECHUM CABREATOR" "¡Corred, atajo de desgraciaooos!"	Parece que desea que su equipo pierda. Más que animar a sus jugadores, les machaca a base de insultos.	Si te sientas junto a él, puedes aprender un montón de tacos nuevos. Te puede mojar la ropa a base de salivazos.	"¡Me voy a [redacted] a Kano[redacted]da [redacted] mie[redacted]es!" CENSURADO
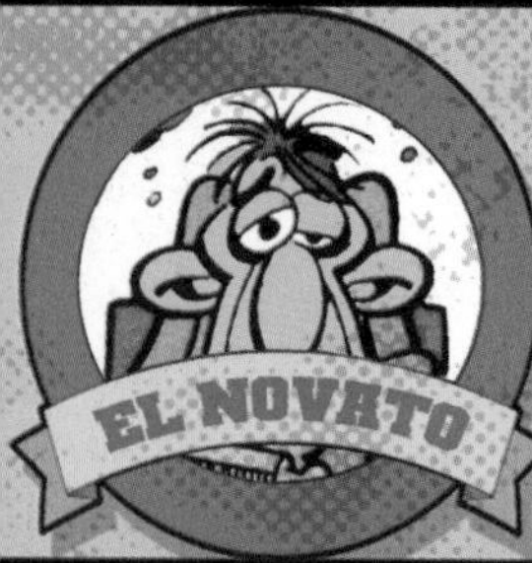 EL NOVATO	"TONTO L'HIGO AMUERMAO" "¿Gol de quién?"	Le han regalado entradas, pero no tiene ni papa de fútbol. Puede llegar a quedarse dormido. Lleva chubasquero por si viene la "ola".	Como no es un fanático, se lleva bien con los hinchas del equipo rival. Es tan bobo que puede llegar a celebrar un gol contra su propio equipo.	"¿Que hemos perdido 6 a 0? Bueno, aún se puede remontar. El partido es al mejor de 3 sets, ¿no?"
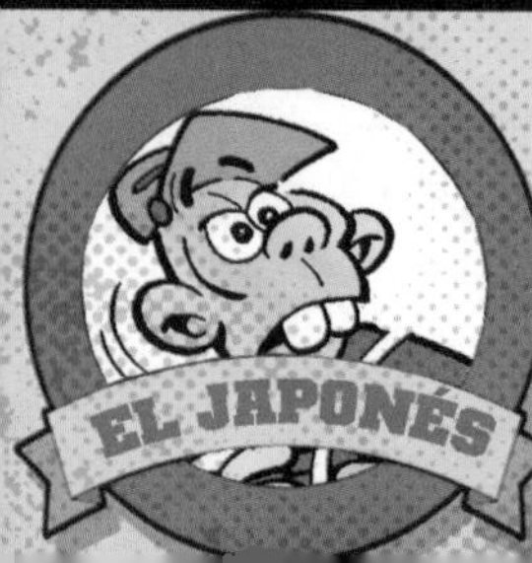 EL JAPONÉS	"GUIRI AMARILLO EXÓTICUS" "Ji, Ji, ji, ji, ji, ji, ji, ji, ji, ji, ji, ji!"	Ni repajolera idea de fútbol, pero se lo pasa bomba haciendo fotos, comiéndose un bocata de chorizo y poniéndose morado del vino que le ofrecen otros aficionados.	Tras dos tragos de vino, se coloca y te mueres de risa viéndole. Si te ríes mucho de él, tras doce tragos puede convertirse en un *kamikaze*.	No es de ningún equipo. Puede llevar una bufanda del Betis, una camiseta del Sevilla y una gorra del Málaga.

DE HINCHA

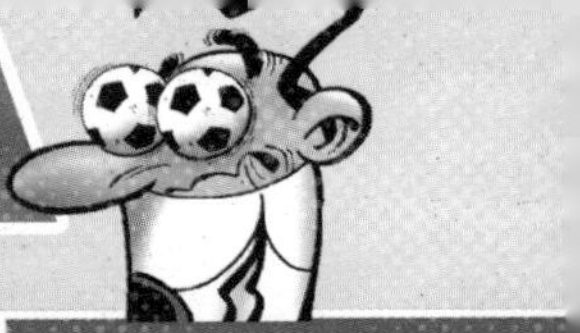

CARETO	ESPECIE / GRITO DE ALIENTO	CARACTERÍSTICAS GENERALES	A FAVOR / EN CONTRA	SI SU EQUIPO PIERDE...
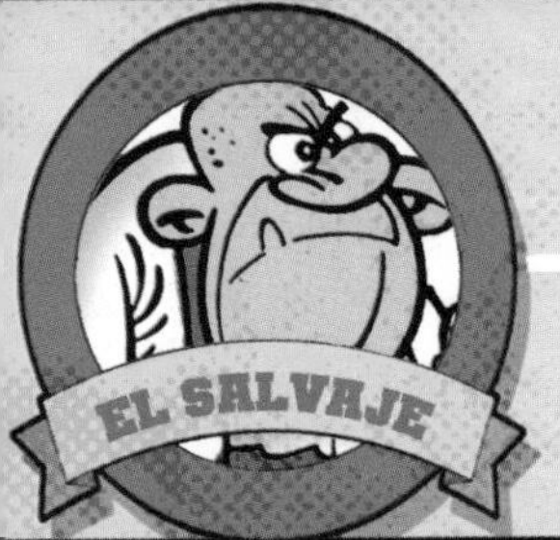 EL SALVAJE	"FANÁTICUS ULTRA PELIGROSUS"	Para él el partido es lo de menos. Es violento desde que nació, pues cuando el doctor le dio una palmada en el culete tras el parto, él se revolvió y le fracturó la nariz de una patada.	Solo pega a quien no es de su equipo. O sea, que si lo tienes cerca, finje ser de su equipo.	¡HUYE! Puede desencadenarse una masacre.
	"¡¡GRRRRRRR!!"		No es de ningún equipo.	
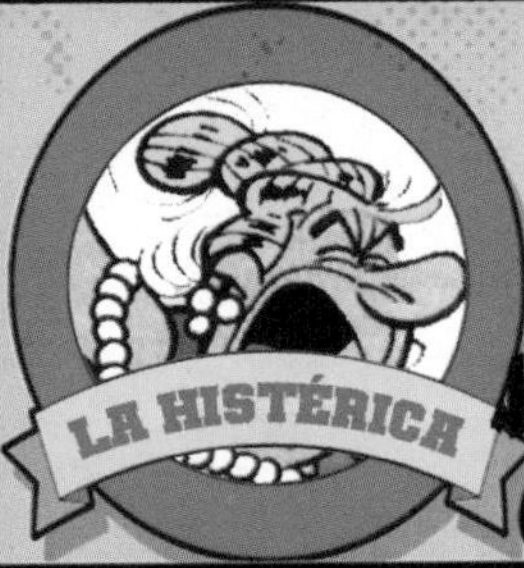 LA HISTÉRICA	"BERREATUM DECIBELIM ZUMBATUM"	Mujer gritona con voz de pito, cuyo chillido puede llegar a confundir a los jugadores, que se creen que el árbitro ha pitado algo.	Tras 2 minutos oyéndola berrear te partes de risa.	¡AAAAAAAAA A CULPA E. ÁRBITROO ¡PEDAZO MAMÓÓÓÓ
	A POR ELLOOO OOOOEEEEEE		Tras 20 minutos te parte los tímpanos.	
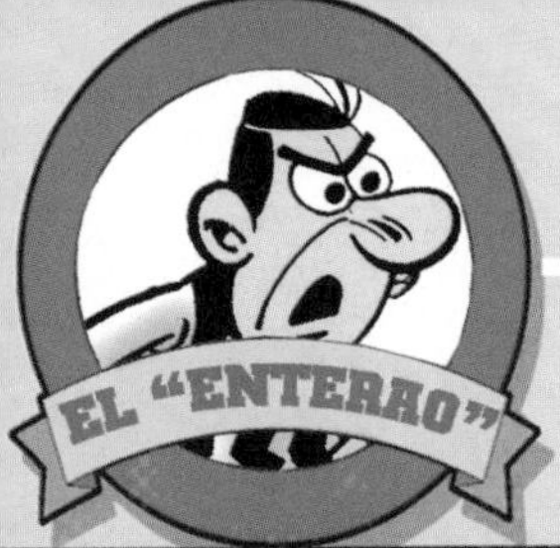 EL "ENTERAO"	"SABIHONDO REPELENTUM"	Repelente que se las sabe todas. Erudito del fútbol, se sabe incluso el número de escupitajos que pegó Fernando Hierro en la temporada 2002/2003.	Si le escuchas, tras 5 minutos, aumenta tu cultura futbolística.	*"¡De pena! ¡En tiros a puerta y balones recuperados por el doble pivote defensivo, sus estadísticas se asemejan a las del Compostela en la temporada 1991/92!"*
	"¡Lo que yo te diga!"		Tras 85 minutos, aumentan tus instintos de cerrarle la boca de un sopapo.	
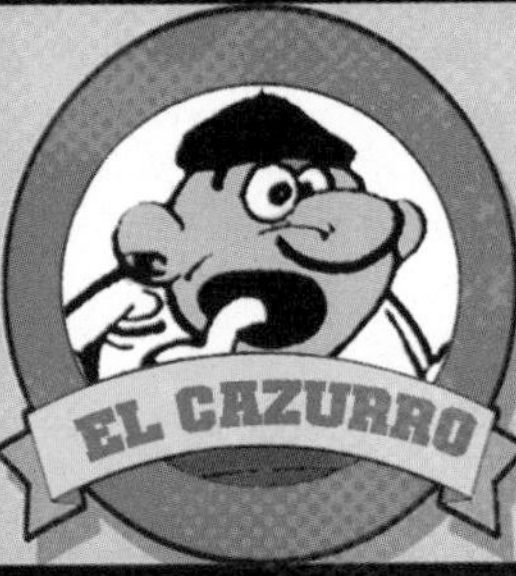 EL CAZURRO	"CATETUS CATETAE PUEBLERINUS"	Cazurro que no tiene ni idea de fútbol, pero que acompaña a sus hijos o nietos. Durante el partido puede preguntar dónde juega Fernando Alonso.	Si eres de su equipo, te puede ofrecer unos taquitos de queso.	*"¡Atajo de gorrinos! ¡A tós me los llevaba yo a trabajar en el campo! ¡Y al "Berzemán" ese lo ponía yo de espantapájaros!"*
	"¿Y por qué no ponen 22 balones y así tos están contentos?"		Si no eres de su equipo, te puede ofrecer unos garrotazos.	
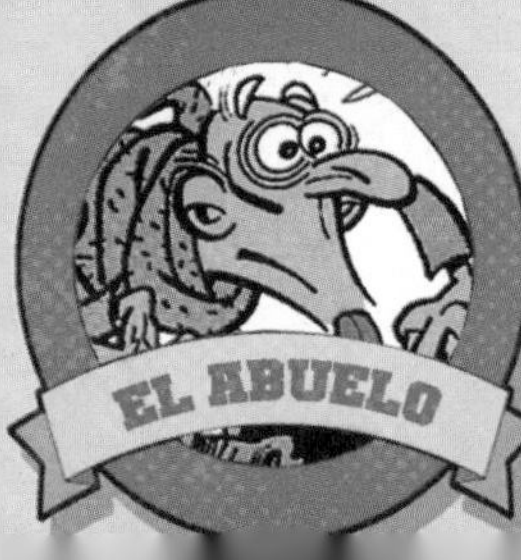 EL ABUELO	"NOLTÁGICUS BATALLITAS PLOMO""	Ancianete que se las da de haber visto jugar a Zarra y a Di Stéfano. Para él aquello sí era fútbol, y lo de hoy en día son chuminadas.	Al hablar de los jugadores de su época se le saltan las lágrimas.	**"En mis tiempos las pelotas eran de madera y jugábamos desnudos bajo la nieve a -50º mientras nos bombardeaban después de no haber comido nada en 2 semanas y con ratas subiéndose por nuestros omoplatos y bla...**
	"¡Si Santiago Bernabéu levantase la cabeza!"		Al pronunciar los nombres de ciertos jugadores extranjeros se le salta la dentadura postiza.	

FUTBOL DE CINE

T.I.A.
ACADEMIA DE LAS ARTES CABESTRILES

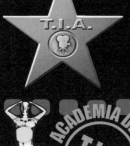

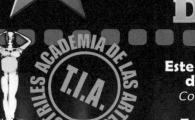

Este niño es un demanio
Con Muniain.

La cosa
Con Ribéry.

Las Crónicas de Espania: el León, la Bruja y el Armario
Con Javi Martínez, Ofelia y Albiol.

Tarzán
Con Carles Puyol.

Xavi y las ardillas
Con Xavi, Iniesta, Cesc y Silva.

El imperio del gol
Con David Villa.

Un día de furia
Con Pepe.

Rango
Con Ozil.

El silencio de los porteros
Con Iker Casillas.

Master and Commander
Con el Súper y Xabi Alonso.

La mujer de rojo
Con Ofelia.

Última parada
Con Víctor Valdés.

El código Pichinchi
Con Cristiano Ronaldo.

El señor del bigotillo
Con Del Bosque.

Matatouille
Con Juan Mata.

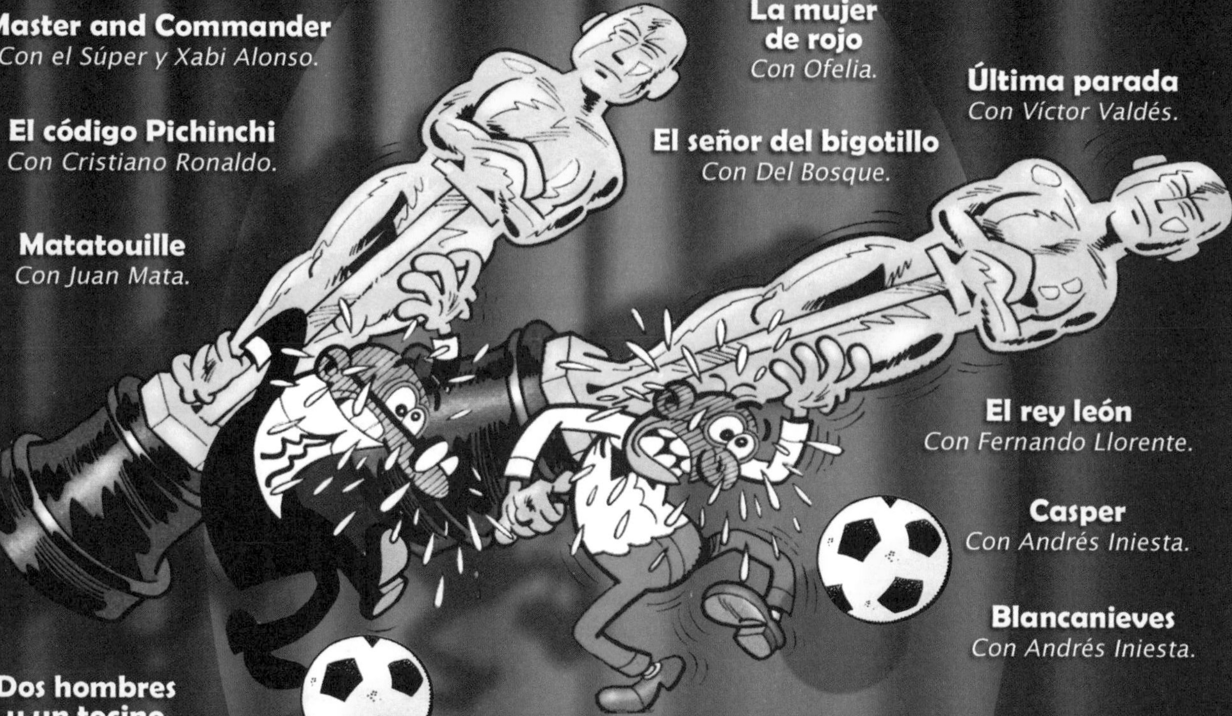

El rey león
Con Fernando Llorente.

Casper
Con Andrés Iniesta.

Blancanieves
Con Andrés Iniesta.

Dos hombres y un tocino
Con Piqué, Ramos y Ofelia.

El bueno, el feo y el malo
Con Del Bosque, Tévez y Mourinho.

Blanco humano
Con Andrés Iniesta.

El resplandor
Con Andrés Iniesta.

UNA COLECCIÓN IMPRESCINDIBLE
GALARDONADA CON LA "BERENJENA DE COBRE MALAYO" DE LA U.N.E.S.C.O.M

Usted No Evitará Sufrir Cual Ornitorrinco Moribundo.

El hombre que sabía demasiado
Con Xavi.

Monstruoso
Con Ronaldinho.

Con faltas y a lo loco
Con Amorebieta.

El calvo del miedo
Con Robben.

El muñeco diabólico
Con Lionel Messi.

Vencieron con las botas puestas
Con la Roja.

Metro Gordy Mayer

REACCIONES FISIOLOGICAS

OBSERVEMOS LAS EXPRESIONES DEL HINCHA EN FUNCIÓN DE LOS SUCESOS DEL PARTIDO

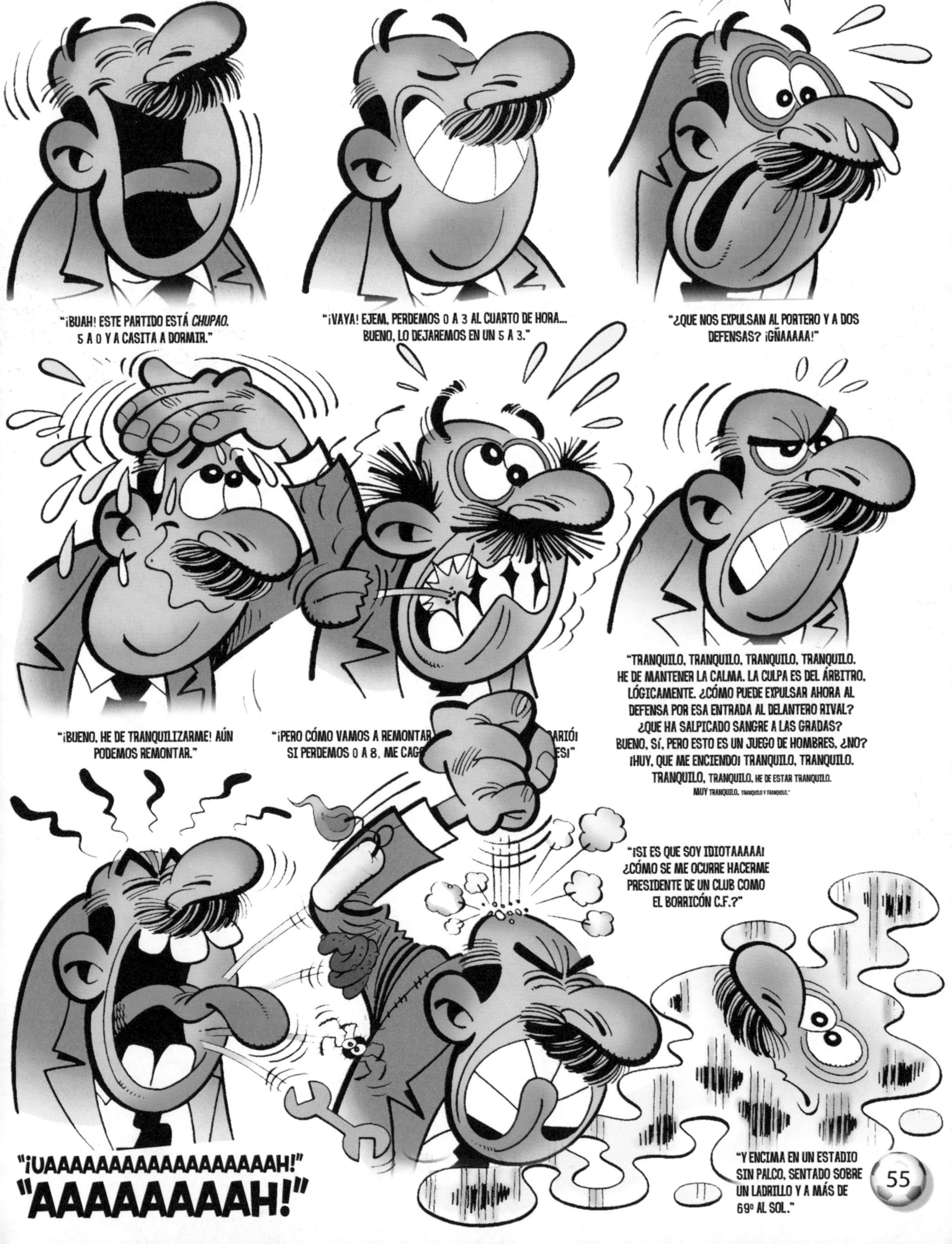
"¡BUAH! ESTE PARTIDO ESTÁ *CHUPAO*. 5 A 0 Y A CASITA A DORMIR."
"¡VAYA! EJEM, PERDEMOS 0 A 3 AL CUARTO DE HORA... BUENO, LO DEJAREMOS EN UN 5 A 3."
"¿QUE NOS EXPULSAN AL PORTERO Y A DOS DEFENSAS? ¡GÑAAAAA!"
"¡BUENO, HE DE TRANQUILIZARME! AÚN PODEMOS REMONTAR."
"¡PERO CÓMO VAMOS A REMONTAR ... ARIÓ! SI PERDEMOS 0 A 8, ME CAG ... ES!"
"TRANQUILO, TRANQUILO, TRANQUILO, TRANQUILO. HE DE MANTENER LA CALMA. LA CULPA ES DEL ÁRBITRO, LÓGICAMENTE. ¿CÓMO PUEDE EXPULSAR AHORA AL DEFENSA POR ESA ENTRADA AL DELANTERO RIVAL? ¿QUE HA SALPICADO SANGRE A LAS GRADAS? BUENO, SÍ, PERO ESTO ES UN JUEGO DE HOMBRES, ¿NO? ¡HUY, QUE ME ENCIENDO! TRANQUILO, TRANQUILO. TRANQUILO, TRANQUILO, HE DE ESTAR TRANQUILO. MUY TRANQUILO, TRANQUILO Y TRANQUILO."
"¡UAAAAAAAAAAAAAAAAAAAH!"
"AAAAAAAAH!"
"¡SI ES QUE SOY IDIOTAAAAA! ¿CÓMO SE ME OCURRE HACERME PRESIDENTE DE UN CLUB COMO EL BORRICÓN C.F.?"
"Y ENCIMA EN UN ESTADIO SIN PALCO, SENTADO SOBRE UN LADRILLO Y A MÁS DE 69º AL SOL."

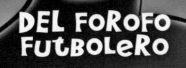

INTERPRETACIÓN DE LOS SUEÑOS DEL FOROFO FUTBOLERO

IMAGINEMOS QUE MORTADELO ESTÁ SOÑANDO DIVERSAS COSAS RELACIONADAS CON SU DESEO DE SER FUTBOLISTA. DEBAJO DESVELAREMOS SU PREMONITORIO SIGNIFICADO REAL.

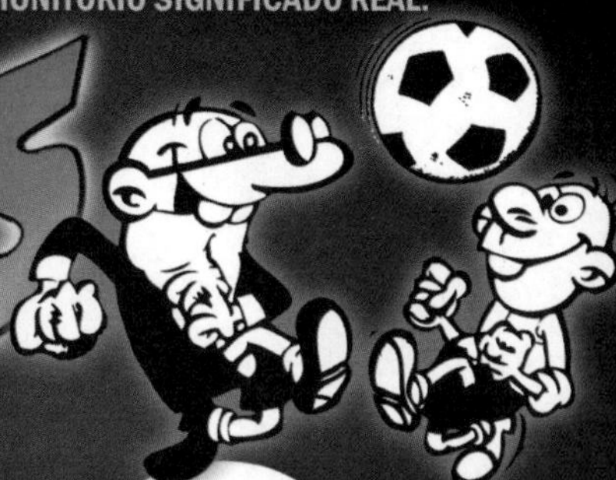

¡ESTOY SOLO ANTE EL PORTERO ALEMÁN Y CUANDO VOY A CHUTAR SE ME SALE LA BOTA!

Tendrás acorralado a Klaus Bombembauer y te darás cuenta de que no tienes balas.

¡CAÑO A PIQUÉ! ¡TÚNEL A PUYOL! ¡TÚNEL A BUSQUETS!

Tendrás que cavar un túnel si quieres escapar de la cárcel donde estás.

¡CONSIGO DESMARCARME! ¡EOOO! ¡ESTOY SOLO! ¡ESTOY SOLO!

Te perderás en el desierto.

¡LEVANTO CON ESFUERZO LA COPA DEL MUNDOOO!

Tienes que ir a buscar una bombona de butano.

SOY UN GRAN PORTERO. ME LANZAN LA BOLA... ¡Y VUELO POR LOS AIRES!

Te tirarán una bomba y volarás por los aires.

RONALDO VA A CHUTAR LA FALTA. YO ESTOY EN LA BARRERA.

Te van a fusilar.

JUEGO EN WEMBLEY. NO PARA DE LLOVER. EL TERRENO ESTÁ ENCHARCADO.

Te has hecho pis en la cama.

¡HAGO LA PARED CON BENZEMA!

Romperás una pared con la cabeza.

PASO UN CONTROL "ANTIDOPING".

Bacterio te hará un experimento mañana.

ME ASFIXIO. ¡EL PÚBLICO HA LANZADO BENGALAS HUMEANTES!

HAS VUELTO A DORMIRTE CON LOS CALCETINES SUCIOS PUESTOS.

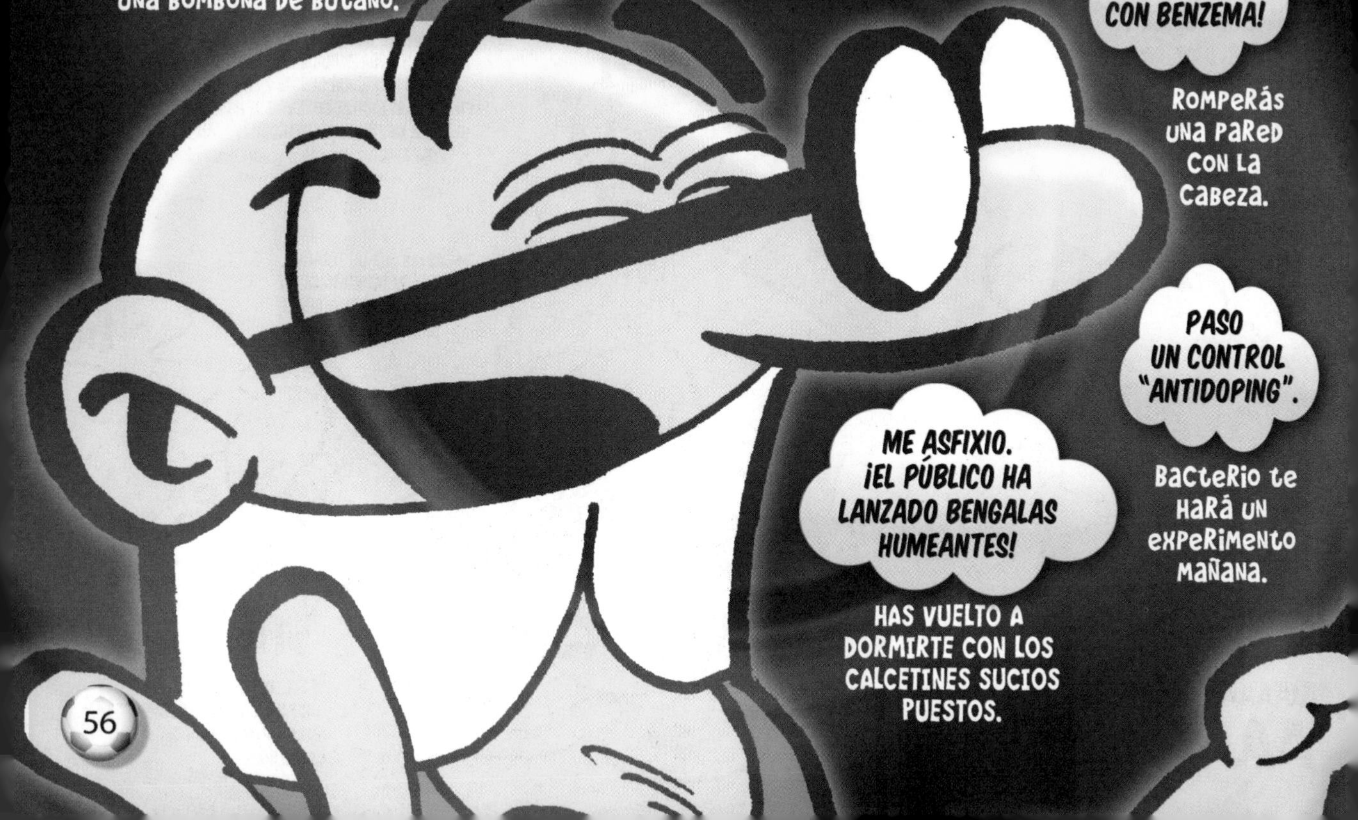

MI ENTRENADOR ME PEGA UNOS GRITOS MUY RAROS. SON COMO GRUÑIDOS QUE NO ENTIENDO.

Eso es que estás roncando mientras duermes, colega.

REMATO EN PLANCHA TRAS ELEVARME, ELEVARME Y VOLAR VARIOS METROS.

Joe Mantecas te pegará uno de sus tremebundos sopapos.

¡VICENTE DEL BOSQUE ME CONVOCA PARA EL PRÓXIMO PARTIDO OFICIAL!

Vicente el superintendente te convoca para la próxima misión mortal.

METO GOL Y TODOS MIS COMPAÑEROS SALTAN ENCIMA DE MÍ.

Ofelia se te tirará encima.

ME ENCUENTRO CON SHAKIRA Y PROVOCADORA ME BAILA EL "WAKA WAKA".

Te encontrarás con Shaky, la espía, y con la ametralladora te hará el "RA TA TA TA".

VOY A LANZAR UN PENALTI, PERO NO ME ATREVO. ESTOY MUY NERVIOSO.

Te quieres declarar a Rufi, la nueva secretaria, pero en el fondo eres un "rajao".

LLEVO TODA LA NOCHE SOÑANDO CON DIARRA.

Mañana tendrás diarrea.

¡GOLAZO POR LA ESCUADRA!

Balazo en el sobaco.

¡ESTOY A PUNTO DE HACER UNA CHILENA ESPECTACULAR!

Estás a punto de caerte de la cama.

ME FICHA EL ARSENAL. SERÉ UN "CRACK".

Dentro del arsenal de la T.I.A. harás "BOUM".

¡5-0! ¡TOMA MANITA AL GETAFE!

Un mafioso te sacudirá 5 manotazos en toda la jeta.

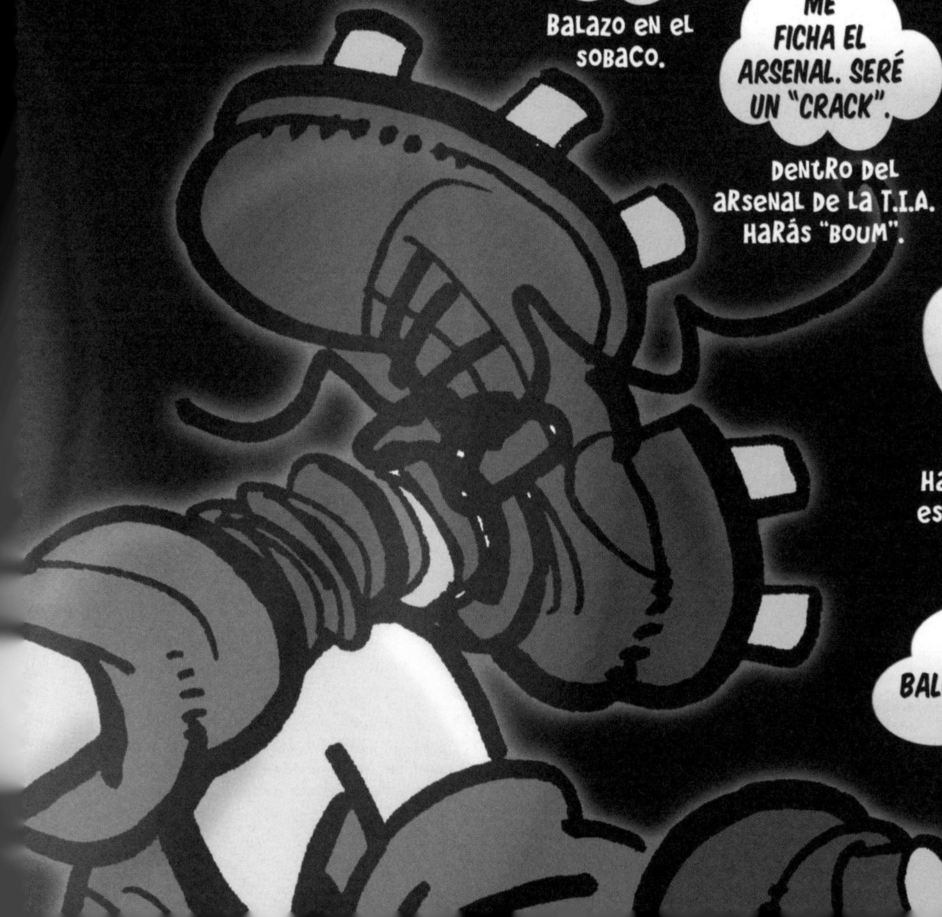

CHAMPIONS, CHAMPIONS, CHAMPIONS, CHAMPIONS. ¡SÓLO HAGO QUE SOÑAR CON LA CHAMPIONS!

Has pillado una indigestión esta noche por cenar tres kilos de champiñones.

ME NOMBRAN BALÓN DE ORO POR DELANTE DE MESSI Y CRISTIANO.

INGRESARÁS EN UN MANICOMIO.

¡HAZTE CON EL P.I.S.!

PRO INVOLUTION SOCCER

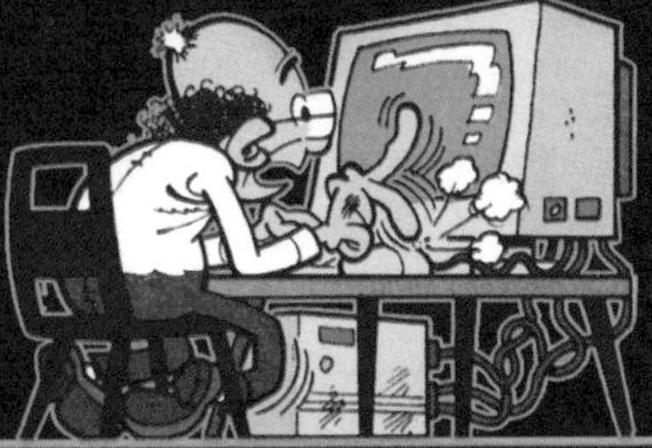

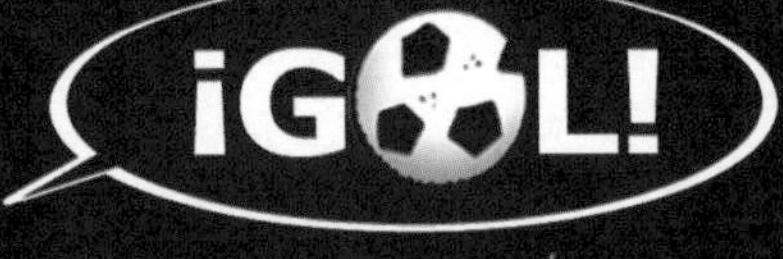
¡GOL!

PARA TODO AFICIONADO AL FÚTBOL EXISTE UN ENTRETENIMIENTO OBLIGADO: LOS VIDEOJUEGOS SIMULADORES DE FÚTBOL. PEGARTE UN PARTIDO CON TUS AMIGOS O CONTRA LA MÁQUINA ES UN ESPECTÁCULO.

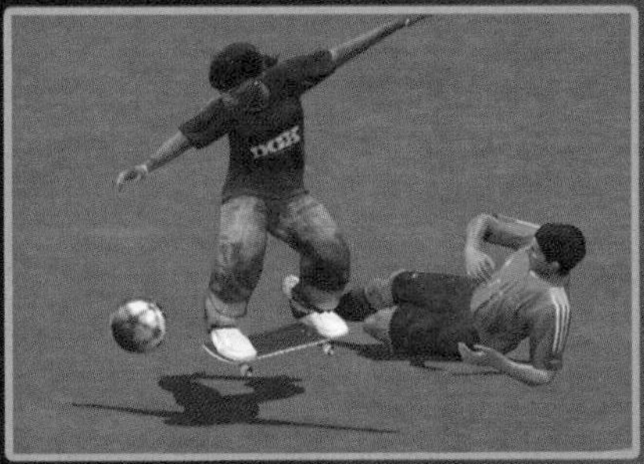

PARA LOS JUGADORES AMANTES DE LOS DEPORTES EXTREMOS URBANOS, EL PERSONAJE DEL PATINADOR DESBOCADO ES UNA OPCIÓN OBLIGADA. VERLE DESLIZARSE MACHACANDO AL RIVAL ES UNA GOZADA.

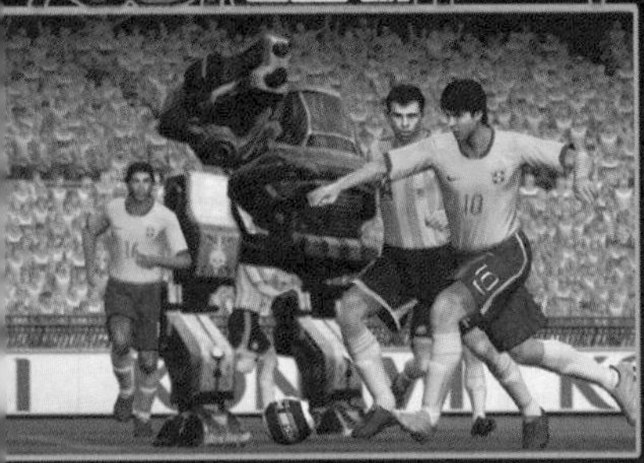

ESTE SIMULADOR DISPONE DE ÁRBITROS CON VARIOS NIVELES DE MALA LECHE Y PODER DE INTIMIDACIÓN. POR EJEMPLO, EL "ESQUINAS TORRES BIÓNICO", QUIEN EN LUGAR DE TARJETAS DISPENSA MISILES A GRANEL.

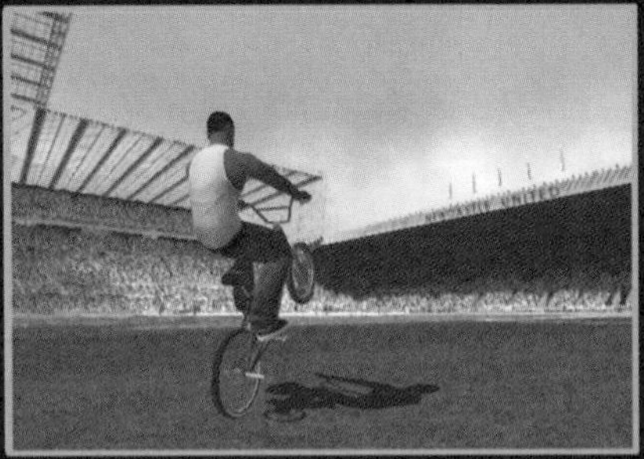

PARA JUGADORES GAMBERROS QUE LO QUE LES MOLA ES EL DESCONTROL SOBRE EL TERRENO DE JUEGO, TENEMOS LA OPCIÓN "GTA" (GAMBERRISMO TOTAL ASEGURADO), QUE INCLUYE MATONES EN EL CAMPO.

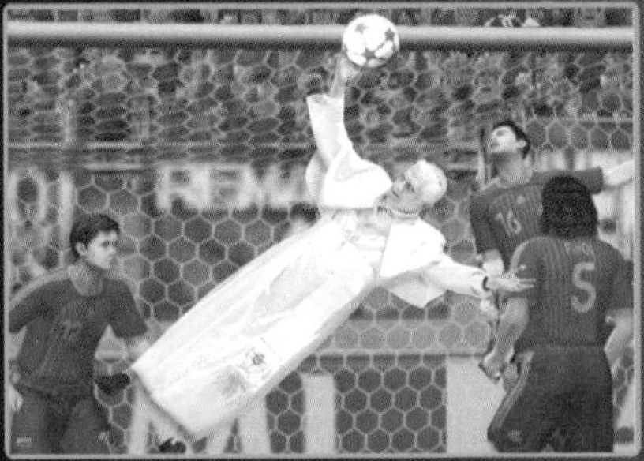

PARA JUGADORES MUY CREYENTES Y CON SENTIDO DEL HUMOR, EXISTE EL MODO "VATICAN GOALKEEPER", EN EL QUE EL PAPA SE ALINEA EN TU EQUIPO Y DELEITA AL PERSONAL CON MILAGROSAS INTERVENCIONES.

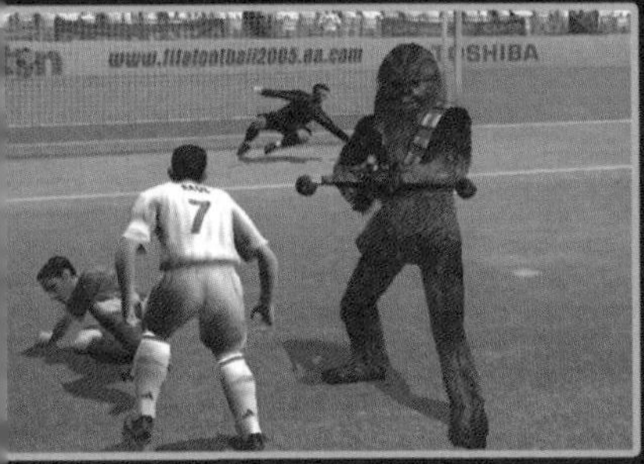
www.fifafootball2005.ea.com

EL VIDEOJUEGO OFRECE MULTITUD DE OPCIONES PARA QUE, AL MISMO TIEMPO QUE GANAS SIEMPRE, LE PONGAS EMOCIÓN AL PARTIDO. PUEDES GANAR CON LA OPCIÓN "POR LOS PELOS", COMO LA QUE PUEDES VER.

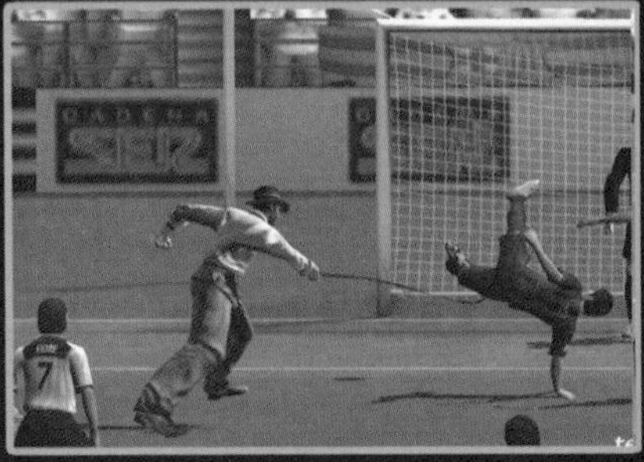

LA OPCIÓN "PERSONAJES DE PELÍCULA" TE OFRECE LA OPORTUNIDAD DE QUE, POR EJEMPLO, INDIANA JONES FORME PARTE DE TU EQUIPO Y UTILICE SUS HABILIDADES INNATAS PARA DOBLEGAR AL EQUIPO RIVAL.

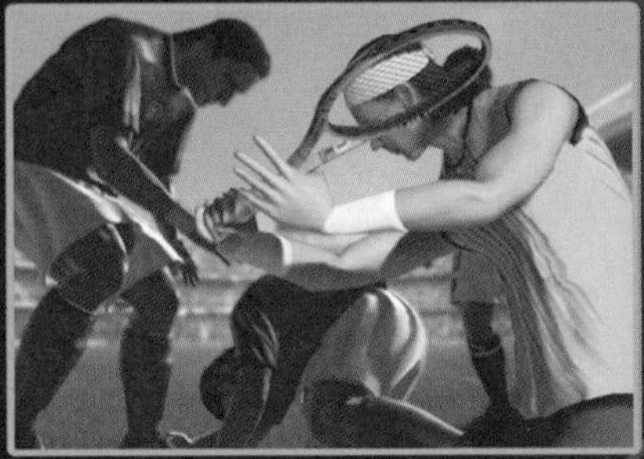

LA CUESTIÓN ES GANAR COMO SEA. EN LA MODALIDAD DE PARTIDOS INTERNACIONALES, LA ROJA PUEDE RECIBIR EL APOYO DE DEPORTISTAS COMO RAFAEL NADAL Y ACTIVAR EL SISTEMA "RAQUETAZO MIX".

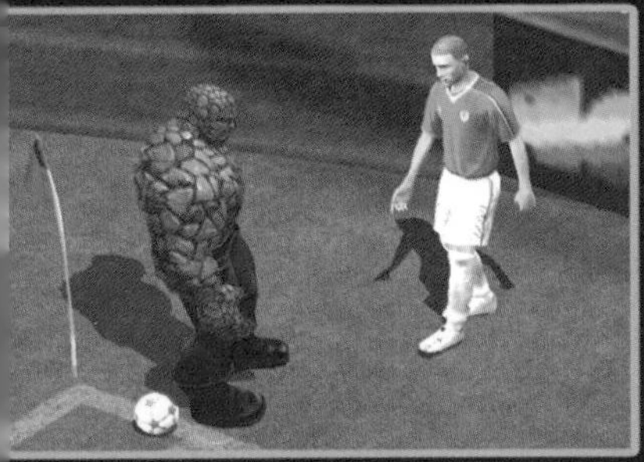

EL VIDEOJUEGO DISPONE DE MULTITUD DE PERSONAJES FAMOSOS QUE PUEDEN ALINEARSE EN TU EQUIPO. ¿QUE NECESITAS UN DEFENSA MUY ROCOSO? ¡PUES TOMA! SÓLO TIENES QUE PEDIRLO.

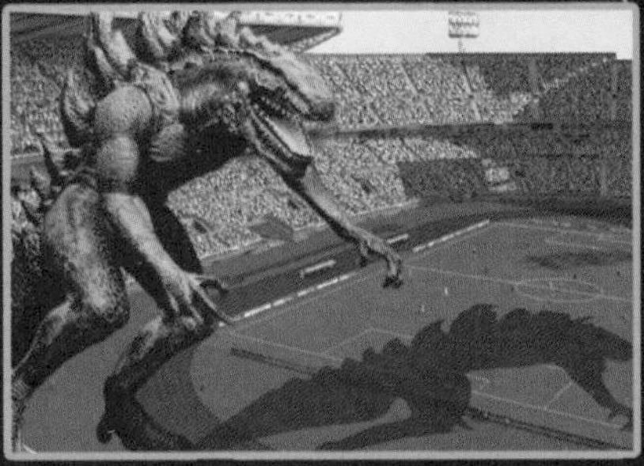

UNA DE LAS VENTAJAS DEL JUEGO, EN EL CASO DE QUE NO SEPAS PERDER, ES LA APARICIÓN EN EL CAMPO DE GODZILLA, QUIEN ARRASA EL ESTADIO CUANDO VAYAS PERDIENDO POR UNA DIFERENCIA DE 12 GOLES.

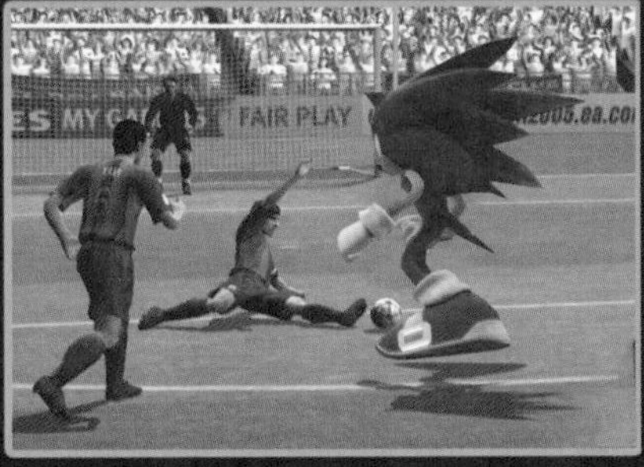
FAIR PLAY

SI NECESITAS MAYOR VELOCIDAD EN EL JUEGO PUEDES ALINEAR A ESTE PUERCO ESPÍN, QUE SEMBRARÁ EL CAOS ENTRE LOS DEFENSAS RIVALES. ¡NI MESSI, OYE!

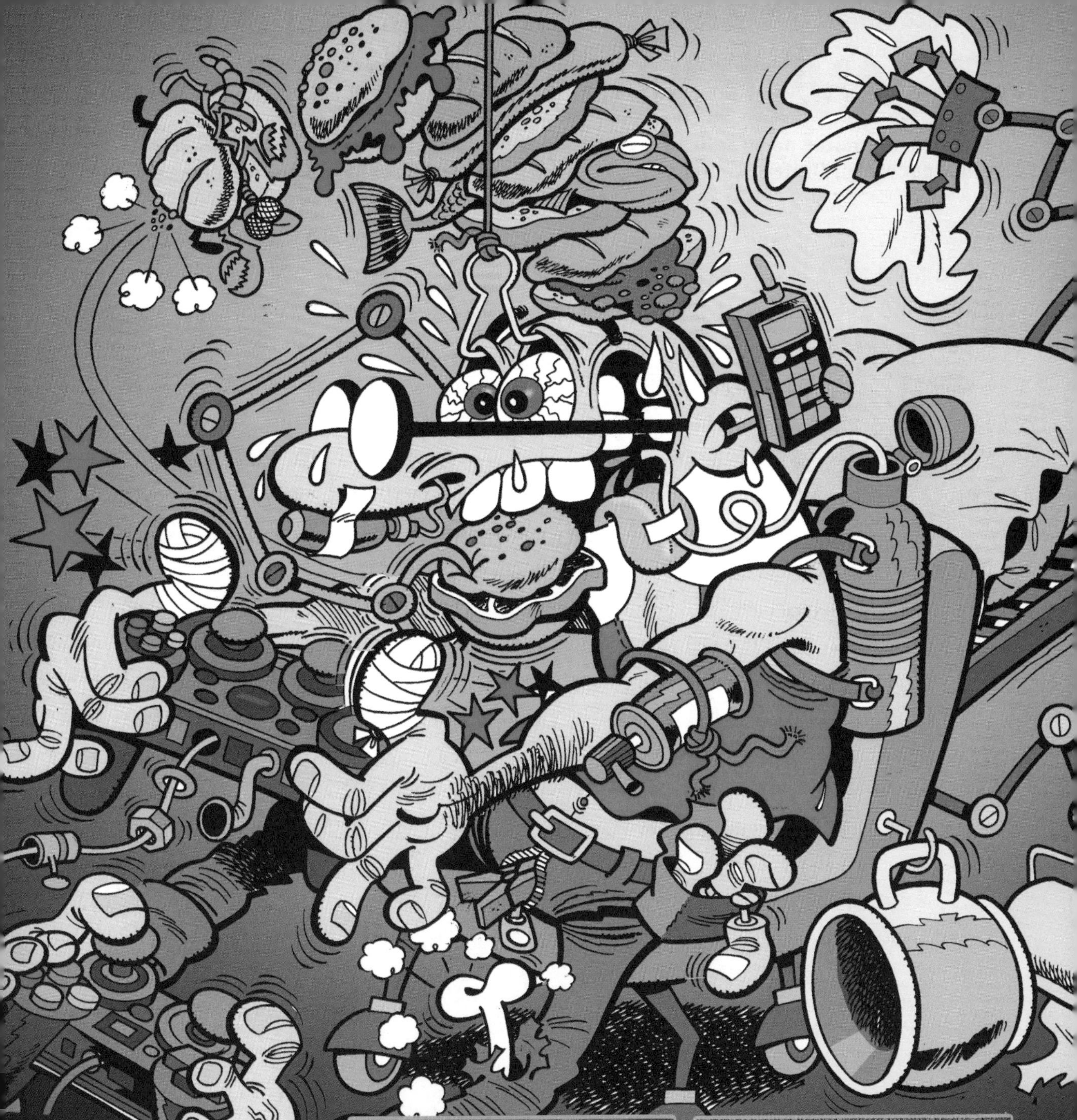

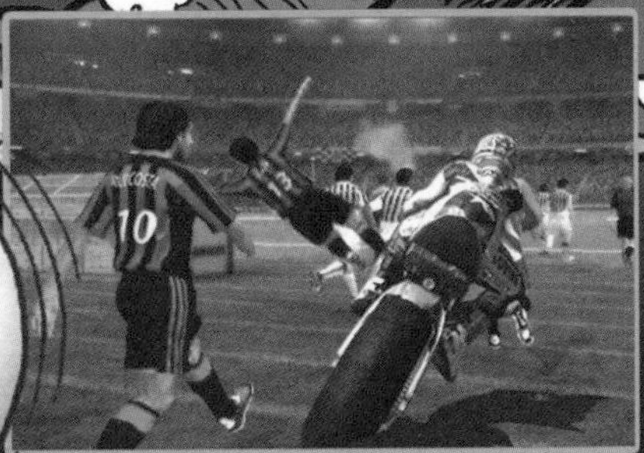

¿QUE EL PARTIDO ESTÁ ABURRIDO O YA VAS GANANDO POR 18 - 0? PUES ACIVAS EL MODO "PEDROSA" Y TE PEGAS UNAS CARRERAS POR EL TERRENO DE JUEGO. VERLE REMATAR UN CÓRNER A 280 ES UNA GOZADA

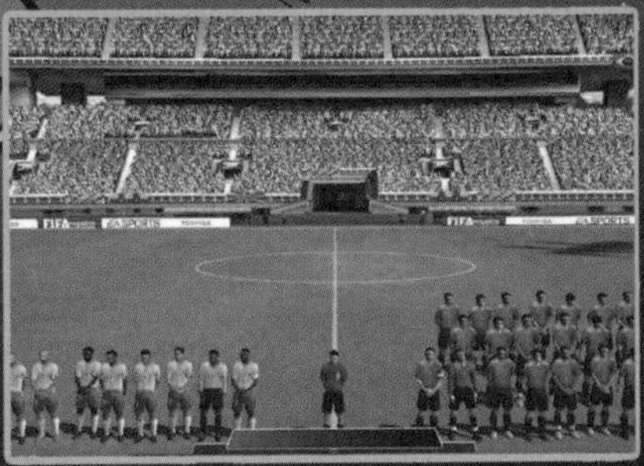

UNA PECULIARIDAD DEL JUEGO ES QUE LA SELECCIÓN PUEDE JUGAR INCLUSO CON 34 JUGADORES, INCLUYENDO A BUTRAGUEÑO, RAÚL Y GUARDIOLA. ¡TODO SEA CON TAL DE MACHACAR AL RIVAL. ¡OYE!

TRANSTORNO OBSESIVO

Muchos jovencitos no se sabrán las provincias de Andalucía, pero sí la alineación del Manchester United. Veamos un ejemplo de redacción realizada por un alumno.

¡Qué mala Lecce!
¡Me acusa de haber copiado de ese Nino! ¡No tengo nada que ver Koné!
Esta mañana me he enCoentrao mal. ¡He suspendido todas Lass asignaturas!
¿Tan Tontenham soy? No Maccabi de creer esto. Parece cosa de Brujas.
Se porta usted como un Negredo conmigo. Messi gual lo que piense.
Estoy en un Callejón sin salida. ¡Khedirán mis padres!
Rezo a la virgen Di María para que me ayude, porque
soy un buen Cristiano, Wigan lo que Wigan.
Nunca diré lo de Steaua no beberé, pero bueno...
¡Que le parta un Rayo! ¡Osasuna cosa que le
deseo, profe! ¡Le lanzaría una Granada, como si
yo fuese un Soldado!
Pero usted no dice nada... ¿Tamudo o qué?

Mou Niño

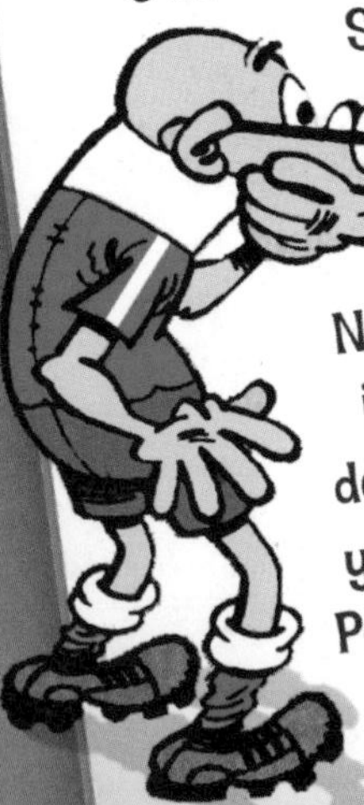

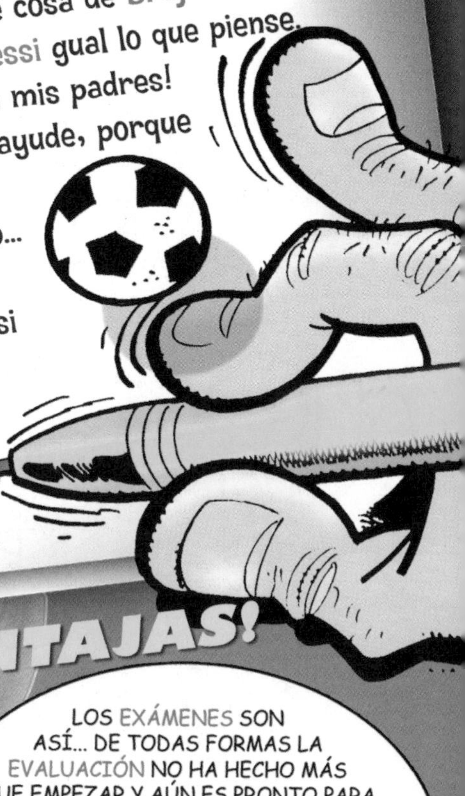

¡PERO TAMBIÉN HAY VENTAJAS!

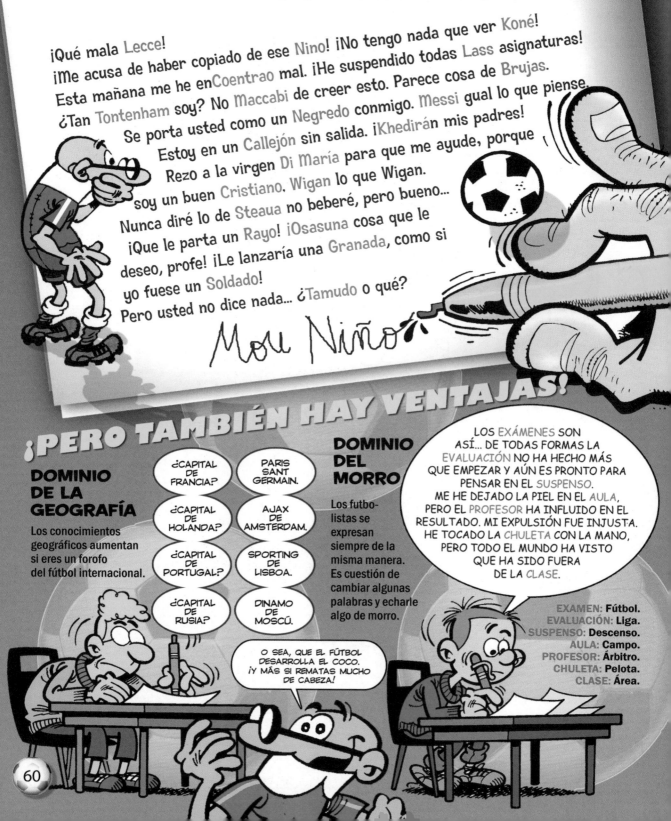

DOMINIO DE LA GEOGRAFÍA

Los conocimientos geográficos aumentan si eres un forofo del fútbol internacional.

¿CAPITAL DE FRANCIA? — PARIS SANT GERMAIN.

¿CAPITAL DE HOLANDA? — AJAX DE AMSTERDAM.

¿CAPITAL DE PORTUGAL? — SPORTING DE LISBOA.

¿CAPITAL DE RUSIA? — DINAMO DE MOSCÚ.

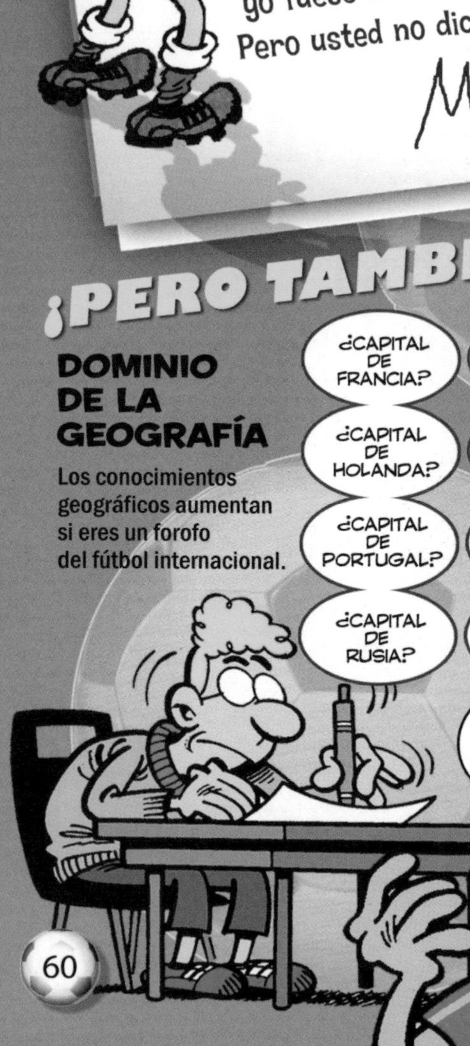

O SEA, QUE EL FÚTBOL DESARROLLA EL COCO. ¡Y MÁS SI REMATAS MUCHO DE CABEZA!

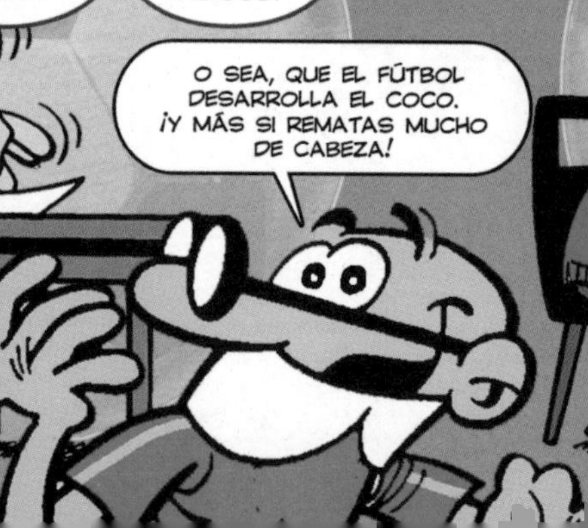

DOMINIO DEL MORRO

Los futbolistas se expresan siempre de la misma manera. Es cuestión de cambiar algunas palabras y echarle algo de morro.

LOS EXÁMENES SON ASÍ... DE TODAS FORMAS LA EVALUACIÓN NO HA HECHO MÁS QUE EMPEZAR Y AÚN ES PRONTO PARA PENSAR EN EL SUSPENSO. ME HE DEJADO LA PIEL EN EL AULA, PERO EL PROFESOR HA INFLUIDO EN EL RESULTADO. MI EXPULSIÓN FUE INJUSTA. HE TOCADO LA CHULETA CON LA MANO, PERO TODO EL MUNDO HA VISTO QUE HA SIDO FUERA DE LA CLASE.

EXAMEN: **Fútbol.**
EVALUACIÓN: **Liga.**
SUSPENSO: **Descenso.**
AULA: **Campo.**
PROFESOR: **Árbitro.**
CHULETA: **Pelota.**
CLASE: **Área.**

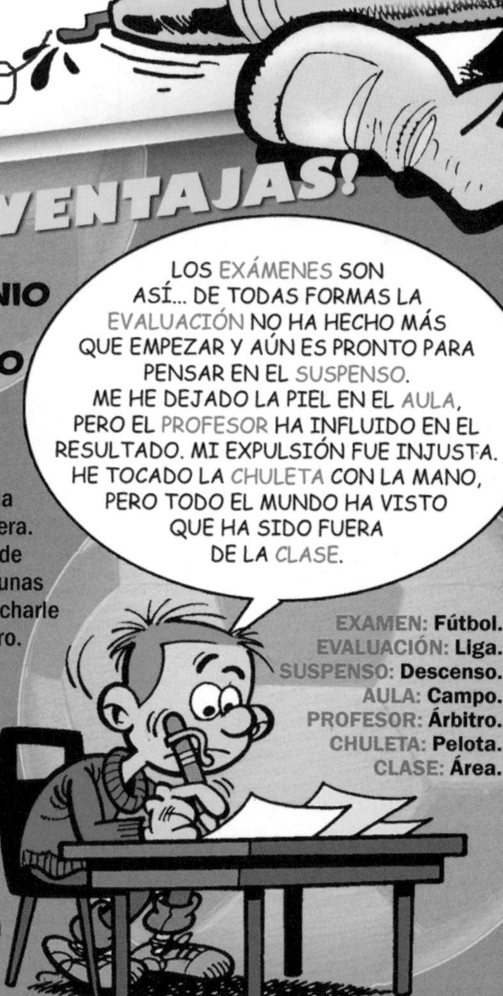

TIPOS DE ALUMNO

Y SU RELACIÓN FUTURA CON EL FÚTBOL

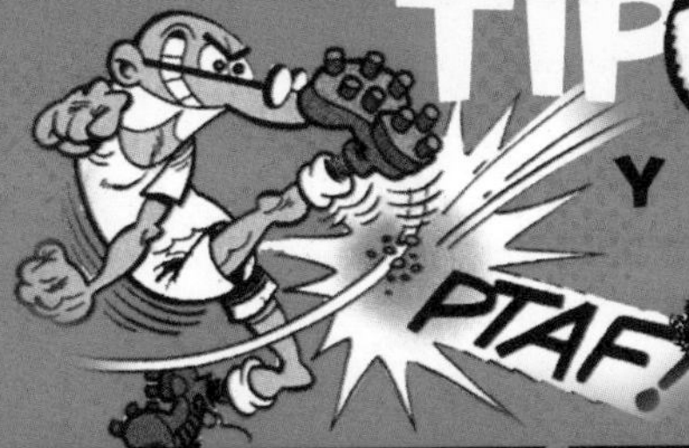

PTAF!

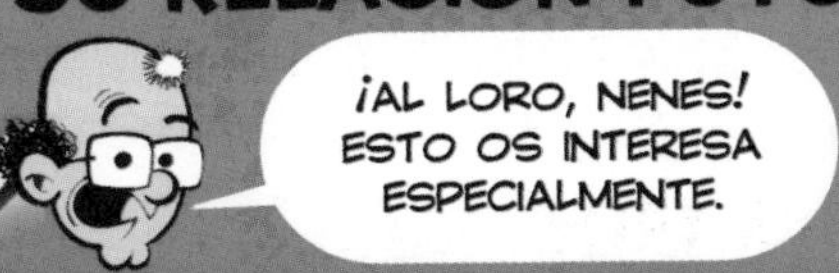

¡AL LORO, NENES! ESTO OS INTERESA ESPECIALMENTE.

RARO ES QUE A UN JOVENCITO NO LE GUSTE EL FÚTBOL. YA DESDE SU TIERNA INFANCIA, PODEMOS OBSERVAR UNAS CONDICIONES INNATAS PARA UN FUTURO RELACIONADO CON EL DEPORTE REY.

ASPECTO	ACTITUD HABITUAL	ASIGNATURA PREFERIDA	EXPRESIÓN FRECUENTE	DE MAYOR SERÁ...
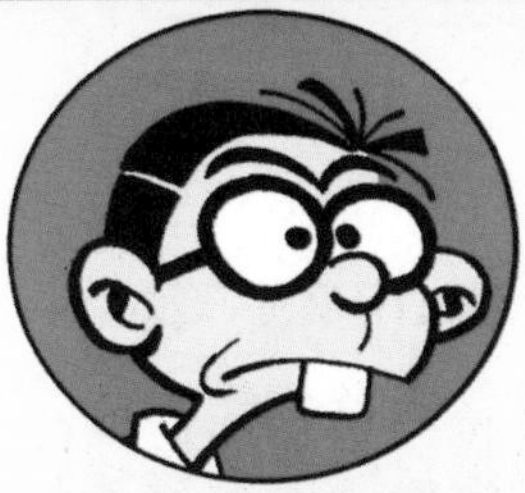	EMPOLLÓN. REPELENTE. BOBALICÓN. RENCOROSO. ES TAN PATOSO Y SABELOTODO QUE SUS COMPAÑEROS NUNCA QUIEREN JUGAR CON ÉL.	DISFRUTA CON TODAS, EXCEPTO EN DEPORTES COMO EL FÚTBOL, YA QUE NO SUELE INTEGRARSE CON LOS DEMÁS JUGADORES Y OBSERVA A CIERTA DISTANCIA.	"¡ALGÚN DÍA ME LAS PAGARÉIS!"	ÁRBITRO.
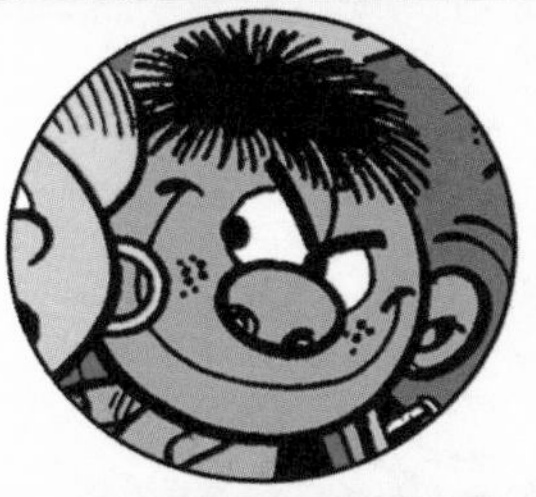	ES EL PEOR ALUMNO DE LA CLASE. HIPERACTIVO Y UN PELÍN GAMBERRO. LO SUYO ES IR A CLASE A NO PEGAR GOLPE.	NINGUNA. BUENO, SÍ... EDUCACIÓN FÍSICA O JUGAR A FÚTBOL EN EL RECREO. (A VECES INCLUSO EN EL AULA.)	"¿QUE SI NO ESTUDIO NO SERÉ NADIE EN LA VIDA? ¡BUAH! ¡YA LO VEREMOS!"	ESTRELLA EN UN CLUB DE PRIMERA DIVISIÓN.
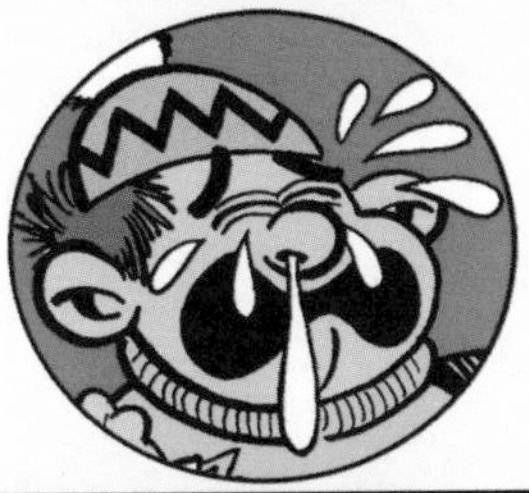	PEQUEÑO PARLANCHÍN COTILLA Y SOLITARIO. NO HACE MÁS QUE LLORAR Y CRITICAR A LOS ALUMNOS. ESTÁ EN MALA FORMA FÍSICA Y NO JUEGA CON SUS COMPAÑEROS.	LO QUE MÁS LE GUSTA ES ESCRIBIR REDACCIONES.	"¡SE LO DIRÉ AL PROFEEEEEEE!" O "SÉ UNA COSA QUE TÚ NO SABES."	COMENTARISTA EN PERIÓDICO DEPORTIVO O LOCUTOR DE RADIO.
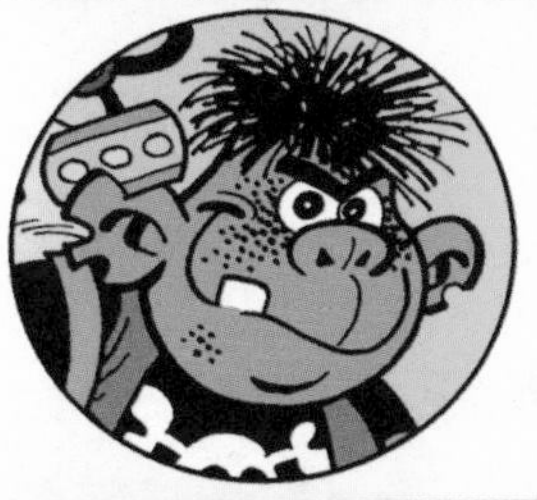	MATÓN AGRESIVO QUE RONDA POR EL PATIO EN BUSCA DE BRONCA. EL FÍSICO LE ACOMPAÑA Y ASUSTA INCLUSO A ALGÚN PROFESOR.	NINGUNA EN PARTICULAR. LO ÚNICO QUE LE GUSTA DEL COLEGIO ES CUANDO SUENA EL TIMBRE DE FINAL DE CLASE.	"¡¡GRUNT!!" O "POR AQUÍ NO PASAS PORQUE LO DIGO YO."	DEFENSA CENTRAL EN UN CLUB DE TERCERA REGIONAL.
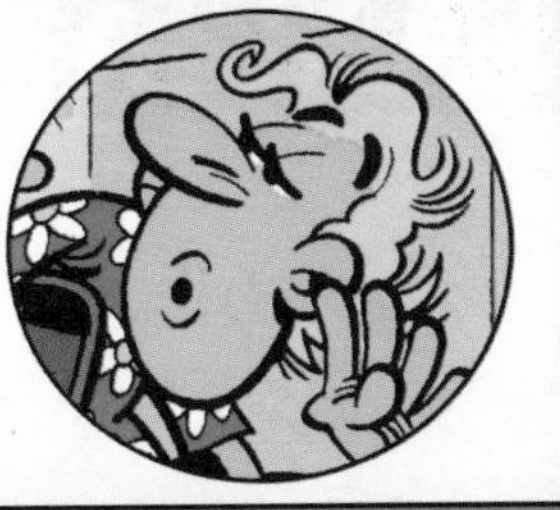	MOZALBETE SENSIBLE Y FEMENINO. LE GUSTA CHILLAR, DESMAYARSE Y PULULAR POR LOS VESTUARIOS.	LA GIMNASIA RÍTMICA Y LAS POESÍAS DE LA CLASE DE LITERATURA.	"¡¡OOOOIG!!" "¡FIJATÉEEEE!"	MASAJISTA.

Mientras el hincha ve u oye un partido, la retransmisión puede verse interrumpida por la publicidad.

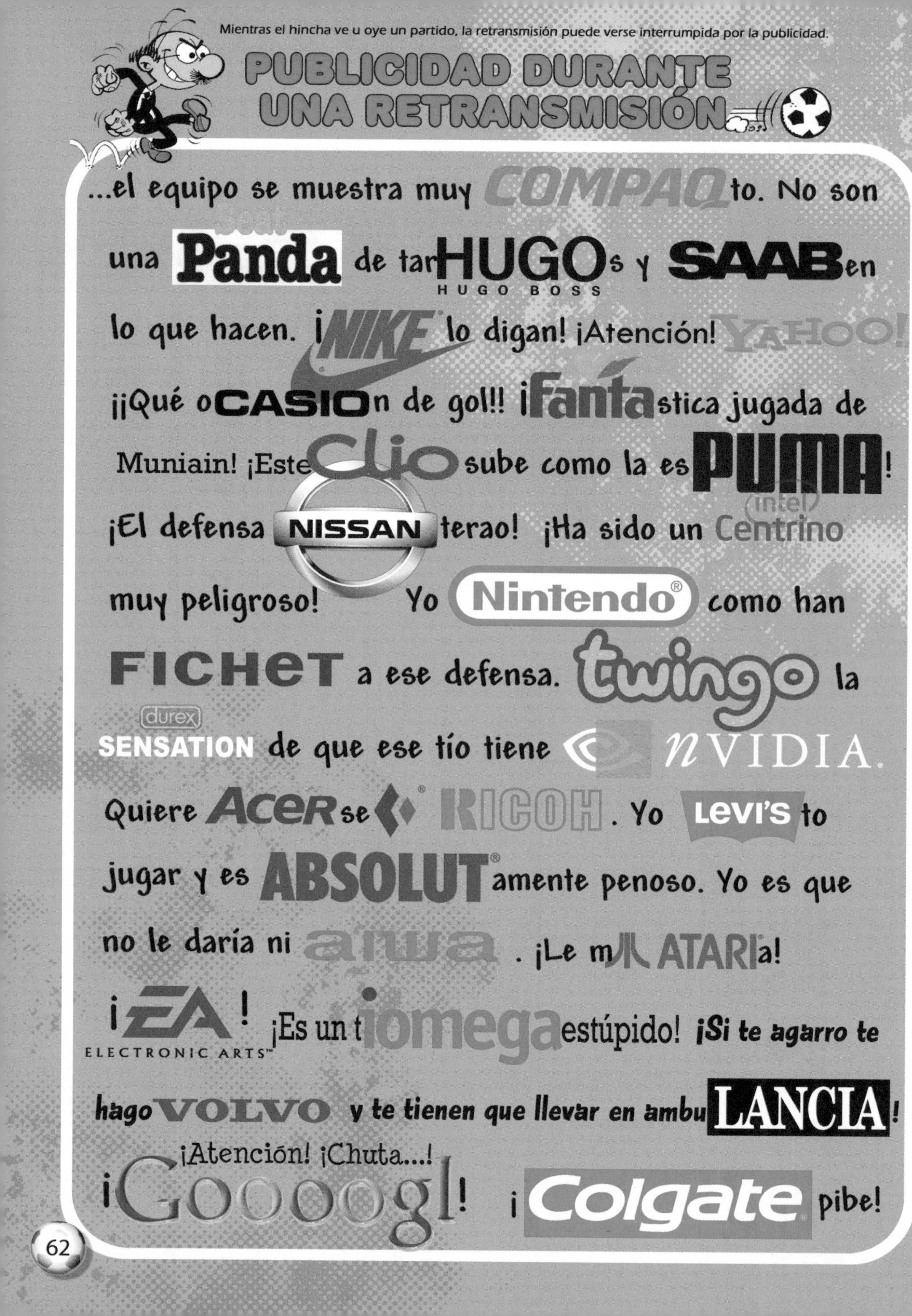

PUBLICIDAD DURANTE UNA RETRANSMISIÓN

...el equipo se muestra muy COMPAQto. No son una seat Panda de tarHUGOs HUGO BOSS y SAABen lo que hacen. ¡NIKE lo digan! ¡Atención! YAHOO! ¡¡Qué oCASIOn de gol!! ¡Fantástica jugada de Muniain! ¡Este Clio sube como la esPUMA! ¡El defensa NISSANterao! ¡Ha sido un intel Centrino muy peligroso! Yo Nintendo® como han FICHET a ese defensa. twingo la durex SENSATION de que ese tío tiene nVIDIA. Quiere ACERse RICOH. Yo LEVI'S to jugar y es ABSOLUTamente penoso. Yo es que no le daría ni aiwa. ¡Le mATARIa! ¡EA! ELECTRONIC ARTS™ ¡Es un tiomegaestúpido! **¡Si te agarro te hago VOLVO y te tienen que llevar en ambuLANCIA!**

¡Atención! ¡Chuta...!

¡Gooooogl! ¡Colgate pibe!

Y AHORA, LA MAYOR RIVALIDAD ENTRE HINCHAS HABIDA Y POR HABER...

MERENGUES Y CULÉS

¿POR QUÉ ALVES NO QUIERE JUGAR DE DEFENSA? PORQUE NO LE GUSTA QUE LE DIGAN QUE ES EL JUGADOR MÁS RETRASADO.

¿POR QUÉ VA MESSI A MISA? PORQUE QUIERE SER CRISTIANO.

UN TIPO ENTRA EN UNA TIENDA DE DEPORTES Y PIDE UNA CAMISETA DEL BARÇA. "SÍ, CLARO. ¿LA QUIERE DE JUGADOR, DE PORTERO O DE ÁRBITRO?"

¿POR QUÉ EN EL NOU CAMP NUNCA HABRÁ TERREMOTOS? PORQUE NI LA TIERRA LOS TRAGA.

UN MERENGUE QUE IBA A MORIR PIDE QUE LE HAGAN SOCIO DEL BARÇA. ¿POR QUÉ? PORQUE PREFIERE QUE SE MUERA UN CULÉ.

¿EN QUÉ SE PARECE EL BARCELONA AL CANAL PLUS? EN QUE SI COMPRAS LA LIGA TE REGALAN LA CHAMPIONS.

VAN EN COCHE UN CULÉ Y UN MERENGUE. ¿QUIÉN CONDUCE? EL CULÉ, PORQUE LLEVA BASTANTES COPAS MENOS.

SI UN CULÉ SE TRAGA UN MOSQUITO, TIENE MÁS CEREBRO EN LA BARRIGA QUE EN LA CABEZA.

¿EN QUÉ SE PARECEN LOS PIOJOS A LOS CULÉS? EN QUE PARA UN RATO QUE ESTÁN EN LA CABEZA, HAY QUE VER LO PELMAZOS QUE SON.

¿CÓMO RECONOCES A UN CULÉ EN EL COLEGIO? PORQUE CUANDO EL MAESTRO BORRA LA PIZARRA, ÉL BORRA SUS APUNTES.

¿POR QUÉ LOS DEL MADRID VAN TODOS LOS DOMINGOS A MISA? PARA VER A ALGUIEN DE BLANCO LEVANTAR UNA COPA.

¿POR QUÉ RONALDO ES CRISTIANO? PORQUE MESSI ES DIOS.

VA UN ARGENTINO POR EL CAMPO. ¿LO PILLAS? ¿NO? PUES LA DEFENSA DEL MADRID TAMPOCO.

¿EN QUÉ SE PARECE EL MADRID A UN DISC-JOCKEY? EN QUE SE PASA LA SEMANA ENSAYANDO PARA PINCHAR EL SÁBADO.

¿POR QUÉ FLORENTINO QUIERE CASAR A CASILLAS? PARA PODER CELEBRAR ALGO ESTE AÑO.

¿POR QUÉ CASILLAS NO PASA FRÍO EN INVIERNO? PORQUE JUEGA CON DIEZ MANTAS.

SE ABRE EL TELÓN Y SE VE AL MADRID LEVANTANDO EL TRIPLETE. ¿CÓMO SE LLAMA LA PELÍCULA? MISIÓN IMPOSIBLE.

¿POR QUÉ FLORENTINO QUIERE QUE KHEDIRA SE CASE CON LA DUQUESA DE ALBA? PARA OBTENER ESTE AÑO ALGÚN TÍTULO.

¿EN QUÉ SE PARECE EL MADRID A UN PESEBRE? EN QUE ESTÁ LLENO DE FIGURAS, PERO NINGUNA SE MUEVE.

A "LA ROJA" LA LLAMAN "EL CIRCO" PORQUE TIENE LOS MALABARISTAS DEL BARCELONA, LOS LEONES DEL ATH. DE BILBAO Y LOS PAYASOS DEL MADRID.

¿QUÉ HACE UN HINCHA DEL MADRID CUANDO SU EQUIPO GANA UN PARTIDO CON GOLES LEGALES? APAGA LA "PLAYSTATION".

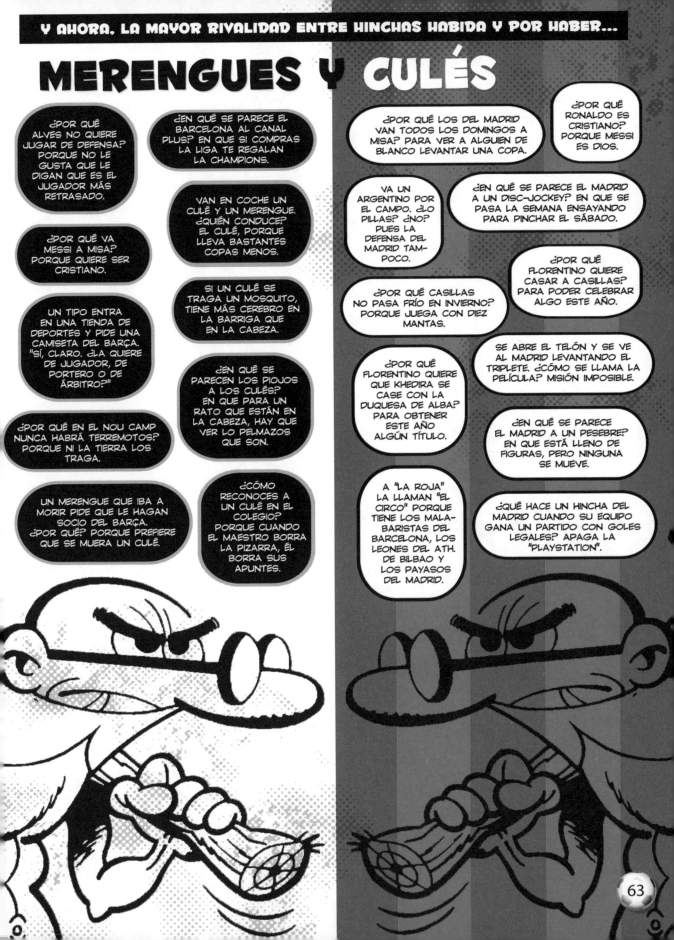

LA T.I.A. Y LA AFI

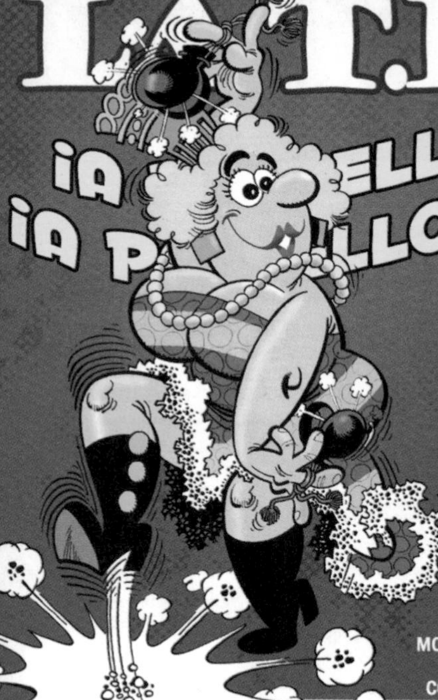

¡A POR ELLOS, OÉEEEE!
¡A POR ELLOS, OÉEEEEEEE!

LA AFICIÓN QUE LOS AGENTES DE LA T.I.A. SIENTEN POR EL FÚTBOL ES SOLO COMPARABLE A LA VERGÜENZA QUE LES FALTA. OFELIA NO TIENE NI IDEA DEL DEPORTE REY, PERO SÍ QUE ES UNA GRAN ANIMADORA DE LA SELECCIÓN.

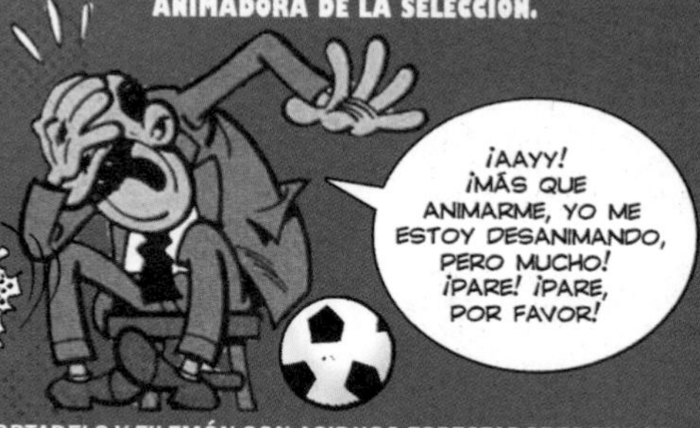

¡AAYY! ¡MÁS QUE ANIMARME, YO ME ESTOY DESANIMANDO, PERO MUCHO! ¡PARE! ¡PARE, POR FAVOR!

MORTADELO Y FILEMÓN SON ASIDUOS ESPECTADORES EN LOS PARTIDOS QUE JUEGA SU EQUIPO, EL BORRICÓN C.F. EN LA COMPETICIÓN DE 6ª REGIONAL O "LIGA DE LOS *ESTRELLAOS*"

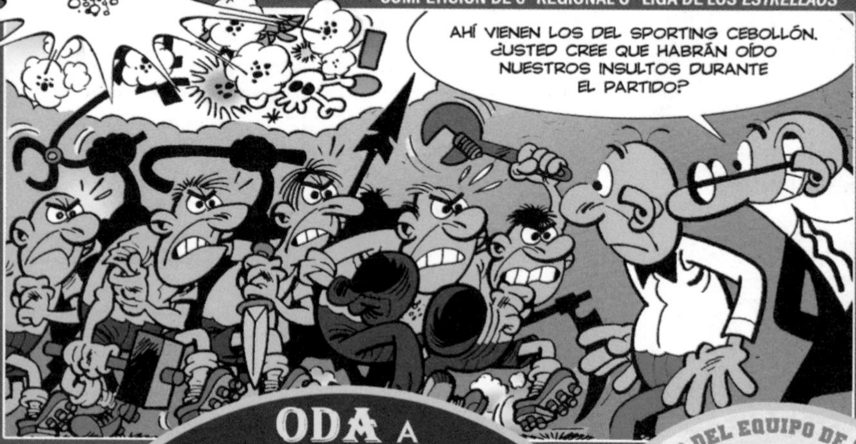

AHÍ VIENEN LOS DEL SPORTING CEBOLLÓN. ¿USTED CREE QUE HABRÁN OÍDO NUESTROS INSULTOS DURANTE EL PARTIDO?

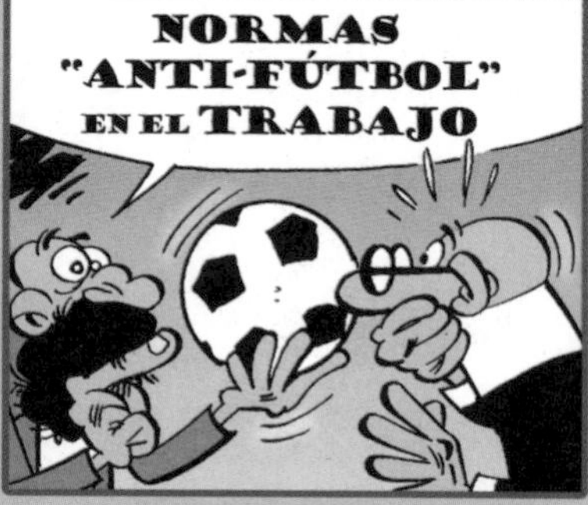

NORMAS "ANTI-FÚTBOL" EN EL TRABAJO

DADO QUE LOS AGENTES SON TAN FANÁTICOS, LA T.I.A. IMPLANTÓ UNA SERIE DE NORMAS PARA EVITAR TANTA AFICIÓN FUTBOLERA EN EL TRABAJO.

Se permitirá que los viernes los agentes traigan un balón a la oficina, pero no las porterías, como hacían hasta la fecha.

Cuando los agentes persigan a unos maleantes, no deberán gritar aquello de "¡A por ellos, oéeeeeeeeee!"

No está permitido que el agente acuda al trabajo con la camiseta de su equipo, y menos con bufanda y haciendo sonar la bocina de aire comprimido.

Cuando dos agentes discutan de fútbol, no podrán acudir a la armería y liarse a tiros.

El hecho de que su equipo pierda no exime al agente de acudir el lunes a la oficina.

ODA A SAN ASNÓN,

PATRÓN DE BORRICÓN DE ARRIBA

¡Oh, San Asnón, San Asnón!
¡Yo mi alma te encomiendo!
¡Y qué rico está el jamón
que ahora me estoy comiendo!

¡¡Me gusta *er fúrbo*, patrón!!
¡Me gusta, me gusta mucho!
Lo quiero con devoción,
igual que la trucha al trucho.

¡Al árbitro has de cuidar
para que pite tranquilo!
Mas, si nos pita penal,
tú haz que no salga vivo.

Borricón, ¡oh, pueblo mío,
entre pinos y bellotas!
¡Oh! ¡Proteje a nuestro equipo
y también a sus pelotas!

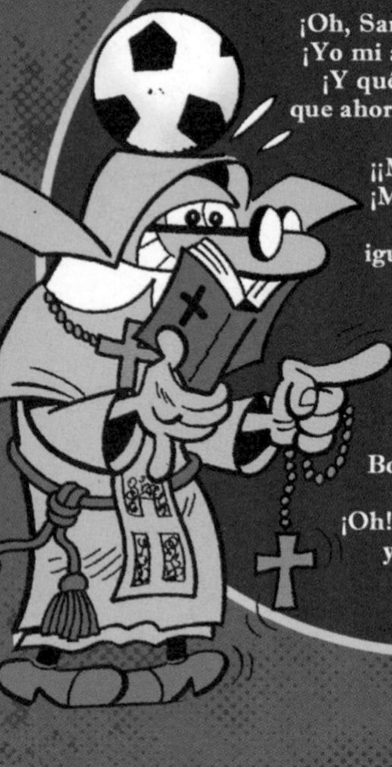

HIMNO DEL EQUIPO DE BORRICÓN

ESTROFA 1

¡Chunda!
¡Chunda! ¡Chunda!
¡POM! ¡POM! ¡POM!

ESTRIBILLO

¡PAM! ¡POM! ¡PAM!

ESTROFA 2

¡Chunda!
¡Chunda! ¡Chunda!
¡POM! ¡POM! ¡POM!

REPETIR EL ESTRIBILLO 34 VECES

LETRA Y MÚSICA DEL SÚPER, ACOMPAÑADO DE 34 BOTELLAS DE ORUJO.

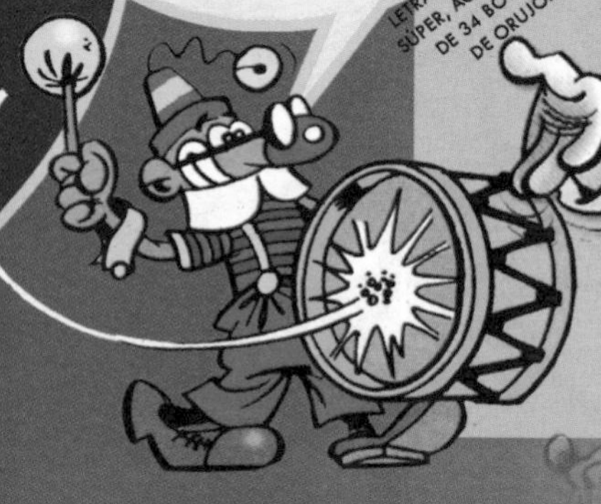

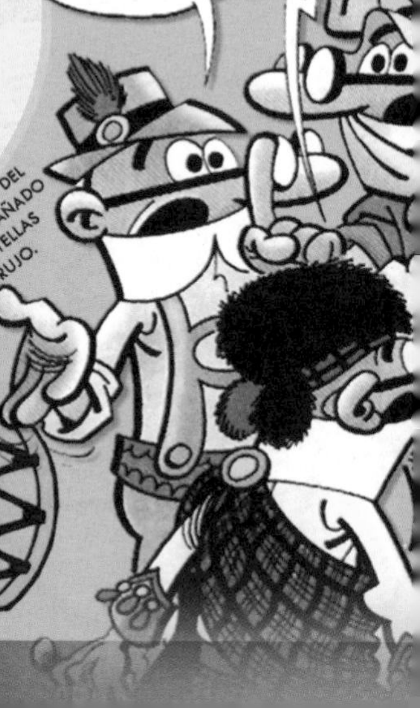

ALS DIE ESEL HUNDEFLEISH WURST UND BIER MIT ZEIGEN, GEFROREN URIN!
¿BORRICÓN YO IR UNA VES DESDE ESC Y ALLÍ QUITAR MI GAITA. AHORA NO PO ORINAR VER WELL.

CIÓN AL FÚTBOL

SUELEN DESPLAZARSE AL PUEBLO DE MORTADELO, BORRICÓN, DONDE VAN AL ESTADIO Y ECHAN UNOS "CHUTS".

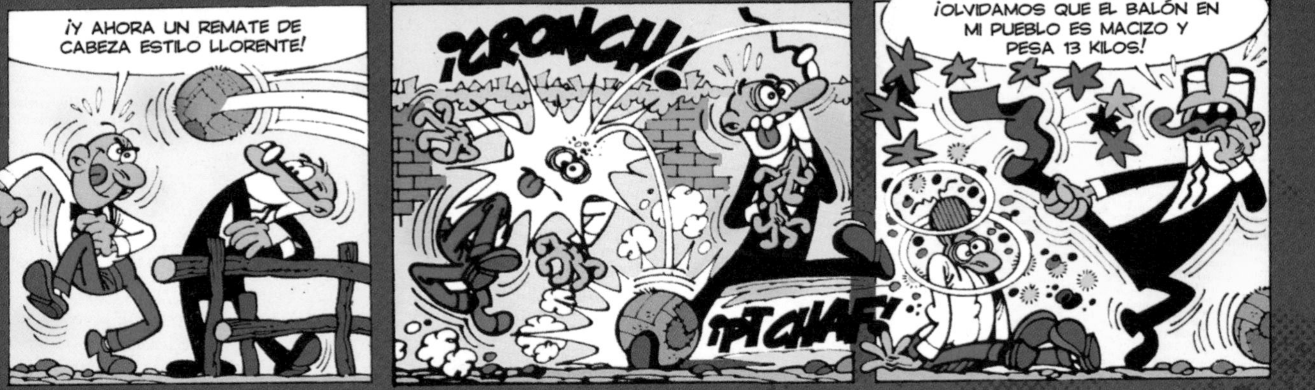
¡Y AHORA UN REMATE DE CABEZA ESTILO LLORENTE!
¡CRONCH!
¡PTCHAF!
¡GWWWAAA!
¡OLVIDAMOS QUE EL BALÓN EN MI PUEBLO ES MACIZO Y PESA 13 KILOS!

LA OBSESIÓN POR CHUTAR LES LLEVA A SITUACIONES QUE PONEN EN RIESGO SU INTEGRIDAD FÍSICA.

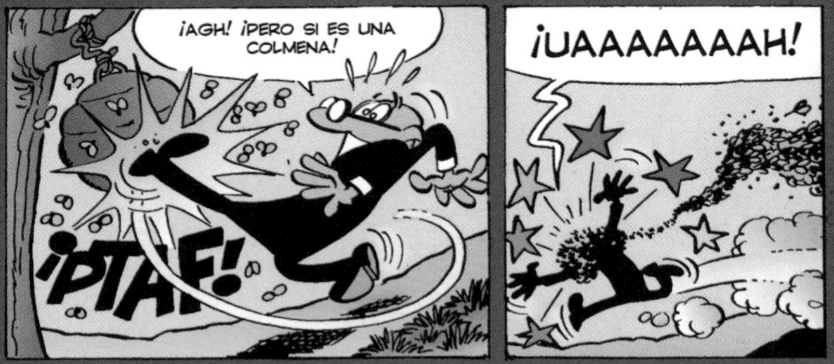
¡AGH! ¡PERO SI ES UNA COLMENA!
¡PTAF!
¡UAAAAAAAAH!

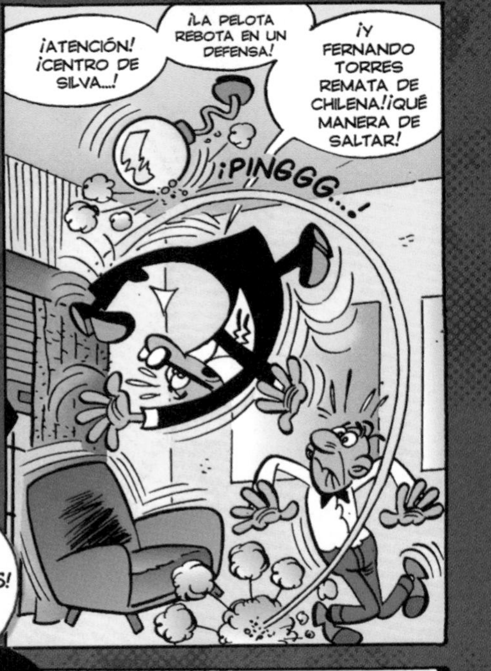
¡ATENCIÓN! ¡CENTRO DE SILVA...!
¡LA PELOTA REBOTA EN UN DEFENSA!
¡Y FERNANDO TORRES REMATA DE CHILENA! ¡QUÉ MANERA DE SALTAR!
¡PINGGG...!

COMO TODO FOROFO, MORTADELO TIENE ENCENDIDAS DISCUSIONES FUTBOLERAS. SU HABILIDAD PARA DISFRAZARSE DE CASI CUALQUIER COSA LE POSIBILITA DOMINAR MUCHAS LENGUAS Y EN ESTA OCASIÓN, EL EQUIPO DE BORRICÓN ES EL TEMA DE DISCUSIÓN.

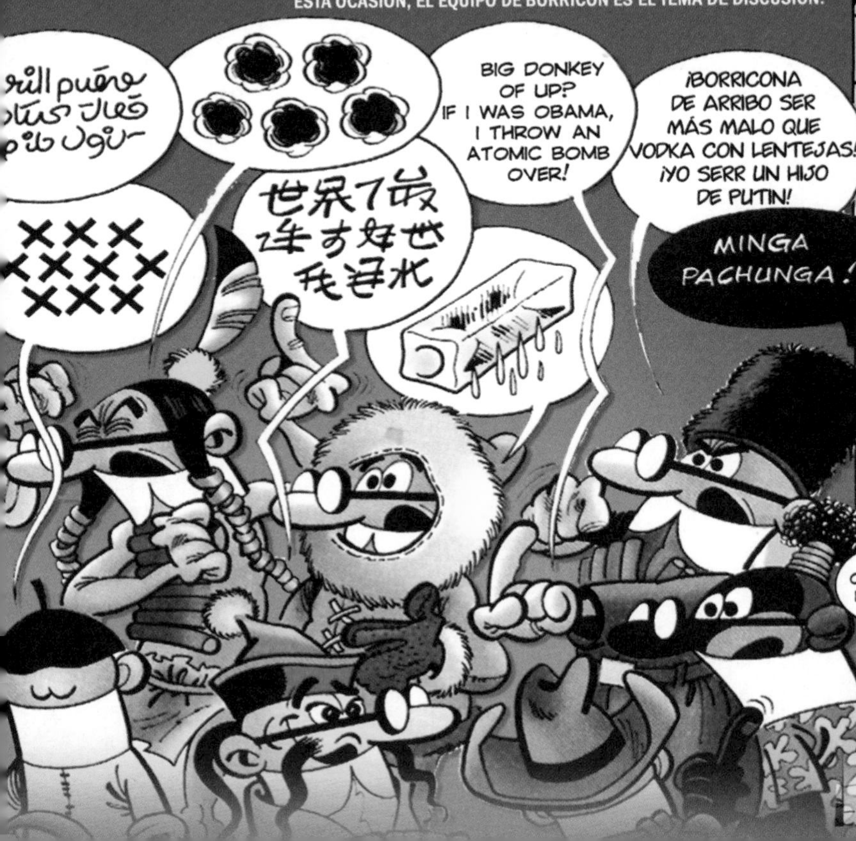
BIG DONKEY OF UP? IF I WAS OBAMA, I THROW AN ATOMIC BOMB OVER!
¡BORRICONA DE ARRIBO SER MÁS MALO QUE VODKA CON LENTEJAS! ¡YO SERR UN HIJO DE PUTIN!
MINGA PACHUNGA!

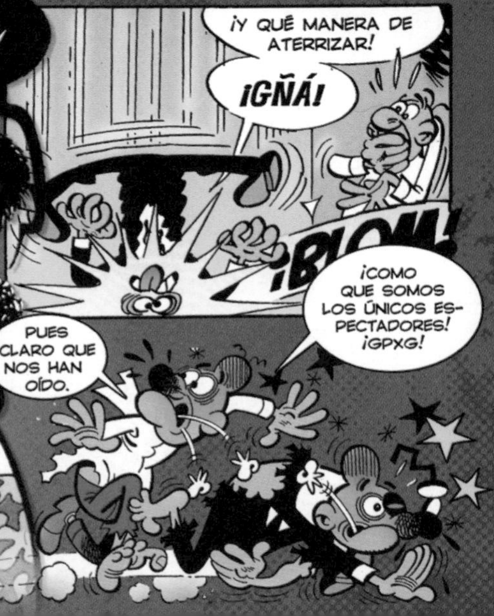
¡Y QUÉ MANERA DE ATERRIZAR!
¡GÑA!
¡BLOM!
PUES CLARO QUE NOS HAN OÍDO.
¡COMO QUE SOMOS LOS ÚNICOS ESPECTADORES! ¡GPXG!

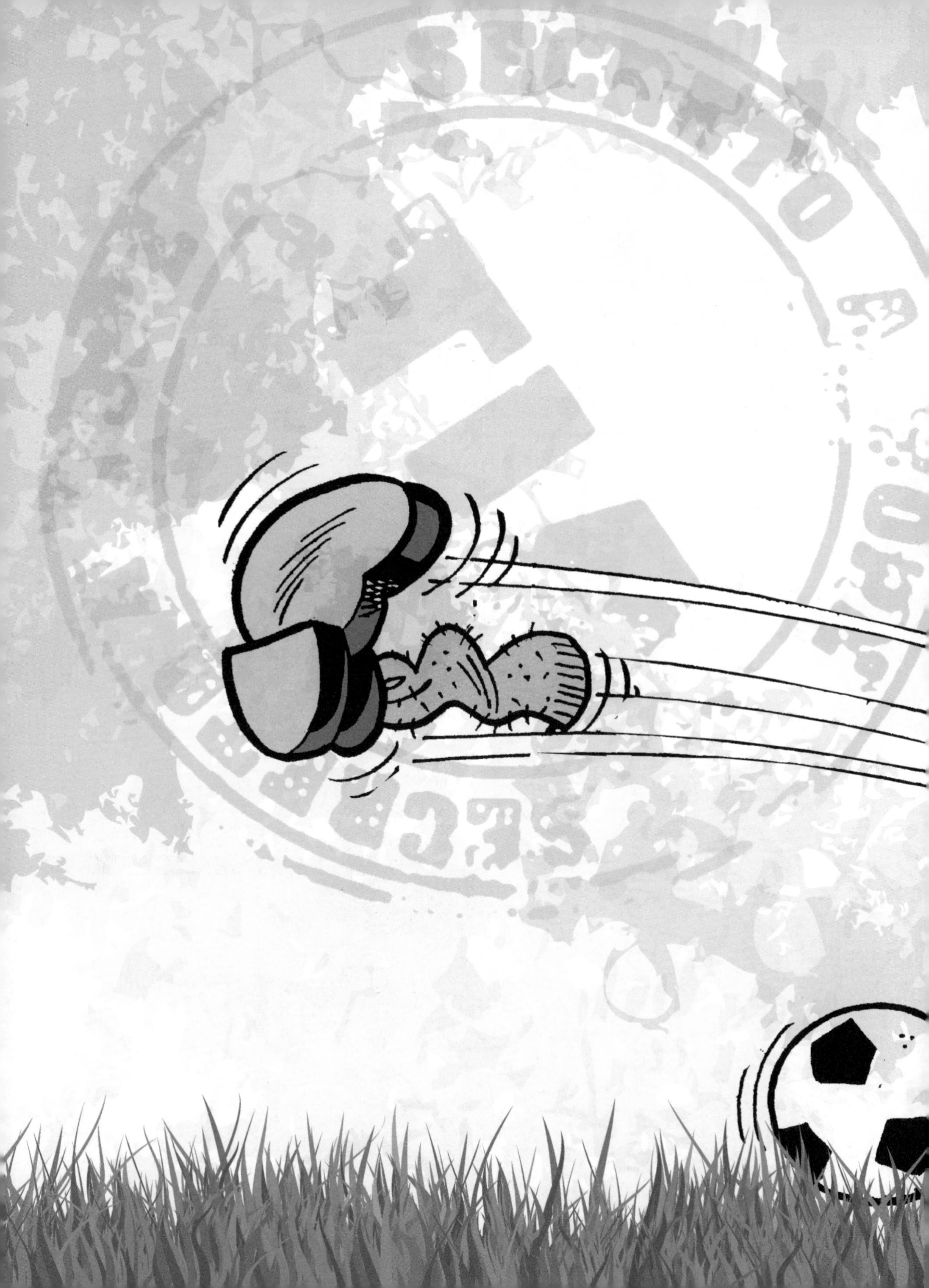

EL FÚTBOL Y LA T.I.A.

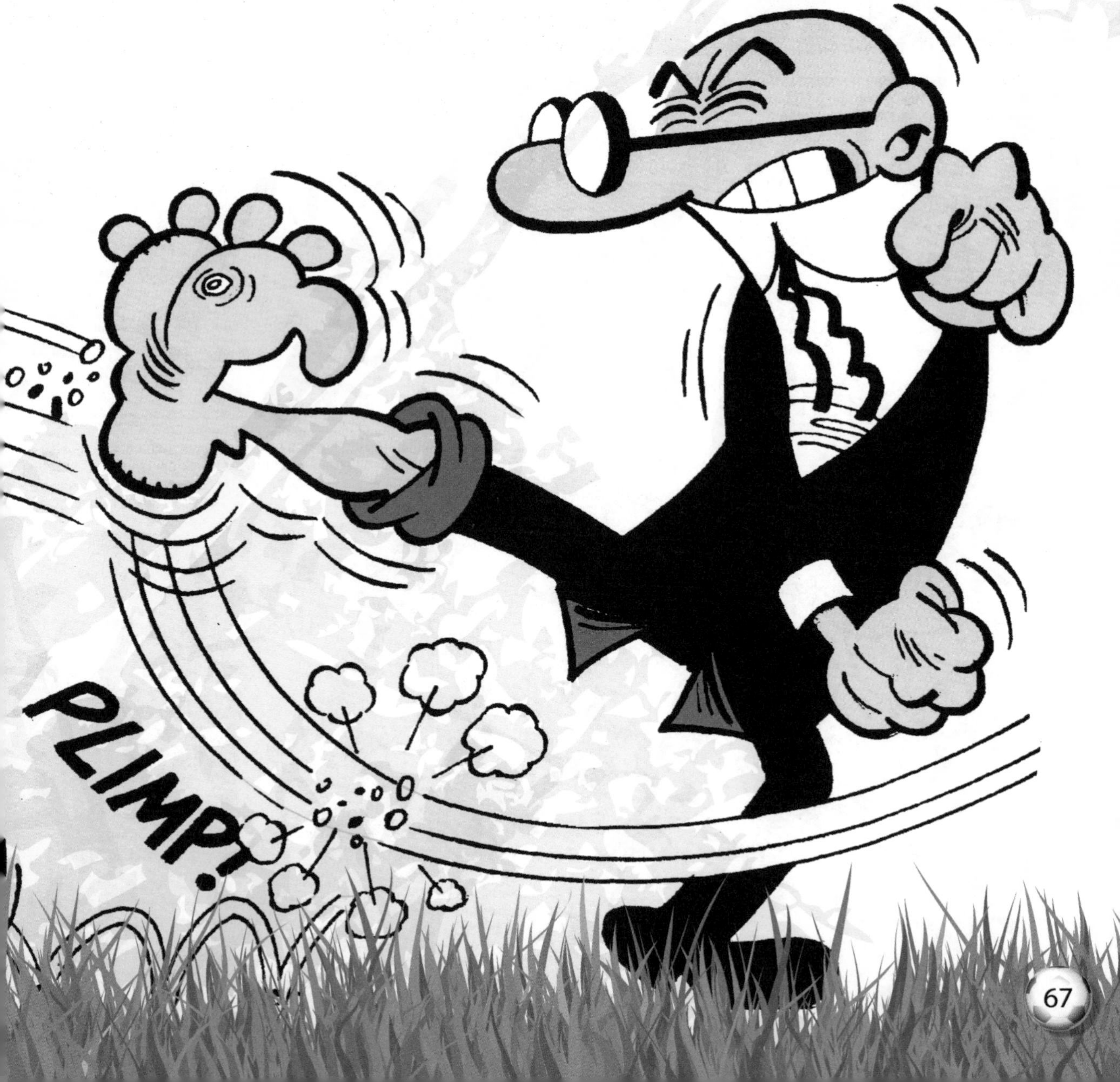
PLIMP!

BORRICÓN F.C.

LA HISTORIA LA LEYENDA EL MITO LA DESGRACIA

EL ORIGEN DEL CLUB DE FÚTBOL MÁS ANTIGUO DEL PLANETA TIERRA

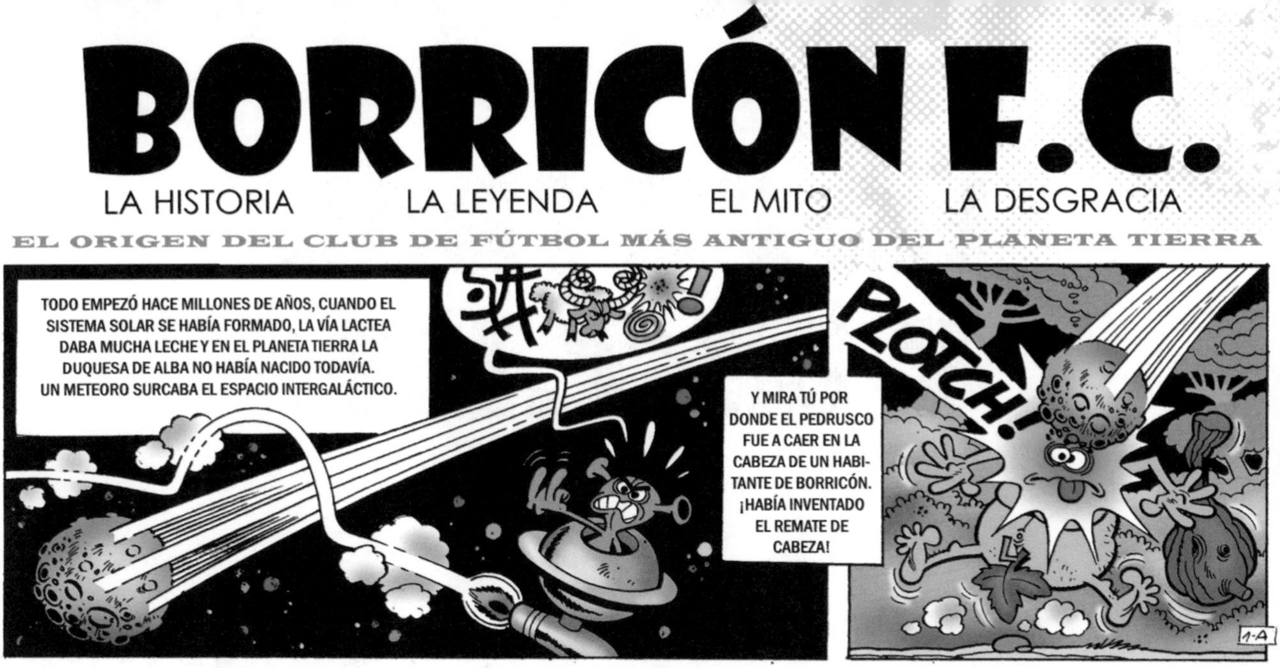
TODO EMPEZÓ HACE MILLONES DE AÑOS, CUANDO EL SISTEMA SOLAR SE HABÍA FORMADO, LA VÍA LACTEA DABA MUCHA LECHE Y EN EL PLANETA TIERRA LA DUQUESA DE ALBA NO HABÍA NACIDO TODAVÍA. UN METEORO SURCABA EL ESPACIO INTERGALÁCTICO.
PLOTCH!
Y MIRA TÚ POR DONDE EL PEDRUSCO FUE A CAER EN LA CABEZA DE UN HABITANTE DE BORRICÓN. ¡HABÍA INVENTADO EL REMATE DE CABEZA!
1-A

¡HABÍA NACIDO EL FÚTBOL! TRAS EL TESTARAZO ESTILO FERNANDO LLORENTE, EL PUEBLERINO, QUE SE LLAMABA NEMESIO MAYORAL CEDENILLAS, INTENTÓ EL CHUT.

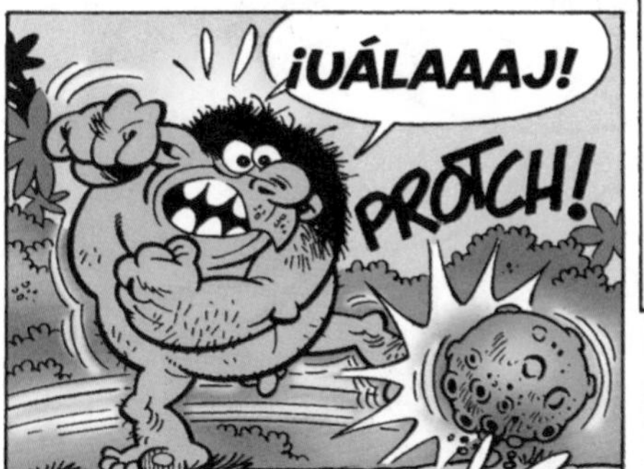
¡UÁLAAAJ!
PROTCH!

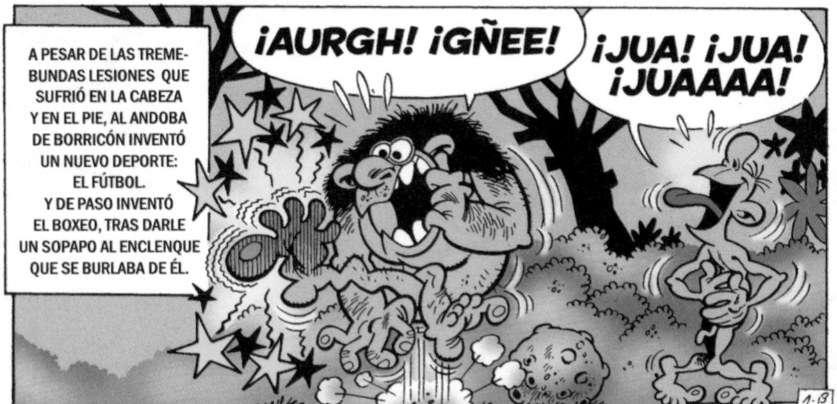
A PESAR DE LAS TREMEBUNDAS LESIONES QUE SUFRIÓ EN LA CABEZA Y EN EL PIE, AL ANDOBA DE BORRICÓN INVENTÓ UN NUEVO DEPORTE: EL FÚTBOL. Y DE PASO INVENTÓ EL BOXEO, TRAS DARLE UN SOPAPO AL ENCLENQUE QUE SE BURLABA DE ÉL.
¡AURGH! ¡GÑEE!
¡JUA! ¡JUA! ¡JUAAAAA!
1-B

QUIZÁ DEBIDO AL BRUTAL IMPACTO DEL METEORITO EN SU CABEZA, EL *HOMO BORRICONUS* NO EVOLUCIONÓ HACIA UNA FORMA DE VIDA MÁS HUMANA, SINO TODO LO CONTRARIO. EL TÍO TIRÓ "P'ATRÁS" Y CADA VEZ ALCANZÓ MAYORES NIVELES DE CAZURRISMO. **OBSERVEMOS ESTA INVOLUCIÓN.**

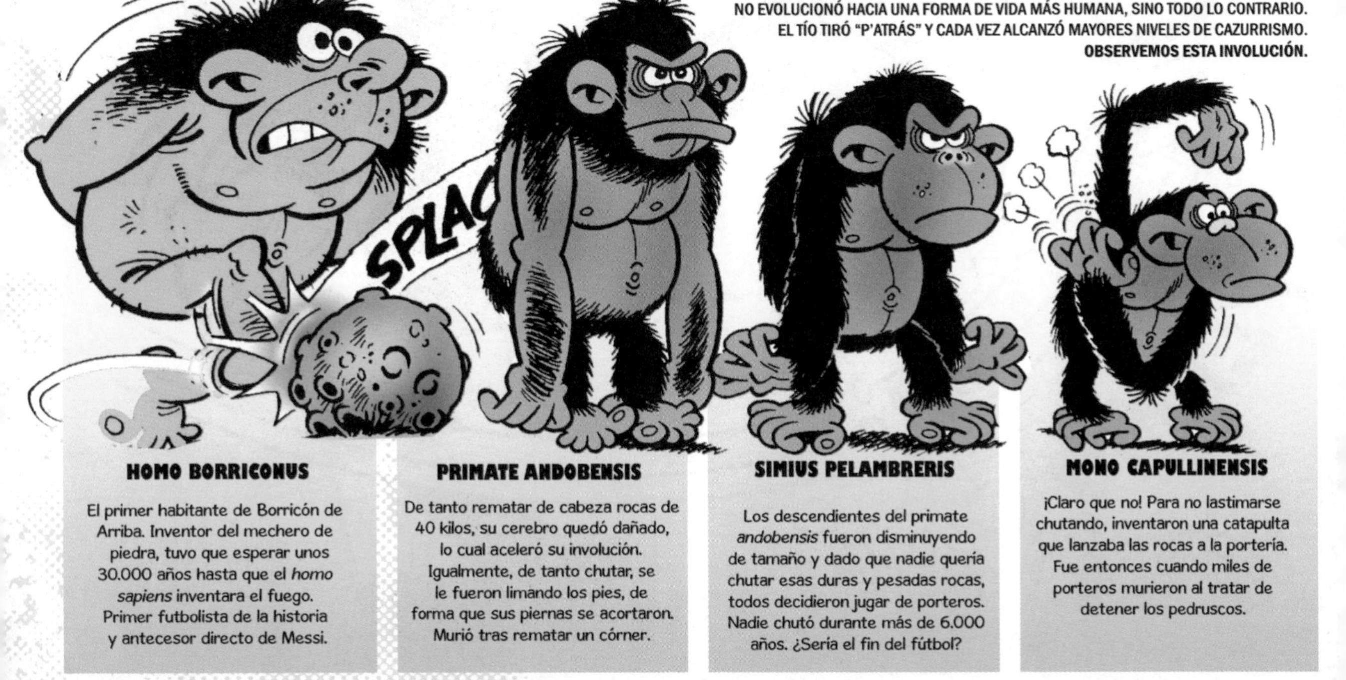
SPLAC

HOMO BORRICONUS

El primer habitante de Borricón de Arriba. Inventor del mechero de piedra, tuvo que esperar unos 30.000 años hasta que el *homo sapiens* inventara el fuego. Primer futbolista de la historia y antecesor directo de Messi.

PRIMATE ANDOBENSIS

De tanto rematar de cabeza rocas de 40 kilos, su cerebro quedó dañado, lo cual aceleró su involución. Igualmente, de tanto chutar, se le fueron limando los pies, de forma que sus piernas se acortaron. Murió tras rematar un córner.

SIMIUS PELAMBRERIS

Los descendientes del primate *andobensis* fueron disminuyendo de tamaño y dado que nadie quería chutar esas duras y pesadas rocas, todos decidieron jugar de porteros. Nadie chutó durante más de 6.000 años. ¿Sería el fin del fútbol?

MONO CAPULLINENSIS

¡Claro que no! Para no lastimarse chutando, inventaron una catapulta que lanzaba las rocas a la portería. Fue entonces cuando miles de porteros murieron al tratar de detener los pedruscos.

Hace solo 200 años, el habitante de Borricón alcanzó su madurez evolutiva. Estamos ya en la era del

HOMO FUTBOLENSIS

Mientras aquí a la izquiera les contamos alguna que otra curiosidad, pueden continuar con la historia del equipo de fútbol de Borricón ya en nuestros días.

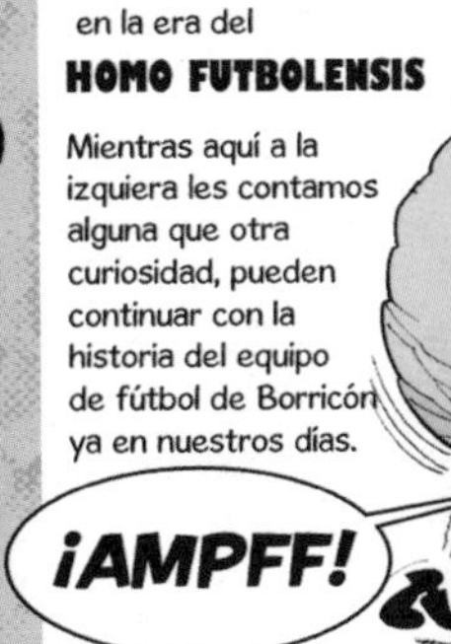
¡AMPFF!

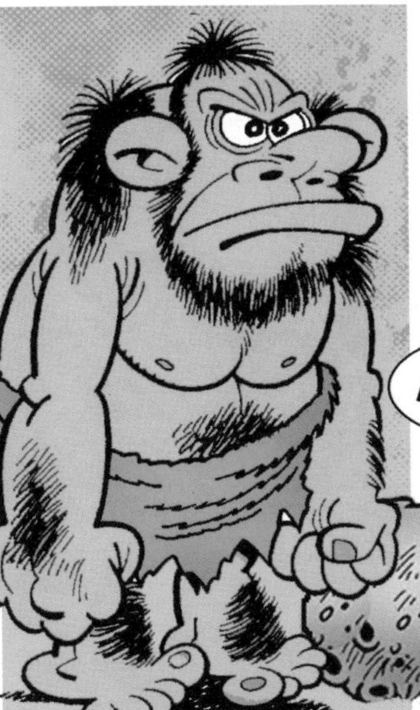

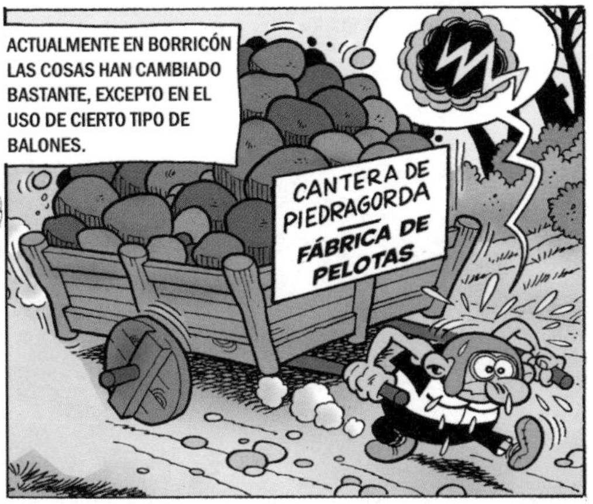
ACTUALMENTE EN BORRICÓN LAS COSAS HAN CAMBIADO BASTANTE, EXCEPTO EN EL USO DE CIERTO TIPO DE BALONES.
CANTERA DE PIEDRAGORDA
FÁBRICA DE PELOTAS

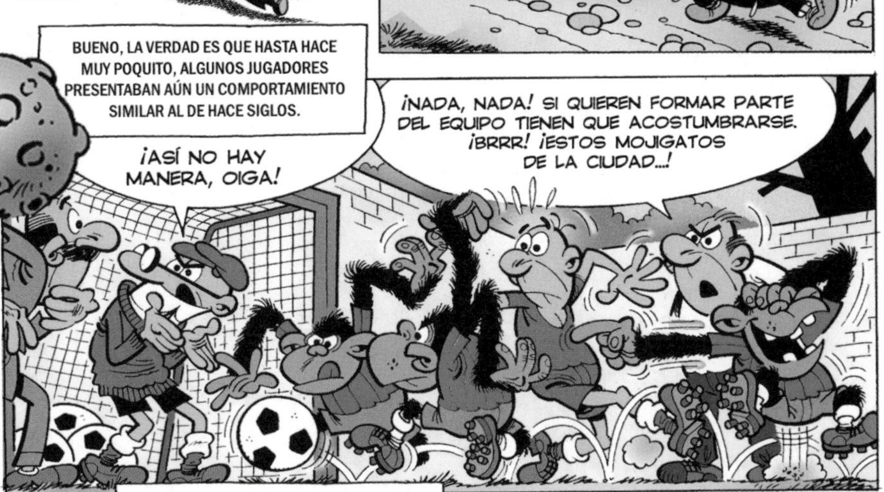
BUENO, LA VERDAD ES QUE HASTA HACE MUY POQUITO, ALGUNOS JUGADORES PRESENTABAN AÚN UN COMPORTAMIENTO SIMILAR AL DE HACE SIGLOS.
¡ASÍ NO HAY MANERA, OIGA!
¡NADA, NADA! SI QUIEREN FORMAR PARTE DEL EQUIPO TIENEN QUE ACOSTUMBRARSE. ¡BRRR! ¡ESTOS MOJIGATOS DE LA CIUDAD...!

El *Homo futbolensis* continuó jugando con balones de piedra, pues eran fáciles de conseguir y básicamente redondos.
Estos seres eran tan vagos que, según se dice, jugaban descalzos y con pelotas de piedra para que así no tuvieran que cortarse las uñas de los pies, dado que estas quedaban limadas.

Hacia 1798, Bartolo Mé inventó la pelota de madera. Muchos se quejaron de su poco peso. Aun así, esa temporada murieron más de 56 futbolistas tras sendos remates de cabeza.

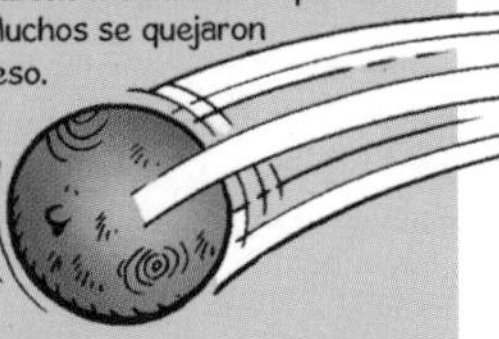

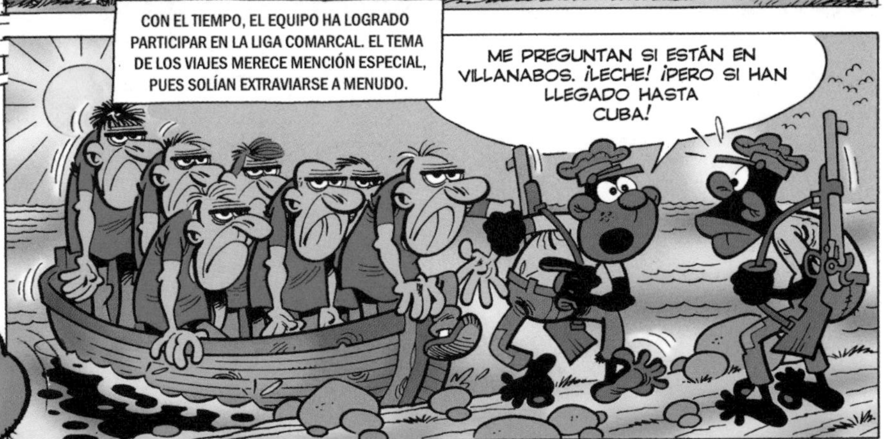
CON EL TIEMPO, EL EQUIPO HA LOGRADO PARTICIPAR EN LA LIGA COMARCAL. EL TEMA DE LOS VIAJES MERECE MENCIÓN ESPECIAL, PUES SOLÍAN EXTRAVIARSE A MENUDO.
ME PREGUNTAN SI ESTÁN EN VILLANABOS. ¡LECHE! ¡PERO SI HAN LLEGADO HASTA CUBA!

A los pocos años, Faustino Muuuuuuuuuu inventó la pelota de queso de bola.

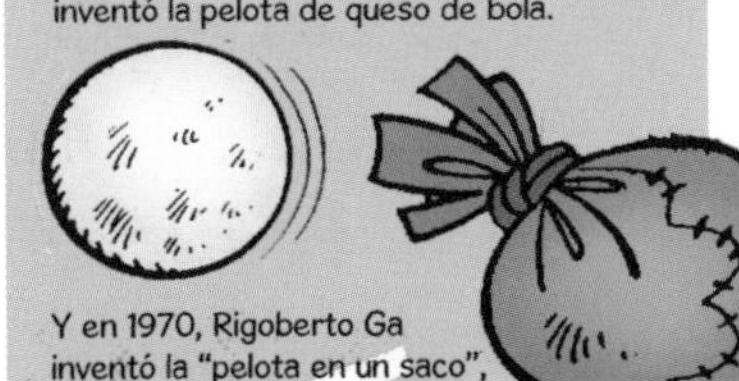

Y en 1970, Rigoberto Ga inventó la "pelota en un saco", lo cual hacía que rematar fuera más confortable.

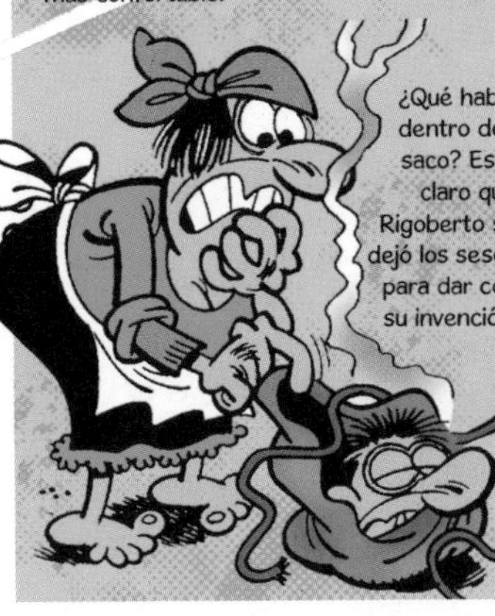

¿Qué había dentro del saco? Está claro que Rigoberto se dejó los sesos para dar con su invención.

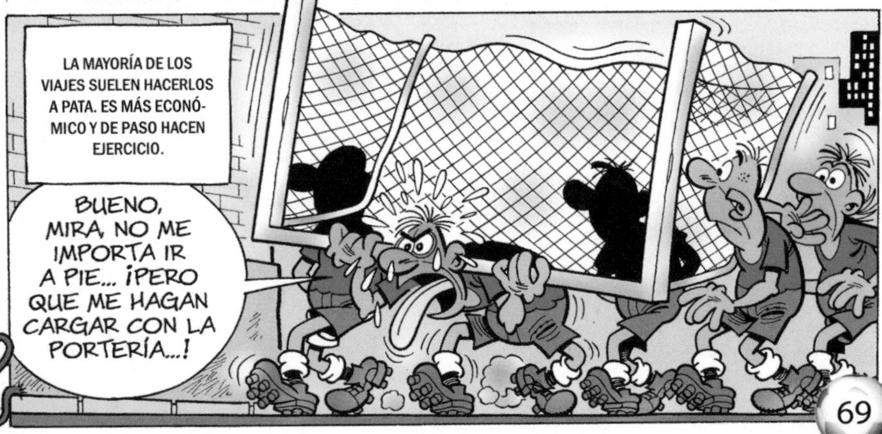
LA MAYORÍA DE LOS VIAJES SUELEN HACERLOS A PATA. ES MÁS ECONÓMICO Y DE PASO HACEN EJERCICIO.
BUENO, MIRA, NO ME IMPORTA IR A PIE... ¡PERO QUE ME HAGAN CARGAR CON LA PORTERÍA...!

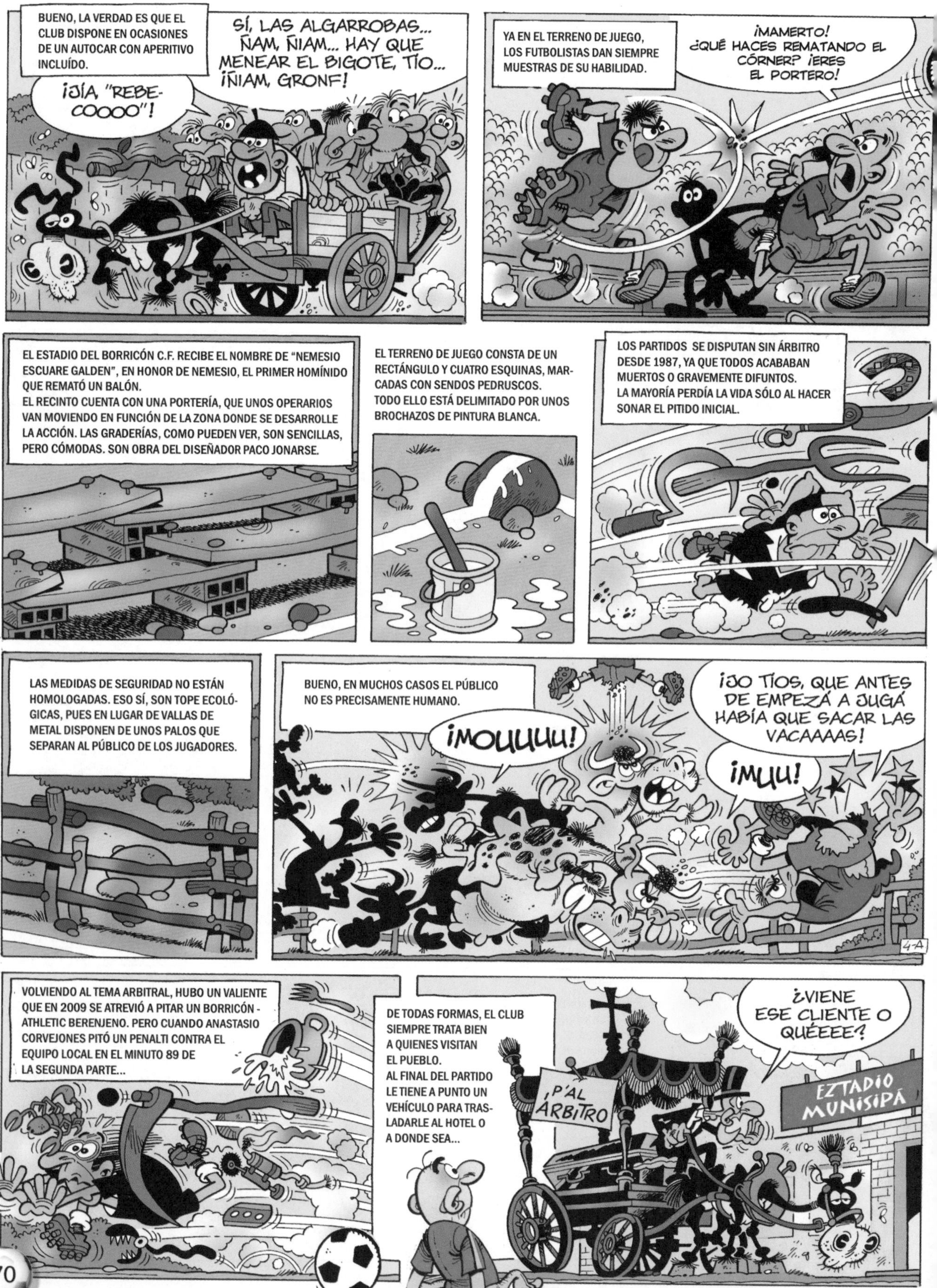

BUENO, LA VERDAD ES QUE EL CLUB DISPONE EN OCASIONES DE UN AUTOCAR CON APERITIVO INCLUÍDO.
SÍ, LAS ALGARROBAS... ÑAM, ÑIAM... HAY QUE MENEAR EL BIGOTE, TÍO... ÑIAM, GRONF!
¡JÍA "REBE-COOOO"!
YA EN EL TERRENO DE JUEGO, LOS FUTBOLISTAS DAN SIEMPRE MUESTRAS DE SU HABILIDAD.
¡MAMERTO! ¿QUÉ HACES REMATANDO EL CÓRNER? ¡ERES EL PORTERO!
EL ESTADIO DEL BORRICÓN C.F. RECIBE EL NOMBRE DE "NEMESIO ESCUARE GALDEN", EN HONOR DE NEMESIO, EL PRIMER HOMÍNIDO QUE REMATÓ UN BALÓN.
EL RECINTO CUENTA CON UNA PORTERÍA, QUE UNOS OPERARIOS VAN MOVIENDO EN FUNCIÓN DE LA ZONA DONDE SE DESARROLLE LA ACCIÓN. LAS GRADERÍAS, COMO PUEDEN VER, SON SENCILLAS, PERO CÓMODAS. SON OBRA DEL DISEÑADOR PACO JONARSE.
EL TERRENO DE JUEGO CONSTA DE UN RECTÁNGULO Y CUATRO ESQUINAS, MARCADAS CON SENDOS PEDRUSCOS. TODO ELLO ESTÁ DELIMITADO POR UNOS BROCHAZOS DE PINTURA BLANCA.
LOS PARTIDOS SE DISPUTAN SIN ÁRBITRO DESDE 1987, YA QUE TODOS ACABABAN MUERTOS O GRAVEMENTE DIFUNTOS.
LA MAYORÍA PERDÍA LA VIDA SÓLO AL HACER SONAR EL PITIDO INICIAL.
LAS MEDIDAS DE SEGURIDAD NO ESTÁN HOMOLOGADAS. ESO SÍ, SON TOPE ECOLÓGICAS, PUES EN LUGAR DE VALLAS DE METAL DISPONEN DE UNOS PALOS QUE SEPARAN AL PÚBLICO DE LOS JUGADORES.
BUENO, EN MUCHOS CASOS EL PÚBLICO NO ES PRECISAMENTE HUMANO.
¡MOUUUUU!
¡JO TÍOS, QUE ANTES DE EMPEZÁ A JUGÁ HABÍA QUE SACAR LAS VACAAAAS!
¡MUU!
4-A
VOLVIENDO AL TEMA ARBITRAL, HUBO UN VALIENTE QUE EN 2009 SE ATREVIÓ A PITAR UN BORRICÓN - ATHLETIC BERENJENO. PERO CUANDO ANASTASIO CORVEJONES PITÓ UN PENALTI CONTRA EL EQUIPO LOCAL EN EL MINUTO 89 DE LA SEGUNDA PARTE...
DE TODAS FORMAS, EL CLUB SIEMPRE TRATA BIEN A QUIENES VISITAN EL PUEBLO. AL FINAL DEL PARTIDO LE TIENE A PUNTO UN VEHÍCULO PARA TRASLADARLE AL HOTEL O A DONDE SEA...
¿VIENE ESE CLIENTE O QUÉEEEE?
P'AL ÁRBITRO
EZTADIO MUNISIPÁ

EL EQUIPO TITULAR

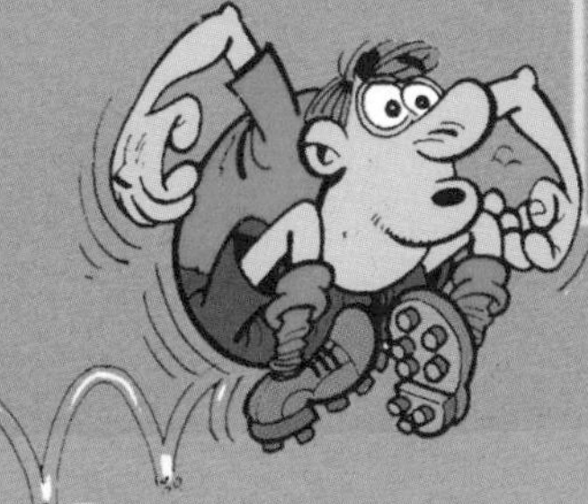

ALVARITO ARBOLOA

Carrilero simiesco

Descendiente directo de los primeros simios, baja de los árboles cuando hay partido y corre y salta por la banda subiéndose encima del rival y haciendo todo tipo de monerías que le llevan a la desesperación.

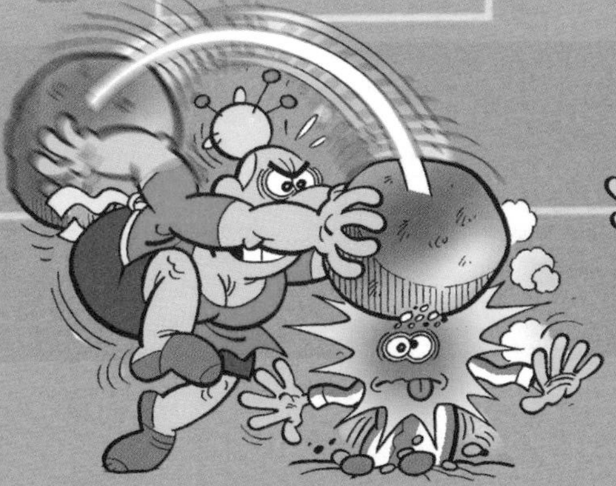

FACUNDA VALDÉS

¡La portera salvaje!

Impide que nadie entre en el área. El delantero rival que se atreve a hacerlo, es sometido a una "pedrea", pero no como la de Navidad, no. ¡Una lluvia de piedras sobre su colodrillo!

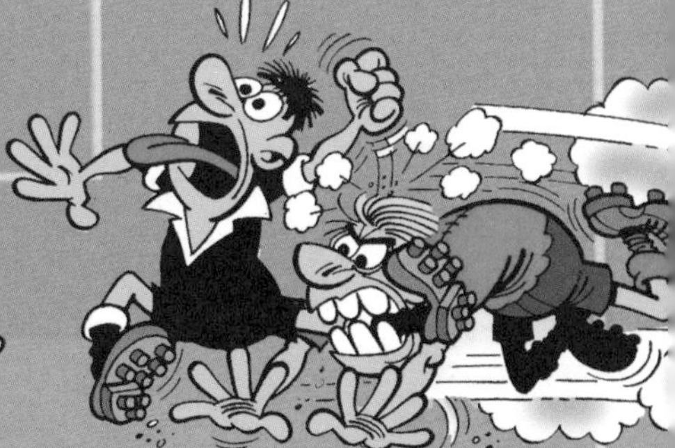

MESSI MEDIO

¡El defensor implacable!

No se llama así porque sea medio Messi, no. Es porque lleva mes y medio sin cobrar. Tiene tan mala leche que es un jugador ideal mara marcar al árbitro e impedir que perjudique al equipo.

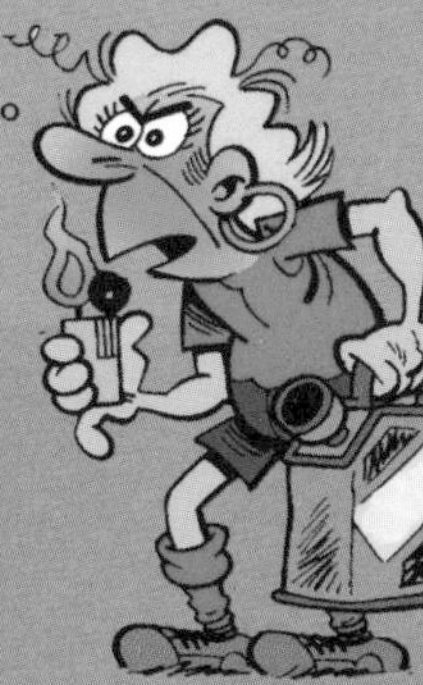

FLORIPONDIO

¡La nenaza pirómana!

Con su bidón de perfume altamente inflamable, esta loca de la pradera prende fuego al estadio cuando el equipo rival mete un gol con tal de que se anule el encuentro.

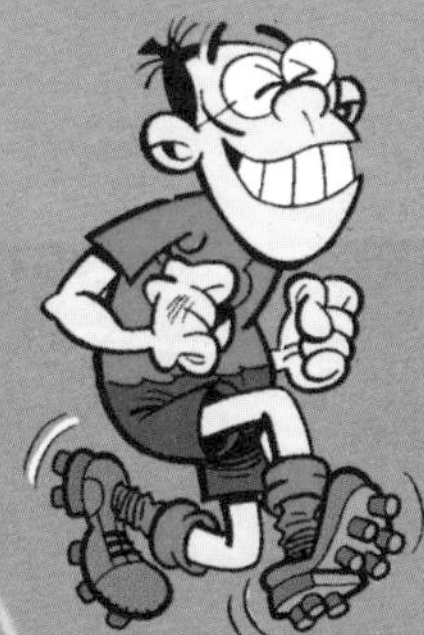

ANDLÉS CHINIESTA

El chinito comerciante

No sabe jugar a fútbol, pero convenció al alcalde para montar un bazar en la banda izquierda. Vende de todo, muy barato, y así el rival se entretiene comprando y no crea peligro alguno.

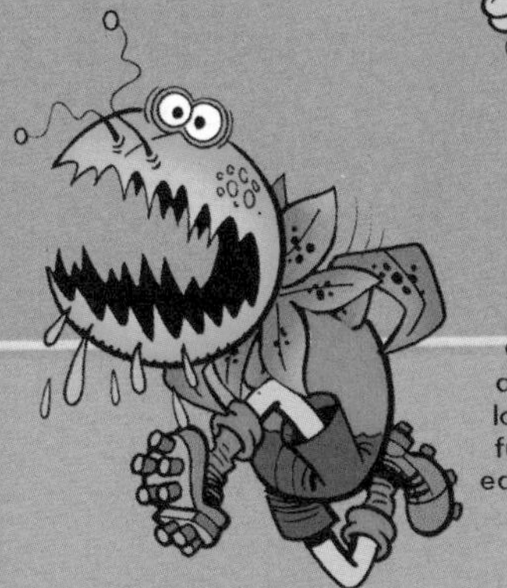

LOUIS MUTTÓN

Medio volante mutante

Desde que el profesor Bacterio fumigó el césped del terreno de juego, desarrolló una extraña mutación que acabó transformándole en una especie de planta carnívora. El rival no se atreve a acercarse a él. Tiene predilección por las salchichas.

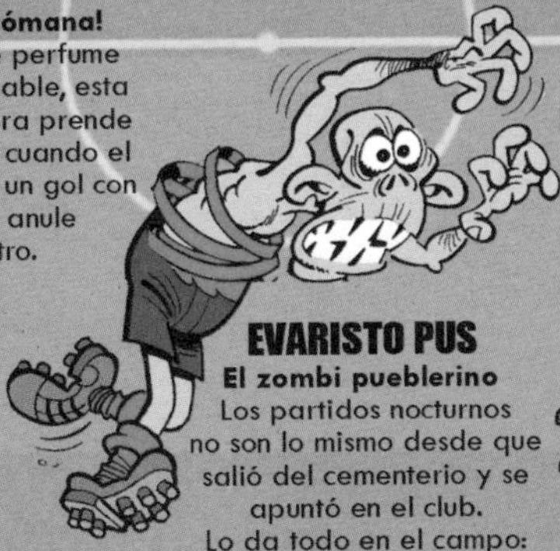

EVARISTO PUS

El zombi pueblerino

Los partidos nocturnos no son lo mismo desde que salió del cementerio y se apuntó en el club.
Lo da todo en el campo: vísceras, huesos y cartílagos.

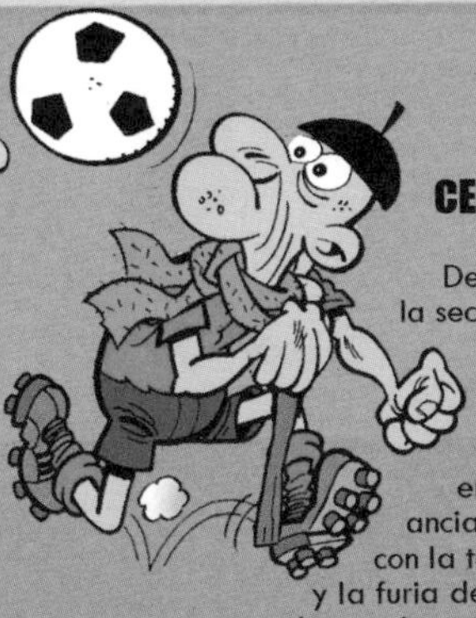

CESC RÓTULAS

El jubilado

Desde que pasó por la sección de ortopedia del hospital de Borricón, donde le piusieron prótesis de madera hasta en los sobacos, este anciano juega al fútbol con la técnica de Neymar y la furia de Hulk, sacudiendo garrotazos a todo contrincante que se acerque.

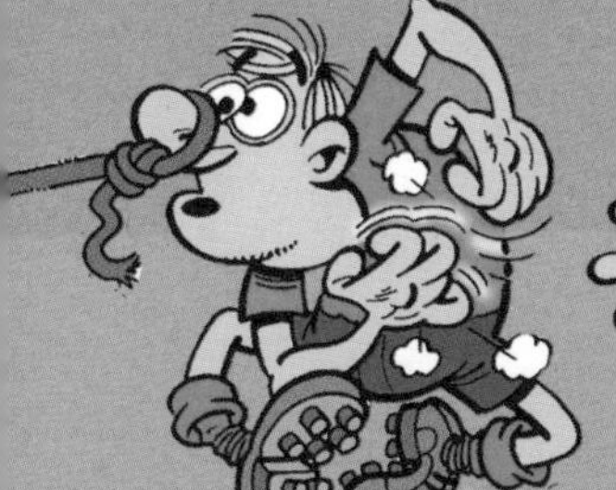

FERDINANDO DESPIPORRES

Otro carrilero simiesco

Hijo de "Manué er panaero" y de una mona del zoo de Móstoles. Corre por la banda derecha, pero siempre sujeto con correa, pues si no acaba perdiéndose. Contagia sus piojos y pulgas al rival dejándole fuera de combate.

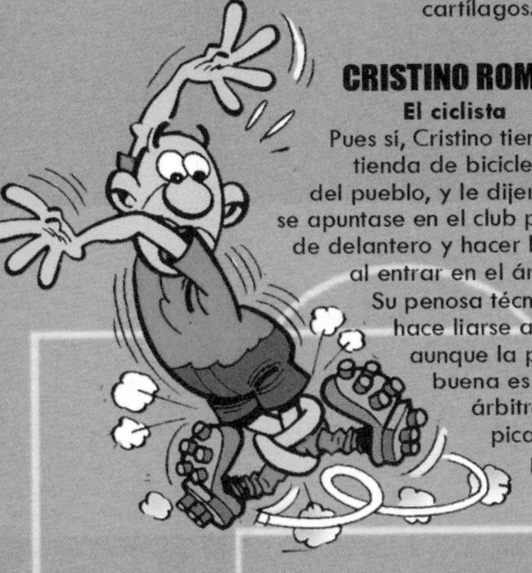

CRISTINO ROMUALDO

El ciclista

Pues sí, Cristino tiene la tienda de bicicletas del pueblo, y le dijeron que se apuntase en el club para jugar de delantero y hacer bicicletas al entrar en el área.
Su penosa técnica le hace liarse a menudo, aunque la parte buena es que el árbitro a veces pica y pita penalti.

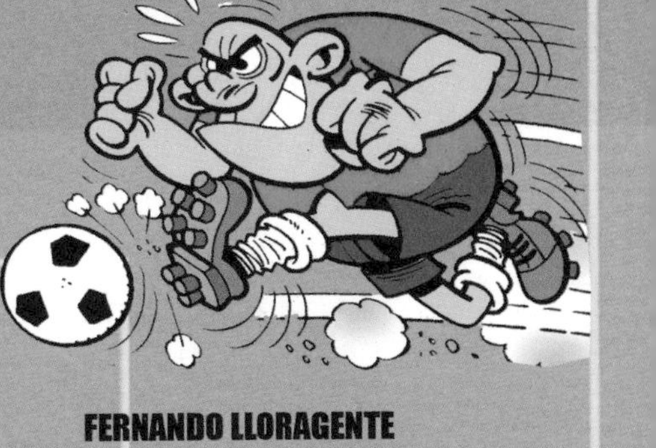

FERNANDO LLORAGENTE

El "killer" del área

Nunca mejor dicho. En su dilatada carrera como jugador (29 años) ha mandado al hospital a 433.983 personas. Esto incluye a jugadores rivales y a público. De esa cifra, solo sobrevivió una persona: su madre, a quien masacró con más cuidado.

Y AHORA, REVELAMOS UNOS DOCUMENTOS SECRETOS

¿SABÍAS QUE...?

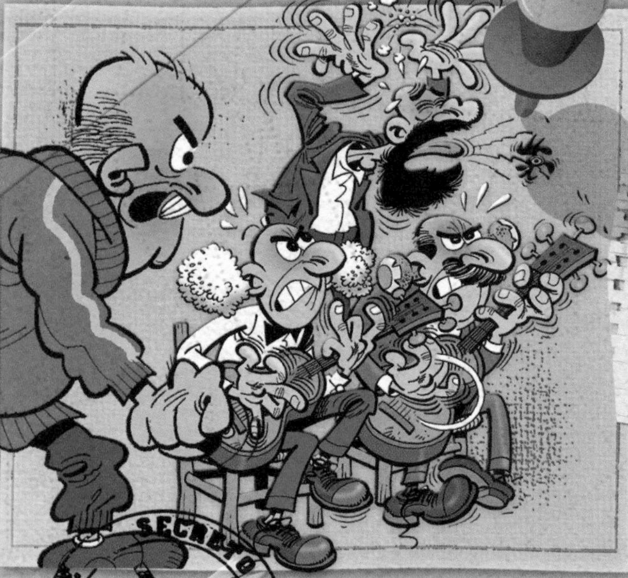

Hace unos años, Bacterio se ofreció a poner letra al himno nacional. La letra no estaba mal. Lo malo era la forma de cantar del profesor y la forma de tocar del Súper y Filemón. Por cierto, la letra era esta: "Ni no, ni no, nainoninoniano na, na, na, na... na, na, na, na, na."

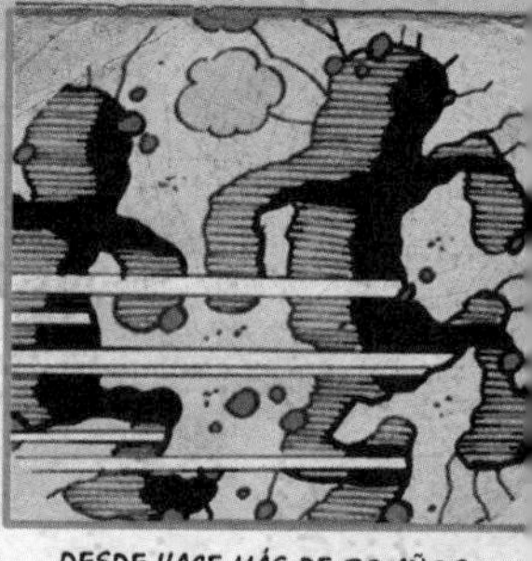

DESDE HACE MÁS DE 50 AÑOS MORTADELO Y FILEMÓN HAN DOMINADO LAS PENETRACIONES EN EL ÁREA SIN IMPORTARLES CUÁN DURA ES LA BARRERA DEFENSIVA.

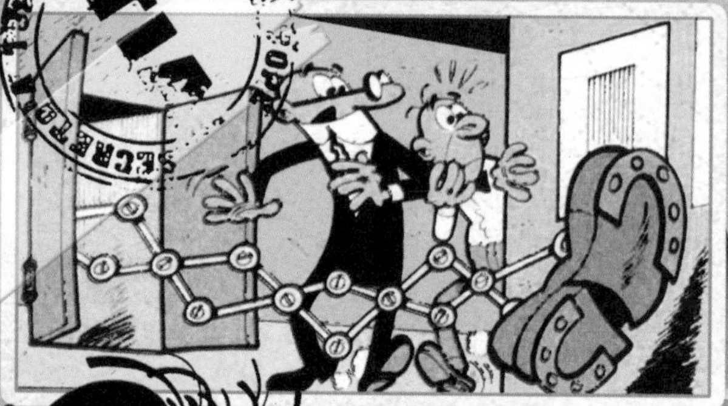
SECRETO T.I.A.

También hace muchas décadas que el Súper practica el chut para enviar a sus agentes a los confines más lejanos del planeta. En cierta ocasión se lesionó y Bacterio le construyó un "chutador automático".

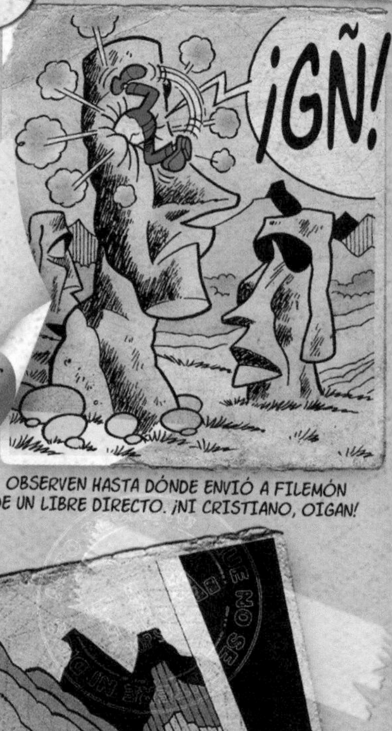
¡GÑ!

OBSERVEN HASTA DÓNDE ENVIÓ A FILEMÓN DE UN LIBRE DIRECTO. ¡NI CRISTIANO, OIGAN!

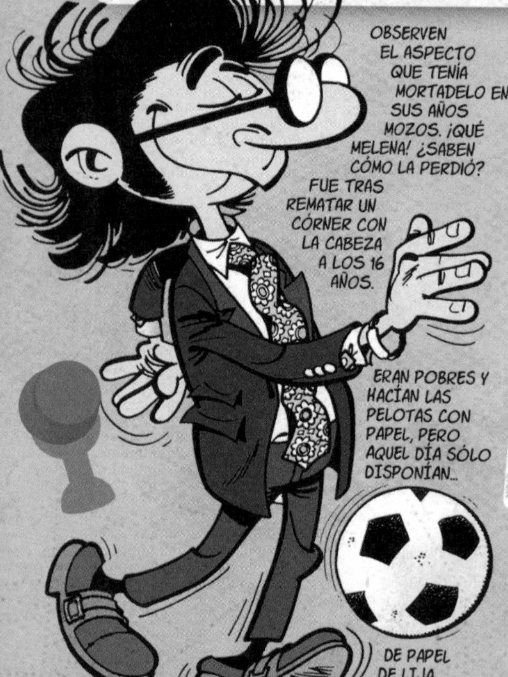
OBSERVEN EL ASPECTO QUE TENÍA MORTADELO EN SUS AÑOS MOZOS. ¡QUÉ MELENA! ¿SABEN CÓMO LA PERDIÓ?
FUE TRAS REMATAR UN CÓRNER CON LA CABEZA A LOS 16 AÑOS.
ERAN POBRES Y HACÍAN LAS PELOTAS CON PAPEL, PERO AQUEL DÍA SÓLO DISPONÍAN...
DE PAPEL DE LIJA.

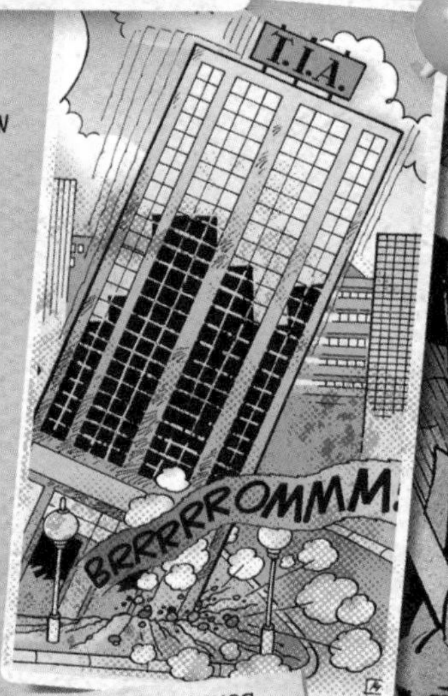
T.I.A.
BRRRRROMMM

SIEMPRE HEMOS IMPEDIDO A OFELIA JUGAR DE PORTERO, Y MENOS EN LA OFICINA. CUANDO SE LANZA...

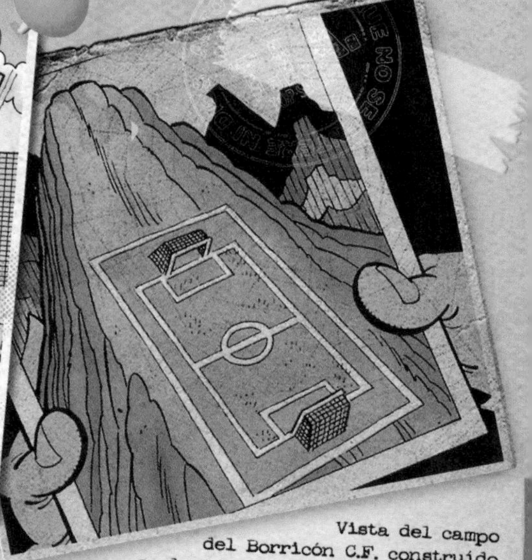

Vista del campo del Borricón C.F. construido en la ladera del monte Tararí. Fue derruido al poco tiempo porque los que jugaban en la parte de abajo perdían siempre por goleada.

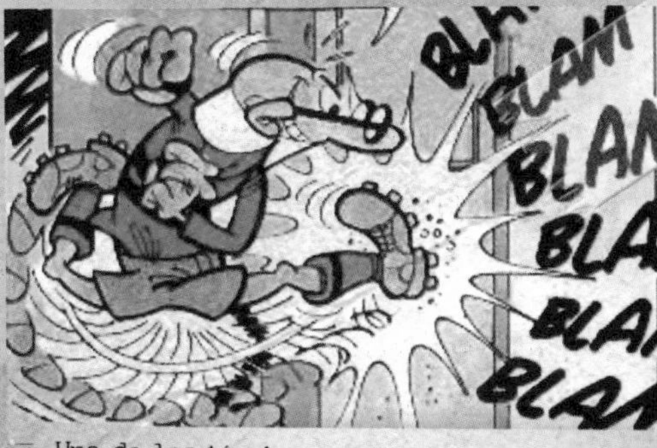
BLAM
BLAM
BLAM
BLAM
BLAM
BLAM

Una de las técnicas preferidas por Mortadelo para abrir puertas.
El Súper siempre le econseja que utilice el ingenio, la cabeza, pero él prefiere los pies.

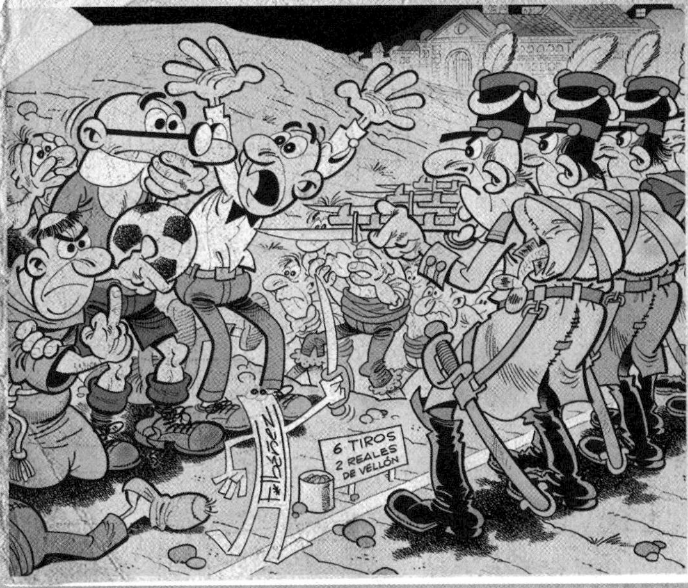
6 TIROS
2 REALES
DE VELLÓN

En uno de sus viajes en el tiempo, retrocedireon hasta la época de la guerra de la independencia, allá por 1808. Cuando les dijeron que debían enfrentarse a los franceses, interpretaron otra cosa. No se trataba del equipo de Ribéry y Benzema.

HAY INDICIOS DE QUE EL SUPERINTENDENTE VICENTE ES HERMANO DE VICENTE DEL BOSQUE.

ROMPETECHOS FUE EXPULSADO DEL EQUIPO INFANTIL DEL F.C. BARCELONA TRAS METERSE DOCE GOLES EN PROPIA PUERTA EN SOLO 10 MINUTOS.

EN EL EQUIPO INFANTIL DE BORRICÓN, MORTADELO SE GANÓ EL APODO DE "EL TRIATLÓN", PORQUE CUMPLÍA LAS TRES PRUEBAS DE ESTE DEPORTE: CORRE (SIN PIES NI CABEZA) BICICLETA (LA INTENTA HACER, PERO SE HACE SIEMPRE NUDOS EN LAS RÓTULAS) Y NADA (PUES ESO, TODO PARA NADA).

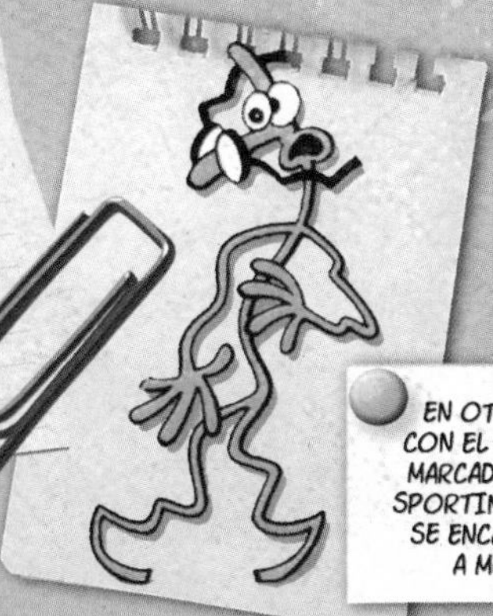

ALLÁ POR EL AÑO 2006, DURANTE UN PARTIDO AMISTOSO DE LA T.I.A. CONTRA EL REAL MADRID, OFELIA FUE EXPULSADA CATORCE VECES POR SU MARCAJE AL HOMBRE EXCESIVAMENTE PEGAJOSO SOBRE DAVID BECKHAM.

EN OTRO PARTIDO CON EL BORRICÓN, EL MARCADOR RIVAL, DEL SPORTING AMPUTACIÓN SE ENCARGÓ DE SECAR A MORTADELO.

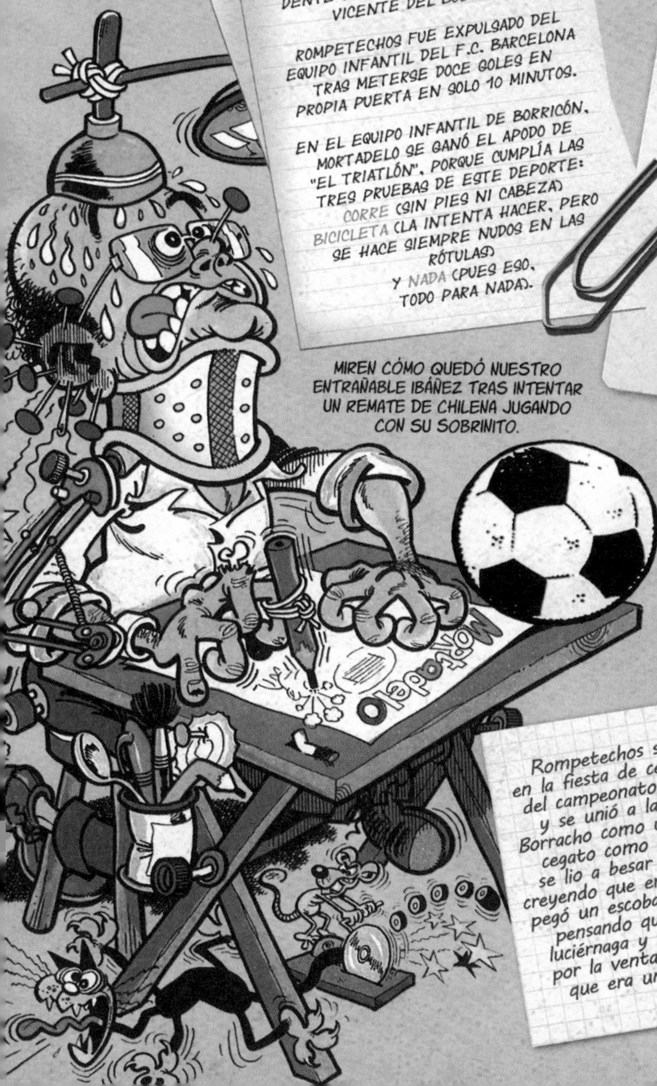

MIREN CÓMO QUEDÓ NUESTRO ENTRAÑABLE IBÁÑEZ TRAS INTENTAR UN REMATE DE CHILENA JUGANDO CON SU SOBRINITO.

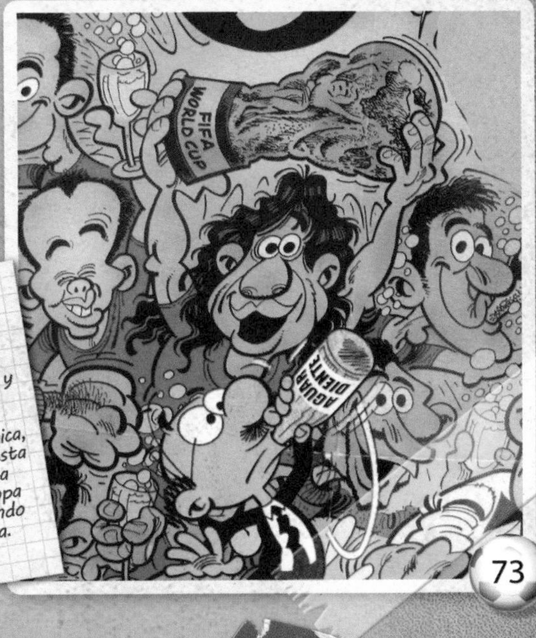
FIFA
WORLD CUP

Rompetechos se coló en la fiesta de celebración del campeonato mundial y se unió a la juerga. Borracho como una cuba y cegato como un cubo, se lio a besar a Puyol, creyendo que era una chica, pegó un escobazo a Iniesta pensando que era una luciérnaga y tiró la copa por la ventana creyendo que era una maceta.

DEL BOSQUE

COMPAREMOS DOS FORMAS DE DIRIGIR UN EQUIPO:

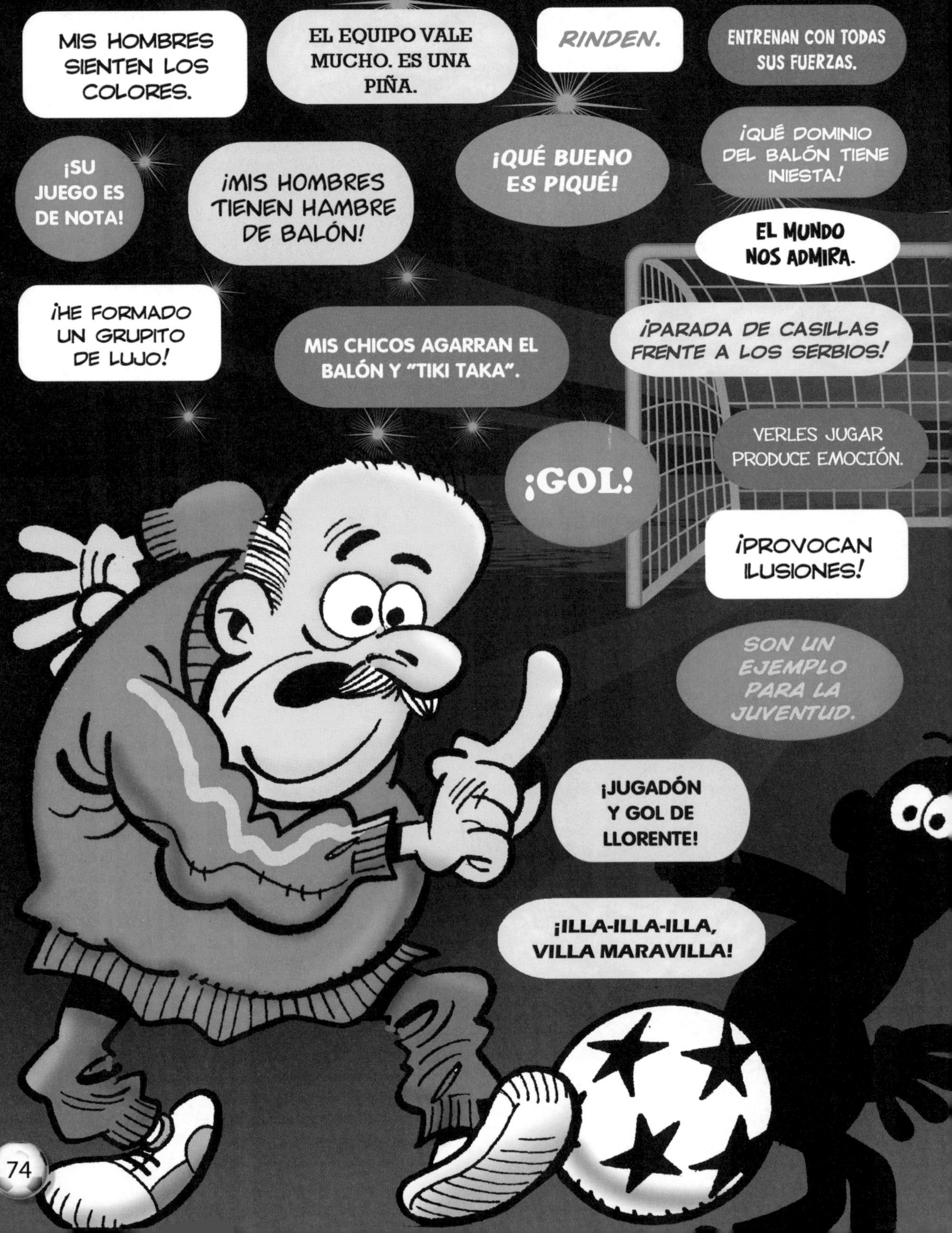

MIS HOMBRES SIENTEN LOS COLORES.
EL EQUIPO VALE MUCHO. ES UNA PIÑA.
RINDEN.
ENTRENAN CON TODAS SUS FUERZAS.
¡SU JUEGO ES DE NOTA!
¡MIS HOMBRES TIENEN HAMBRE DE BALÓN!
¡QUÉ BUENO ES PIQUÉ!
¡QUÉ DOMINIO DEL BALÓN TIENE INIESTA!
EL MUNDO NOS ADMIRA.
¡HE FORMADO UN GRUPITO DE LUJO!
MIS CHICOS AGARRAN EL BALÓN Y "TIKI TAKA".
¡PARADA DE CASILLAS FRENTE A LOS SERBIOS!
¡GOL!
VERLES JUGAR PRODUCE EMOCIÓN.
¡PROVOCAN ILUSIONES!
SON UN EJEMPLO PARA LA JUVENTUD.
¡JUGADÓN Y GOL DE LLORENTE!
¡ILLA-ILLA-ILLA, VILLA MARAVILLA!

S. VICENTE

LA SELECCIÓN... Y LA T.I.A.

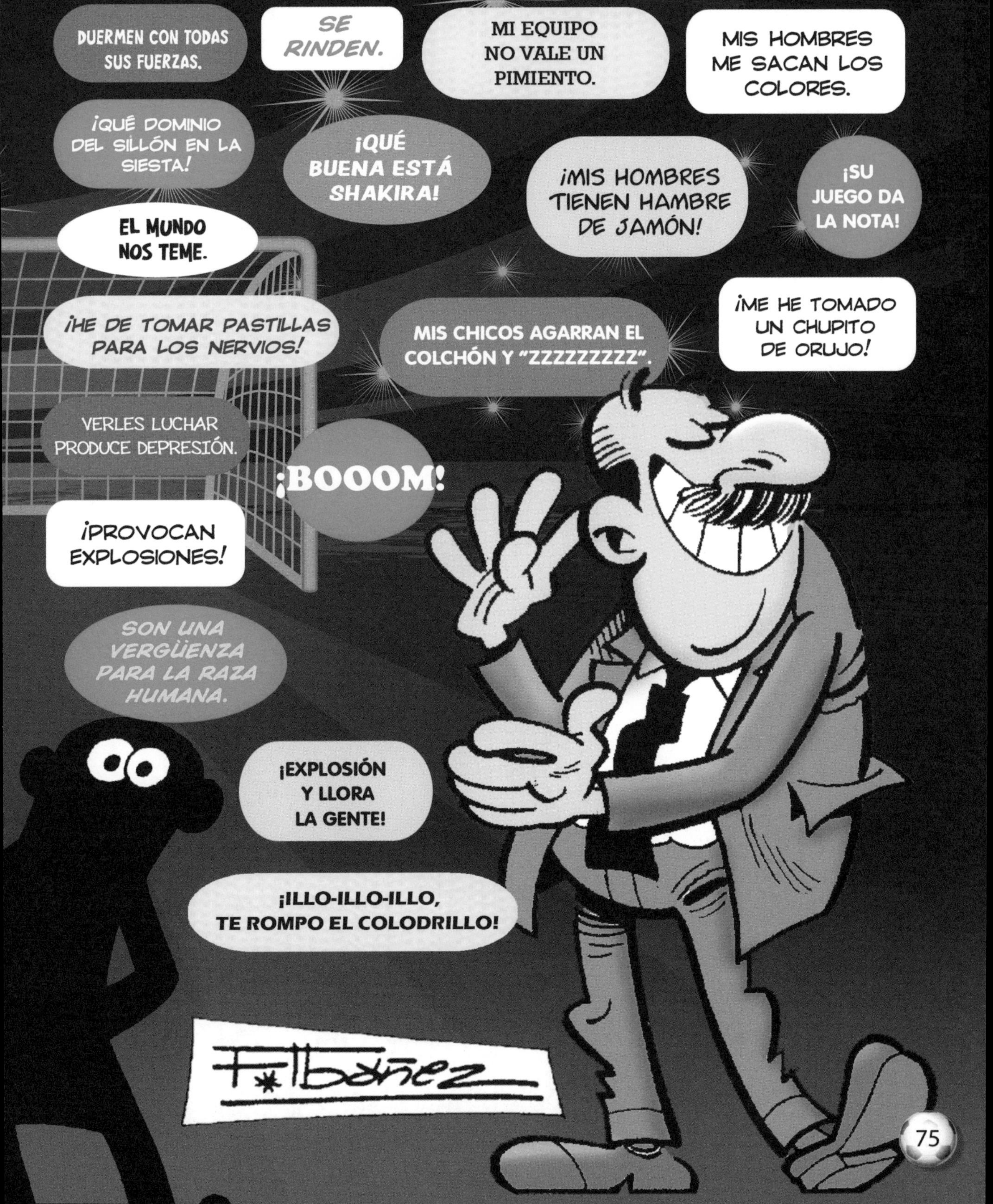
DUERMEN CON TODAS SUS FUERZAS.
SE RINDEN.
MI EQUIPO NO VALE UN PIMIENTO.
MIS HOMBRES ME SACAN LOS COLORES.
¡QUÉ DOMINIO DEL SILLÓN EN LA SIESTA!
¡QUÉ BUENA ESTÁ SHAKIRA!
¡MIS HOMBRES TIENEN HAMBRE DE JAMÓN!
¡SU JUEGO DA LA NOTA!
EL MUNDO NOS TEME.
¡HE DE TOMAR PASTILLAS PARA LOS NERVIOS!
MIS CHICOS AGARRAN EL COLCHÓN Y "ZZZZZZZZZ".
¡ME HE TOMADO UN CHUPITO DE ORUJO!
VERLES LUCHAR PRODUCE DEPRESIÓN.
¡BOOOM!
¡PROVOCAN EXPLOSIONES!
SON UNA VERGÜENZA PARA LA RAZA HUMANA.
¡EXPLOSIÓN Y LLORA LA GENTE!
¡ILLO-ILLO-ILLO, TE ROMPO EL COLODRILLO!
F. Ibáñez

SECRETO
SECRETO

TODOS CON LA ROJA

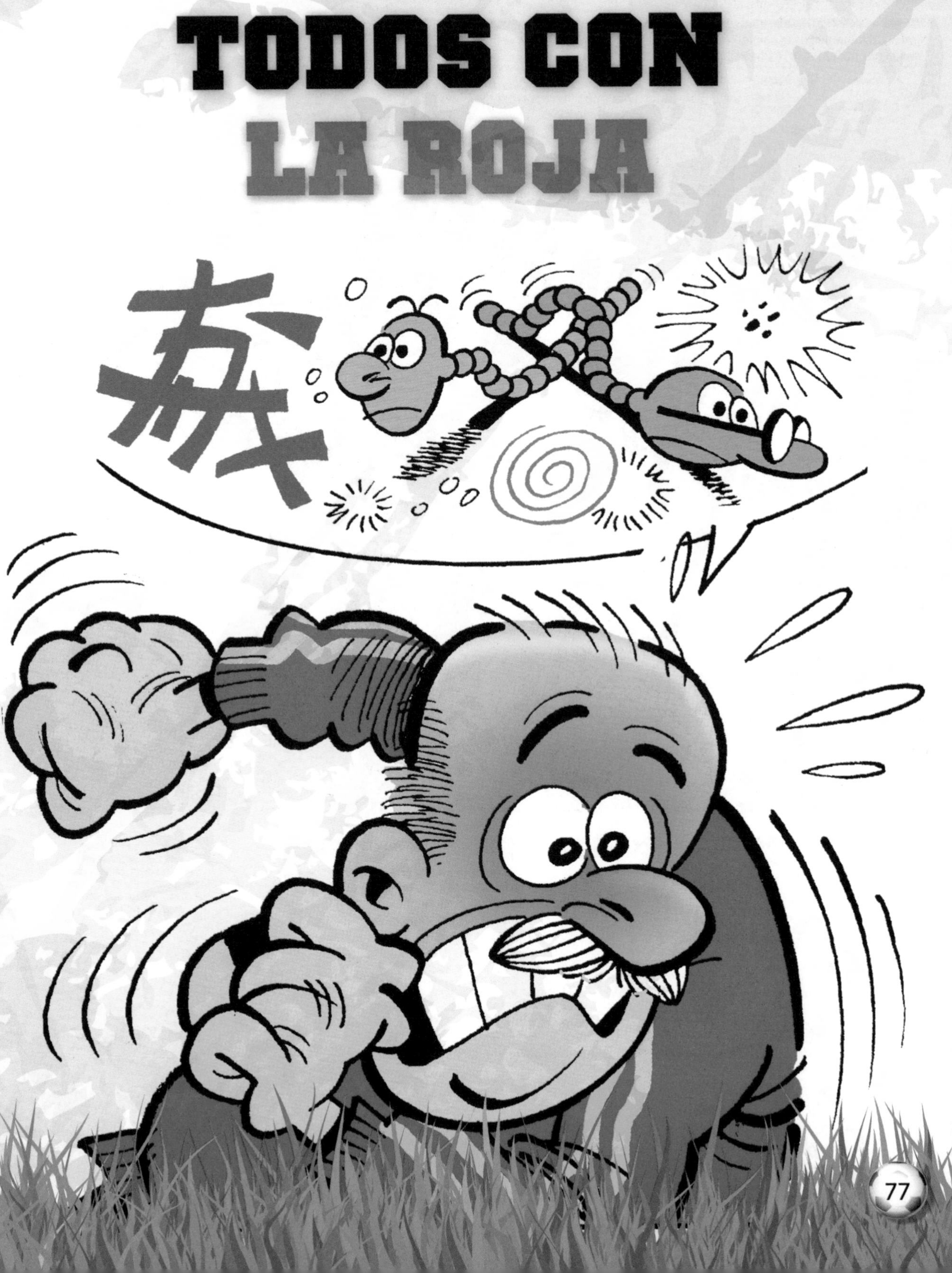

PASIÓN POR

¡CÓMO HAN CAMBIADO LAS COSAS! HACE BASTANTES AÑOS, LA SELECCIÓN NO SE COMÍA UNA ROSCA. ERAN LOS TIEMPOS DE "LA FURIA" Y DEL "TYPICAL SPANISH".

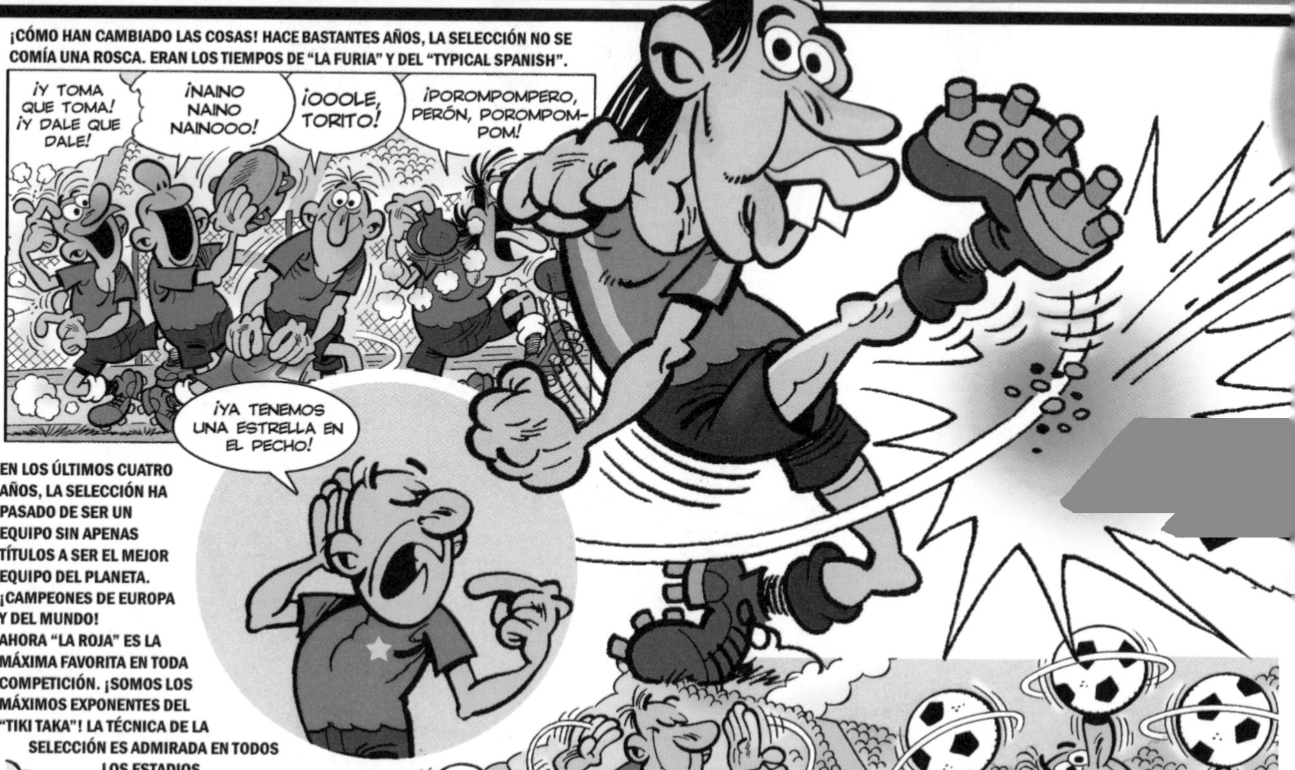

¡Y TOMA QUE TOMA! ¡Y DALE QUE DALE!
¡NAINO NAINO NAINOOO!
¡OOOLE, TORITO!
¡POROMPOMPERO, PERÓN, POROMPOMPOM!
¡YA TENEMOS UNA ESTRELLA EN EL PECHO!

EN LOS ÚLTIMOS CUATRO AÑOS, LA SELECCIÓN HA PASADO DE SER UN EQUIPO SIN APENAS TÍTULOS A SER EL MEJOR EQUIPO DEL PLANETA. ¡CAMPEONES DE EUROPA Y DEL MUNDO! AHORA "LA ROJA" ES LA MÁXIMA FAVORITA EN TODA COMPETICIÓN. ¡SOMOS LOS MÁXIMOS EXPONENTES DEL "TIKI TAKA"! LA TÉCNICA DE LA SELECCIÓN ES ADMIRADA EN TODOS LOS ESTADIOS.

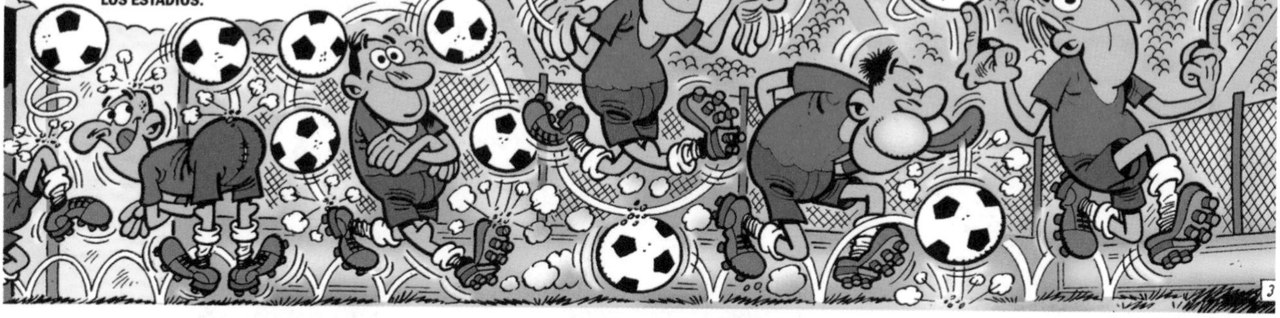

NUESTRO SELECCIONADOR

GRAN PARTE DEL MÉRITO DE LOS LOGROS DE "LA ROJA" SE DEBE AL TRABAJO DE VICENTE DEL BOSQUE, UN TIPO TRANQUILO QUE HA LOGRADO QUE LOS JUGADORES OBEDEZCAN TODAS SUS ÓRDENES.

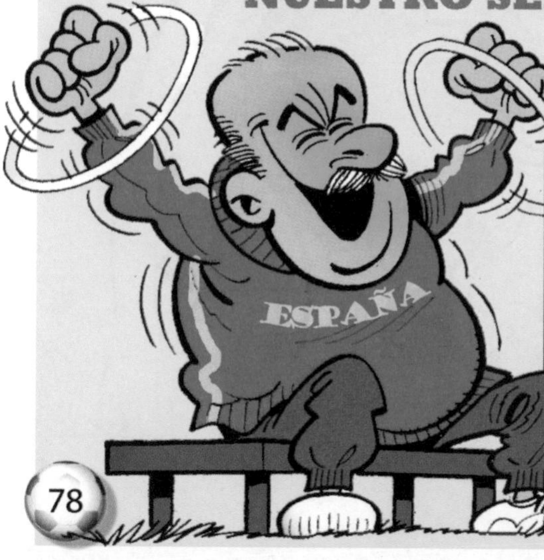

ESPAÑA

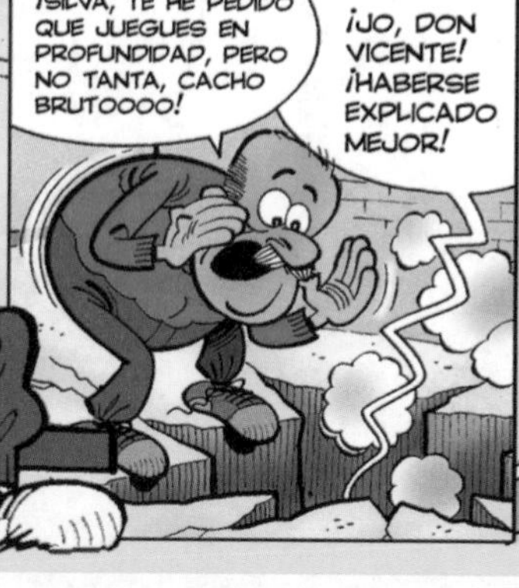

¡SILVA, TE HE PEDIDO QUE JUEGUES EN PROFUNDIDAD, PERO NO TANTA, CACHO BRUTOOOO!
¡JO, DON VICENTE! ¡HABERSE EXPLICADO MEJOR!

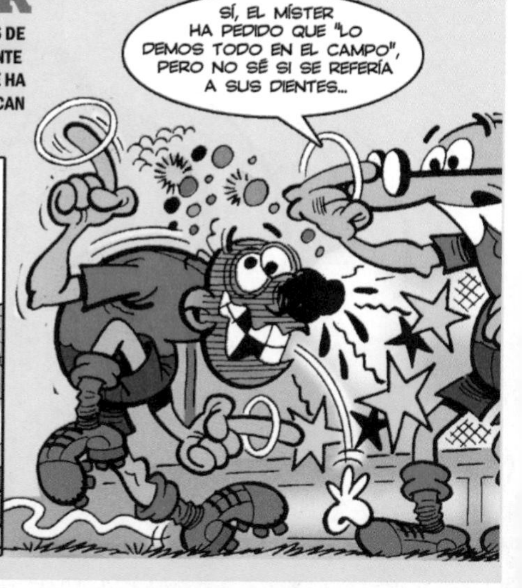

SÍ, EL MÍSTER HA PEDIDO QUE "LO DEMOS TODO EN EL CAMPO", PERO NO SÉ SI SE REFERÍA A SUS DIENTES...

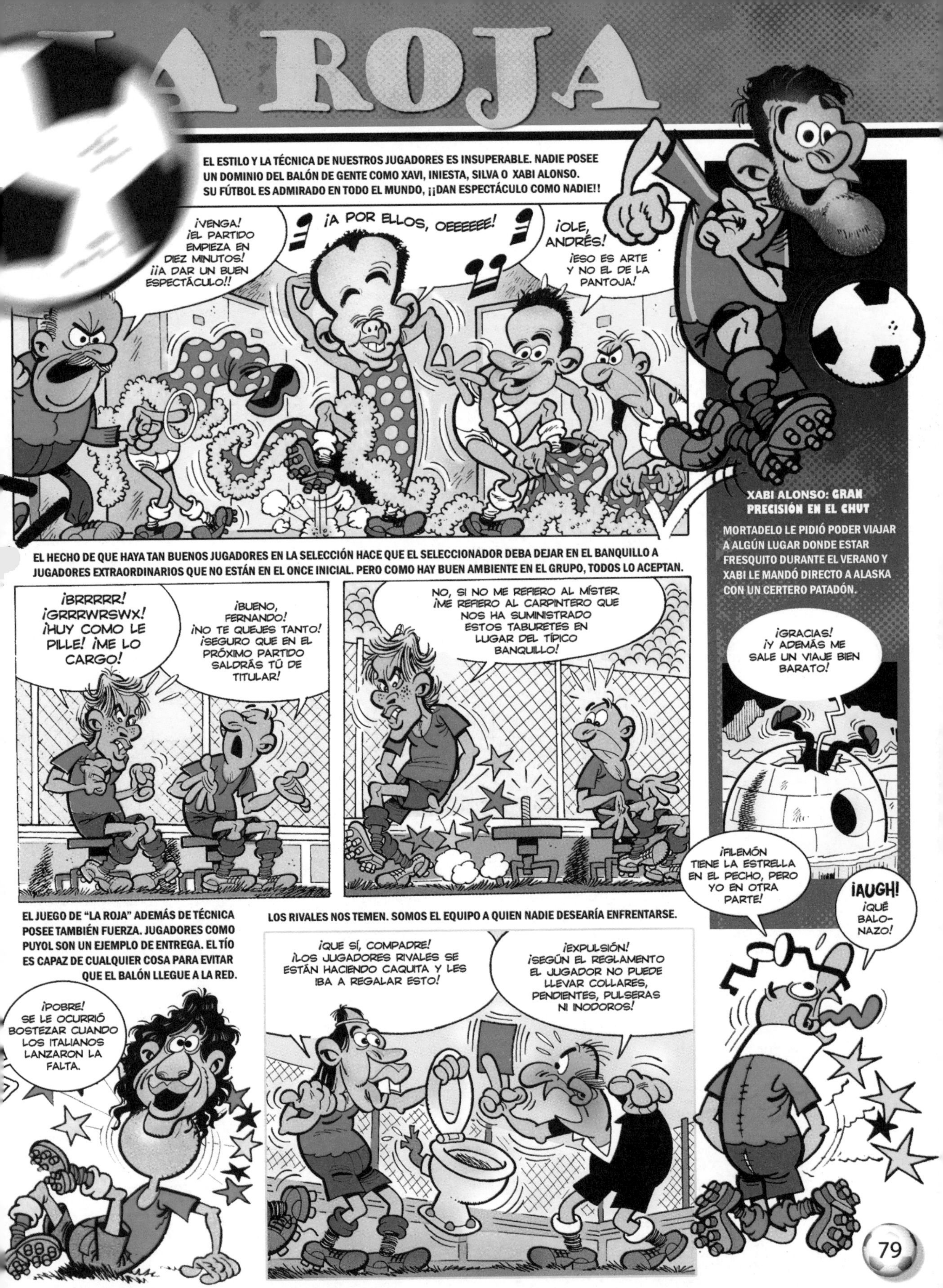

LA ROJA
EL ESTILO Y LA TÉCNICA DE NUESTROS JUGADORES ES INSUPERABLE. NADIE POSEE UN DOMINIO DEL BALÓN DE GENTE COMO XAVI, INIESTA, SILVA O XABI ALONSO. SU FÚTBOL ES ADMIRADO EN TODO EL MUNDO, ¡¡DAN ESPECTÁCULO COMO NADIE!!
¡VENGA! ¡EL PARTIDO EMPIEZA EN DIEZ MINUTOS! ¡¡A DAR UN BUEN ESPECTÁCULO!!
¡A POR ELLOS, OEEEEEE!
¡OLE, ANDRÉS! ¡ESO ES ARTE Y NO EL DE LA PANTOJA!
XABI ALONSO: GRAN PRECISIÓN EN EL CHUT
MORTADELO LE PIDIÓ PODER VIAJAR A ALGÚN LUGAR DONDE ESTAR FRESQUITO DURANTE EL VERANO Y XABI LE MANDÓ DIRECTO A ALASKA CON UN CERTERO PATADÓN.
¡GRACIAS! ¡Y ADEMÁS ME SALE UN VIAJE BIEN BARATO!
EL HECHO DE QUE HAYA TAN BUENOS JUGADORES EN LA SELECCIÓN HACE QUE EL SELECCIONADOR DEBA DEJAR EN EL BANQUILLO A JUGADORES EXTRAORDINARIOS QUE NO ESTÁN EN EL ONCE INICIAL. PERO COMO HAY BUEN AMBIENTE EN EL GRUPO, TODOS LO ACEPTAN.
¡BRRRRR! ¡GRRRWRSWX! ¡HUY COMO LE PILLE! ¡ME LO CARGO!
¡BUENO, FERNANDO! ¡NO TE QUEJES TANTO! ¡SEGURO QUE EN EL PRÓXIMO PARTIDO SALDRÁS TÚ DE TITULAR!
NO, SI NO ME REFIERO AL MÍSTER. ¡ME REFIERO AL CARPINTERO QUE NOS HA SUMINISTRADO ESTOS TABURETES EN LUGAR DEL TÍPICO BANQUILLO!
EL JUEGO DE "LA ROJA" ADEMÁS DE TÉCNICA POSEE TAMBIÉN FUERZA. JUGADORES COMO PUYOL SON UN EJEMPLO DE ENTREGA. EL TÍO ES CAPAZ DE CUALQUIER COSA PARA EVITAR QUE EL BALÓN LLEGUE A LA RED.
¡POBRE! SE LE OCURRIÓ BOSTEZAR CUANDO LOS ITALIANOS LANZARON LA FALTA.
LOS RIVALES NOS TEMEN. SOMOS EL EQUIPO A QUIEN NADIE DESEARÍA ENFRENTARSE.
¡QUE SÍ, COMPADRE! ¡LOS JUGADORES RIVALES SE ESTÁN HACIENDO CAQUITA Y LES IBA A REGALAR ESTO!
¡EXPULSIÓN! ¡SEGÚN EL REGLAMENTO EL JUGADOR NO PUEDE LLEVAR COLLARES, PENDIENTES, PULSERAS NI INODOROS!
¡FILEMÓN TIENE LA ESTRELLA EN EL PECHO, PERO YO EN OTRA PARTE!
¡AUGH! ¡QUÉ BALONAZO!

M y F con la ROJA

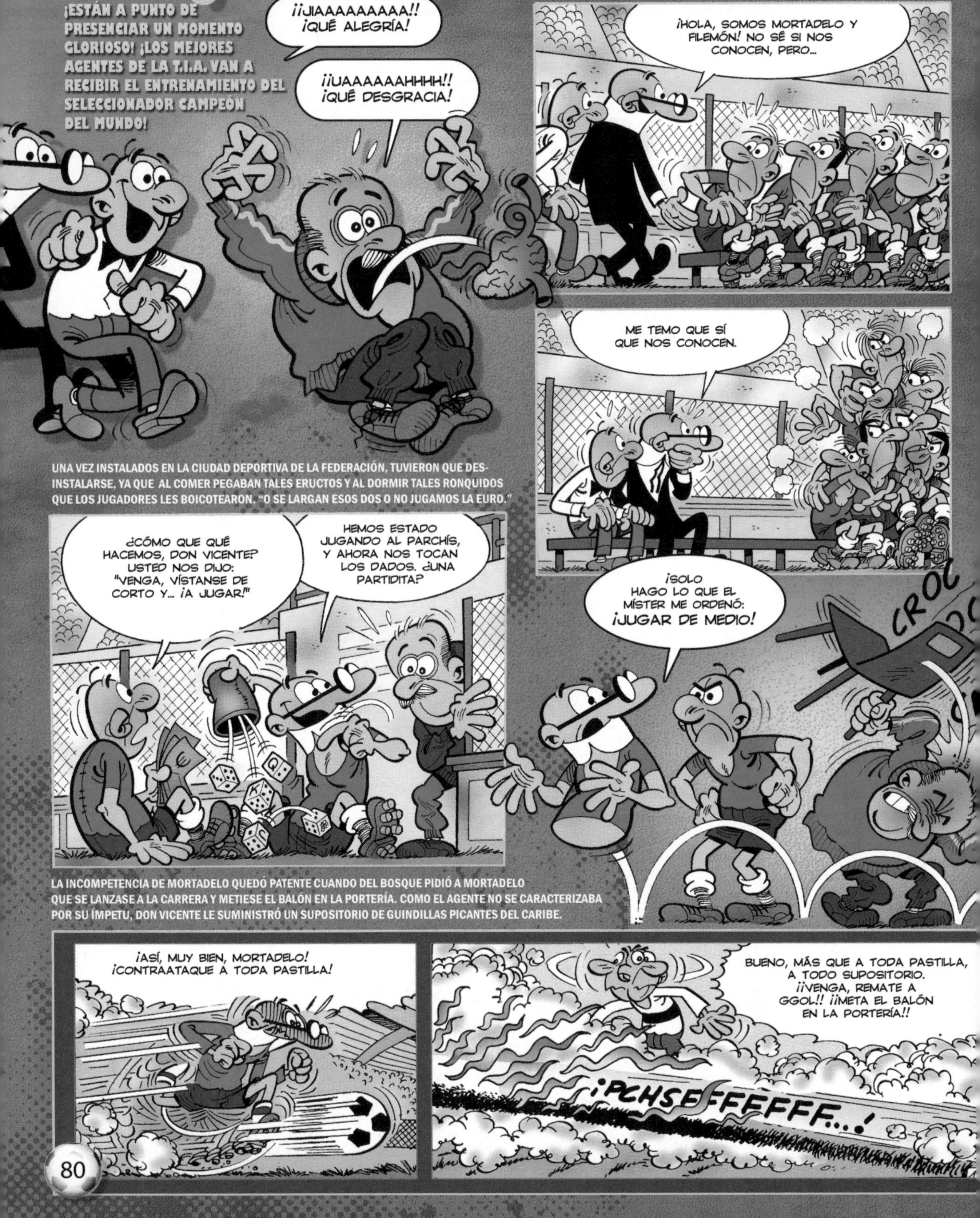

¡ESTÁN A PUNTO DE PRESENCIAR UN MOMENTO GLORIOSO! ¡LOS MEJORES AGENTES DE LA T.I.A. VAN A RECIBIR EL ENTRENAMIENTO DEL SELECCIONADOR CAMPEÓN DEL MUNDO!
¡¡JIAAAAAAAAA!! ¡QUÉ ALEGRÍA!
¡¡UAAAAAAHHHH!! ¡QUÉ DESGRACIA!
¡HOLA, SOMOS MORTADELO Y FILEMÓN! NO SÉ SI NOS CONOCEN, PERO...
ME TEMO QUE SÍ QUE NOS CONOCEN.
UNA VEZ INSTALADOS EN LA CIUDAD DEPORTIVA DE LA FEDERACIÓN, TUVIERON QUE DESINSTALARSE, YA QUE AL COMER PEGABAN TALES ERUCTOS Y AL DORMIR TALES RONQUIDOS QUE LOS JUGADORES LES BOICOTEARON. "O SE LARGAN ESOS DOS O NO JUGAMOS LA EURO."
¿CÓMO QUE QUÉ HACEMOS, DON VICENTE? USTED NOS DIJO: "VENGA, VÍSTANSE DE CORTO Y... ¡A JUGAR!"
HEMOS ESTADO JUGANDO AL PARCHÍS, Y AHORA NOS TOCAN LOS DADOS. ¿UNA PARTIDITA?
¡SOLO HAGO LO QUE EL MÍSTER ME ORDENÓ: ¡JUGAR DE MEDIO!
CROC
LA INCOMPETENCIA DE MORTADELO QUEDÓ PATENTE CUANDO DEL BOSQUE PIDIÓ A MORTADELO QUE SE LANZASE A LA CARRERA Y METIESE EL BALÓN EN LA PORTERÍA. COMO EL AGENTE NO SE CARACTERIZABA POR SU ÍMPETU, DON VICENTE LE SUMINISTRÓ UN SUPOSITORIO DE GUINDILLAS PICANTES DEL CARIBE.
¡ASÍ, MUY BIEN, MORTADELO! ¡CONTRAATAQUE A TODA PASTILLA!
BUENO, MÁS QUE A TODA PASTILLA, A TODO SUPOSITORIO. ¡¡VENGA, REMATE A GGOL!! ¡¡METE EL BALÓN EN LA PORTERÍA!!
¡PCHSEFFFFFF...!

LA PREPARACIÓN FÍSICA Y TÉCNICA VA ACOMPAÑADA DE UNA PREPARACIÓN PSICOLÓGICA IMPORTANTE. EL JUGADOR HA DE APRENDER A NO RENDIRSE, A NO DOBLEGARSE ANTE NADA.

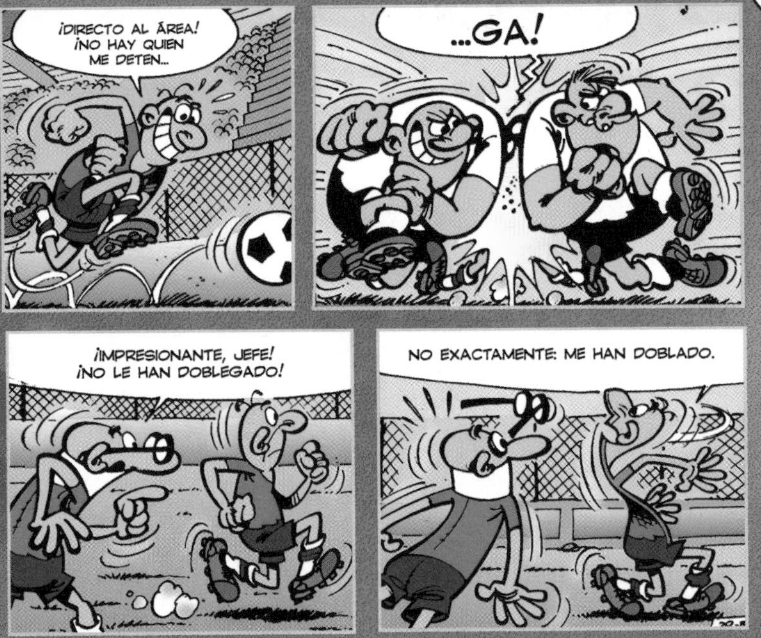

¡DIRECTO AL ÁREA! ¡NO HAY QUIEN ME DETEN...
...GA!
¡IMPRESIONANTE, JEFE! ¡NO LE HAN DOBLEGADO!
NO EXACTAMENTE: ME HAN DOBLADO.

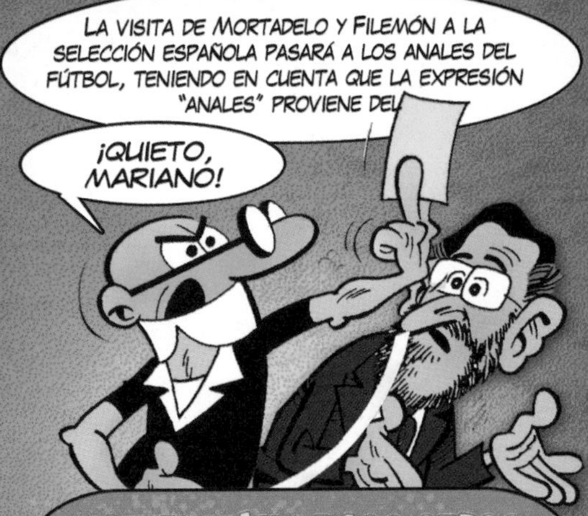

LA VISITA DE MORTADELO Y FILEMÓN A LA SELECCIÓN ESPAÑOLA PASARÁ A LOS ANALES DEL FÚTBOL, TENIENDO EN CUENTA QUE LA EXPRESIÓN "ANALES" PROVIENE DEL
¡QUIETO, MARIANO!

LOS JUGADORES DE LA SELECCIÓN, ANTE LA VISITA DE LOS AGENTES DE LA T.I.A. SE SINTIERON MUCHO MÁS UNIDOS QUE NUNCA. OBSERVEN, OBSERVEN QUÉ UNIDOS ESTABAN.

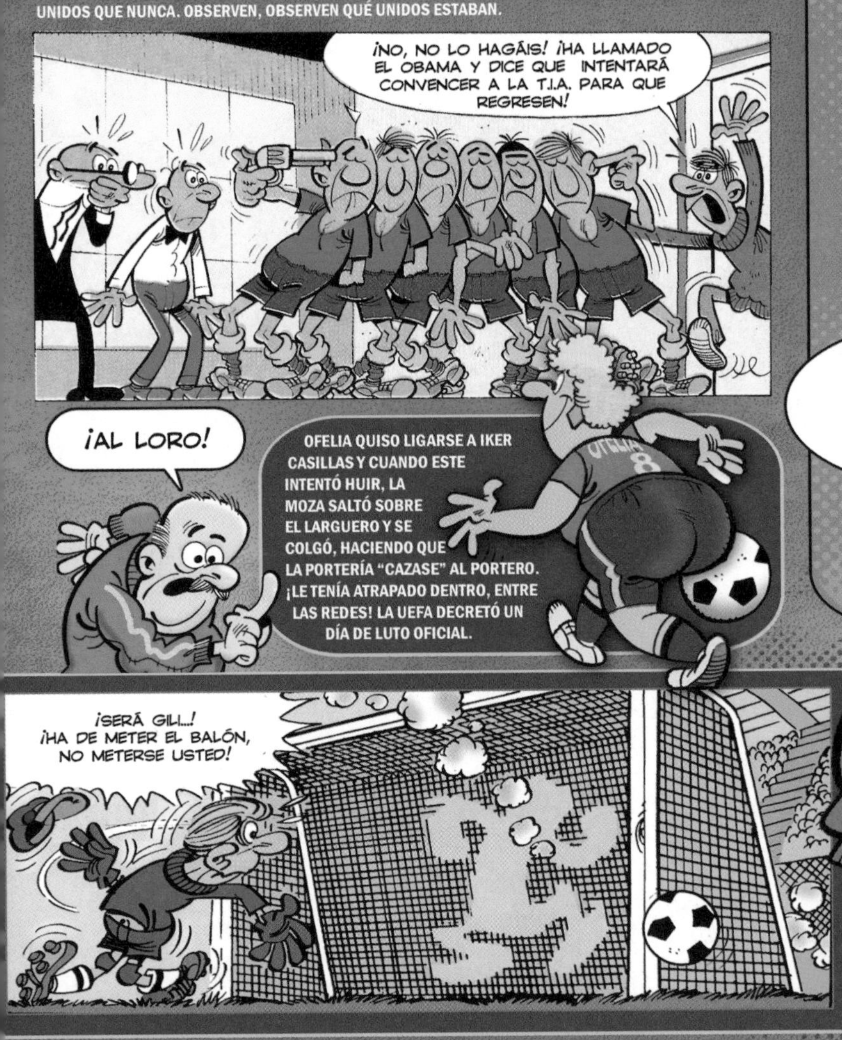

¡NO, NO LO HAGÁIS! ¡HA LLAMADO EL OBAMA Y DICE QUE INTENTARÁ CONVENCER A LA T.I.A. PARA QUE REGRESEN!
¡AL LORO!
OFELIA QUISO LIGARSE A IKER CASILLAS Y CUANDO ESTE INTENTÓ HUIR, LA MOZA SALTÓ SOBRE EL LARGUERO Y SE COLGÓ, HACIENDO QUE LA PORTERÍA "CAZASE" AL PORTERO. ¡LE TENÍA ATRAPADO DENTRO, ENTRE LAS REDES! LA UEFA DECRETÓ UN DÍA DE LUTO OFICIAL.
OFELIA 8
¡SERÁ GILI...! ¡HA DE METER EL BALÓN, NO METERSE USTED!

ALINEACIÓN DE LOS OTROS MIEMBROS DE LA T.I.A.

PORTERÍA: Ofelia
Con su volúmen ya ocupa bastante espacio bajo los palos, impidiendo que entre el balón. Si el equipo contrario chuta mucho, es cuestión de hacer que la moza se coma 45 latas de fabada con tal de que engorde un pelín más.

DEFENSA: Bacterio
Este pobre *desgraciao* no ha hecho deporte en su vida, pero sí puede rociar el área con algún gas letal. Si no lo lograse, podríamos contar con los gases de Ofelia y su fabada.

CENTROCAMPISTA: Rompetechos
Andoba con poca visión de juego. Podríamos correr el riesgo de que marcase goles en propia puerta, pero es improbable, dado que normalmente se pasa el partido hablando con el banderín de córner.

DELANTERA: Superintendente Vicente
Especialista en chutar dos melones (dos de sus agentes) a la vez con una potencia inusitada. Es capaz de enviarlos a Mongolia con un solo chut.
Se rumorea que es hermano de Vicente, pues se parecen hasta en el nombre.

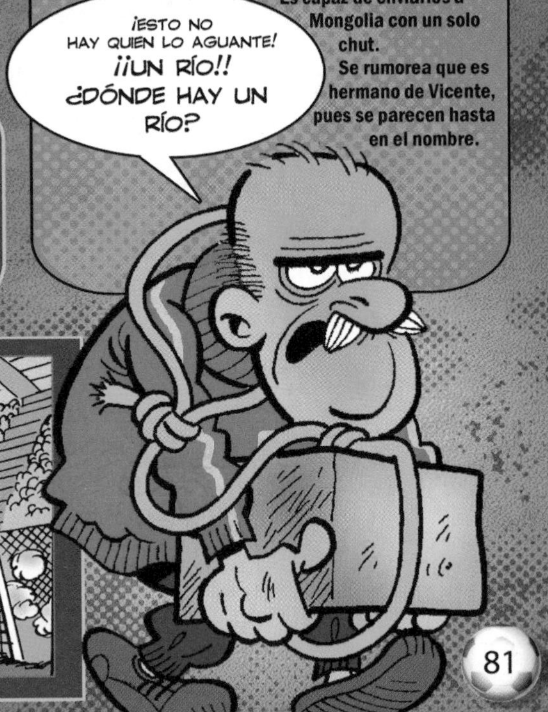

¡ESTO NO HAY QUIEN LO AGUANTE! ¡¡UN RÍO!! ¿DÓNDE HAY UN RÍO?

M y F con la ROJA

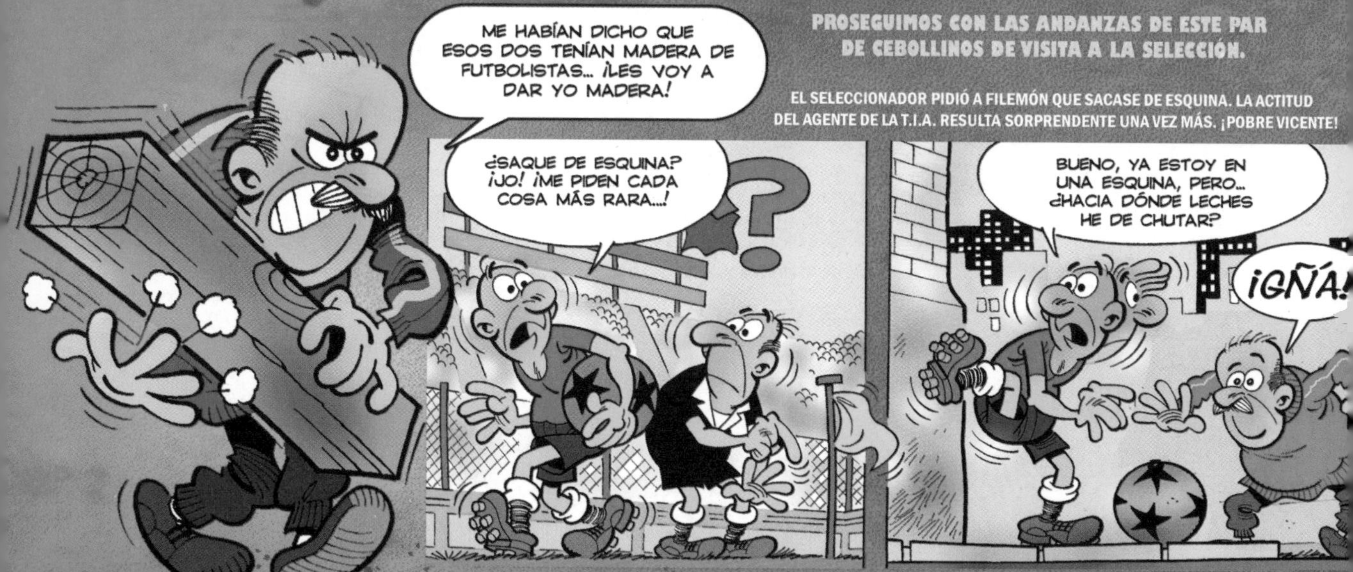
PROSEGUIMOS CON LAS ANDANZAS DE ESTE PAR DE CEBOLLINOS DE VISITA A LA SELECCIÓN.
ME HABÍAN DICHO QUE ESOS DOS TENÍAN MADERA DE FUTBOLISTAS... ¡LES VOY A DAR YO MADERA!
EL SELECCIONADOR PIDIÓ A FILEMÓN QUE SACASE DE ESQUINA. LA ACTITUD DEL AGENTE DE LA T.I.A. RESULTA SORPRENDENTE UNA VEZ MÁS. ¡POBRE VICENTE!
¿SAQUE DE ESQUINA? ¡JO! ¡ME PIDEN CADA COSA MÁS RARA...!
BUENO, YA ESTOY EN UNA ESQUINA, PERO... ¿HACIA DÓNDE LECHES HE DE CHUTAR?
¡GÑA!

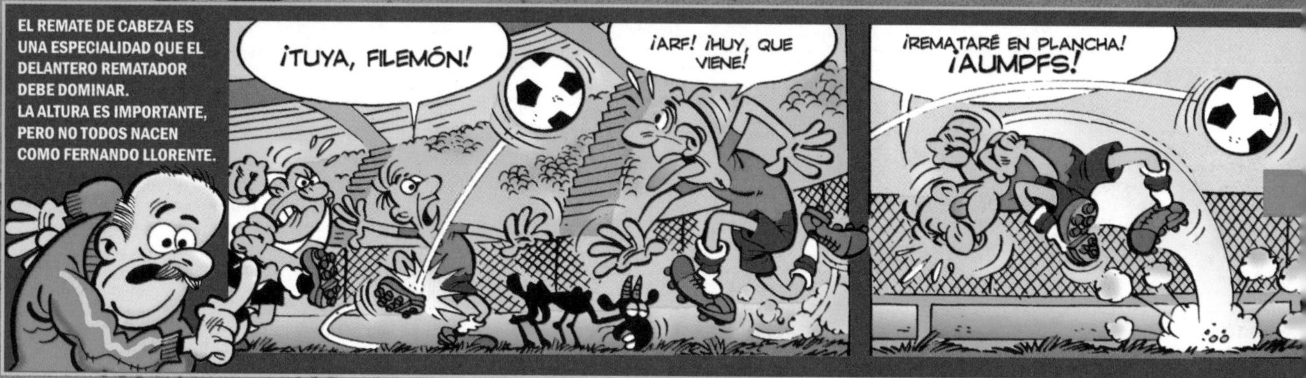
EL REMATE DE CABEZA ES UNA ESPECIALIDAD QUE EL DELANTERO REMATADOR DEBE DOMINAR. LA ALTURA ES IMPORTANTE, PERO NO TODOS NACEN COMO FERNANDO LLORENTE.
¡TUYA, FILEMÓN!
¡ARF! ¡HUY, QUE VIENE!
¡REMATARÉ EN PLANCHA! ¡AUMPFS!

EL "TIKI TAKA"

NUESTRO JUEGO COMBINATIVO ES PRODIGIOSO. LOS JUGADORES SE PASAN EL BALÓN Y SE APOYAN ENTRE ELLOS, DANDO SIEMPRE UN GRAN ESPECTÁCULO.

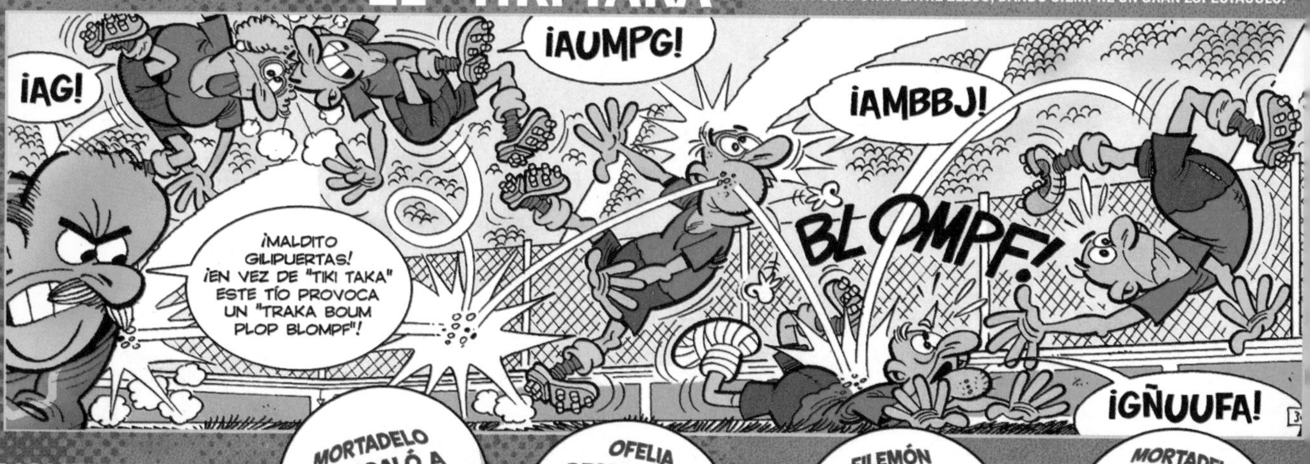
¡AG!
¡AUMPG!
¡AMBBJ!
¡MALDITO GILIPUERTAS! ¡EN VEZ DE "TIKI TAKA" ESTE TÍO PROVOCA UN "TRAKA BOUM PLOP BLOMPF"!
BLOMPF!
¡GÑUUFA!

MOMENTOS PENOSOS DE LA VISITA DE LA T.I.A. A LA SELECCIÓN

- MORTADELO LE REGALÓ A INIESTA UN LITRO DE ACEITE BRONCEADOR.
- OFELIA DESAFIÓ A LA MISMÍSIMA SHAKIRA Y TUVO UN ROLLETE CON PIQUÉ.
- FILEMÓN INTENTÓ LO PROPIO CON SARA CARBONERO PERO CASILLAS LE MASACRÓ A GUANTAZOS.
- MORTADELO COMPARTIÓ HABITACIÓN DE HOTEL CON VILLA Y ÉSTE SE TIRÓ POR LA VENTANA SIETE VECES.

DUDAS FUTBOLERAS DE FILEMÓN

"¿Un OVNI es un medio de locomoción volador, o sea, un medio volante?"

"¿Un preso puede ejecutar un libre directo?"

"Cuando Amaia Montero salió de la banda La oreja de Van Gogh se produjo un fuera de banda?"

"¿Cuándo se cortará esa melena Puyol?"

AMBOS CONSIGUEN SUPERARSE... EN TÉRMINOS DE IDIOTEZ. LA TÉCNICA DE CONTROL DEL ESFÉRICO TAMPOCO RESULTÓ EXITOSA PARA LOS AGENTES.

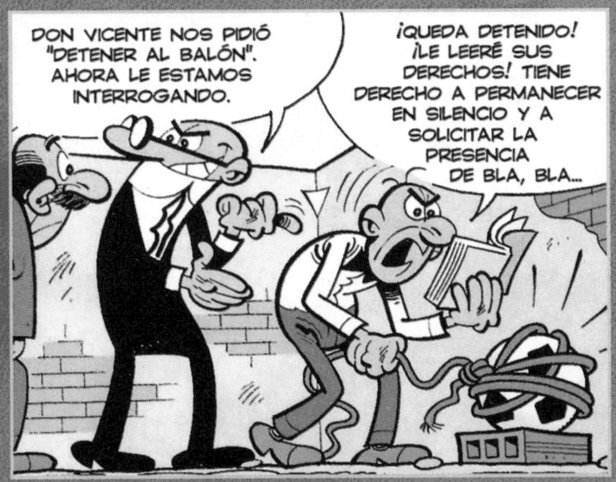
DON VICENTE NOS PIDIÓ "DETENER AL BALÓN". AHORA LE ESTAMOS INTERROGANDO.
¡QUEDA DETENIDO! ¡LE LEERÉ SUS DERECHOS! TIENE DERECHO A PERMANECER EN SILENCIO Y A SOLICITAR LA PRESENCIA DE BLA, BLA...

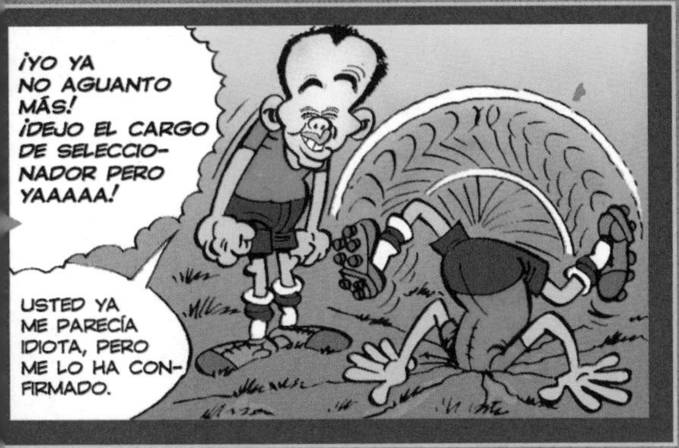
¡YO YA NO AGUANTO MÁS! ¡DEJO EL CARGO DE SELECCIONADOR PERO YAAAAA!
USTED YA ME PARECÍA IDIOTA, PERO ME LO HA CONFIRMADO.

EL SISTEMA DEFENSIVO DEL EQUIPO ESPAÑOL ES DINÁMICO Y VELOZ, CON GENTE COMO PIQUÉ O RAMOS, AUTÉNTICOS FENÓMENOS. EL MARCAJE AL RIVAL HACE QUE ESTE NO PUEDA NUNCA DESPEGARSE DE NUESTROS DEFENSAS.

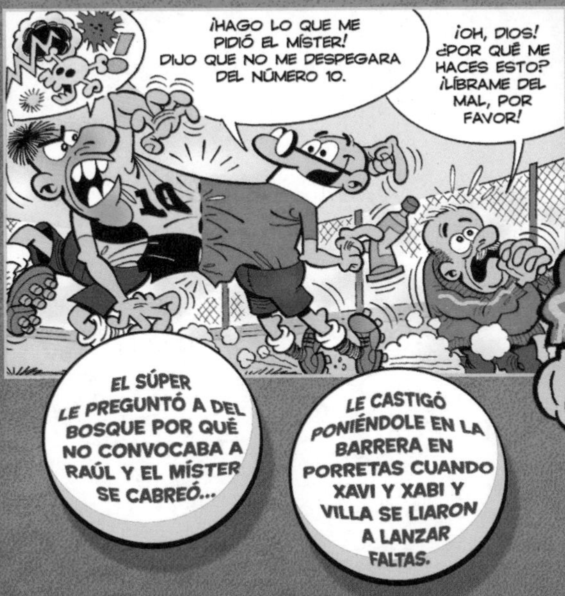
¡HAGO LO QUE ME PIDIÓ EL MÍSTER! DIJO QUE NO ME DESPEGARA DEL NÚMERO 10.
¡OH, DIOS! ¿POR QUÉ ME HACES ESTO? ¡LÍBRAME DEL MAL, POR FAVOR!
10
EL SÚPER LE PREGUNTÓ A DEL BOSQUE POR QUÉ NO CONVOCABA A RAÚL Y EL MÍSTER SE CABREÓ...
LE CASTIGÓ PONIÉNDOLE EN LA BARRERA EN PORRETAS CUANDO XAVI Y XABI Y VILLA SE LIARON A LANZAR FALTAS.

DEL BOSQUE VS. MORTADELO

PROFESIONALIDAD CONTRA PASOTISMO

DEL BOSQUE	MORTADELO
¡LA ROJA HA GANADO UN MUNDIAL!	¡LA T.I.A. CASI HA PROVOCADO LA 3ª GUERRA MUNDIAL!
¡JUNTO A MARCHENA! ¡PASA A VILLA Y TAPA AL MEDIO VOLANTE!	¡UNA BUENA CENA CON MORCILLA, TAPAS Y BOGAVANTE!
VIGILAR LA PELVIS Y EL MENISCO.	BAILAR COMO ELVIS EN LA "DISCO".
¡ESTRATEGIA! ¡ROTACIONES!	¡CERVEZA CON BOQUERONES!
¡LUCHAR COMO CARLES PUYOL!	¡LIGAR COMO DAVID BECKHAM!
SE LO DIRÉ EN INGLÉS: *¡CONCENTREISHON!*	PUES YO TAMBIÉN: *¡PLEIESTEISHON!*
¡SER TITULAR EN LA ALINEACIÓN!	SALIR EN EL TITULAR DE LAS REVISTAS DEL CORAZÓN.
¡GANAREMOS OTRA EUROCOPA!	¡NECESITO EUROS *PA* TOMAR OTRA COPA!

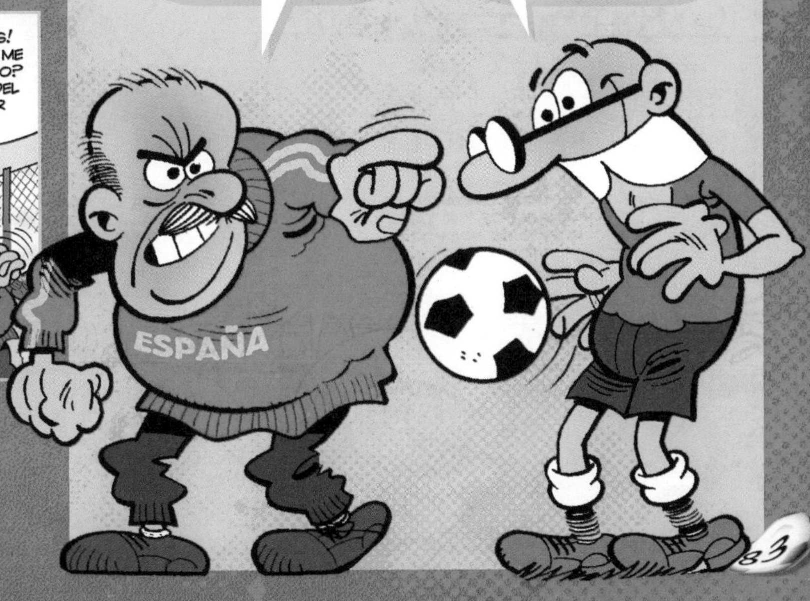
ESPAÑA

M y F con la ROJA

¡NO SE VAYAN, QUE AÚN HAY MÁS! LA VERDAD ES QUE LAS ANDANZAS DE ESTOS INEPTOS JUGANDO CON LA SELECCIÓN DA PARA MUCHO.

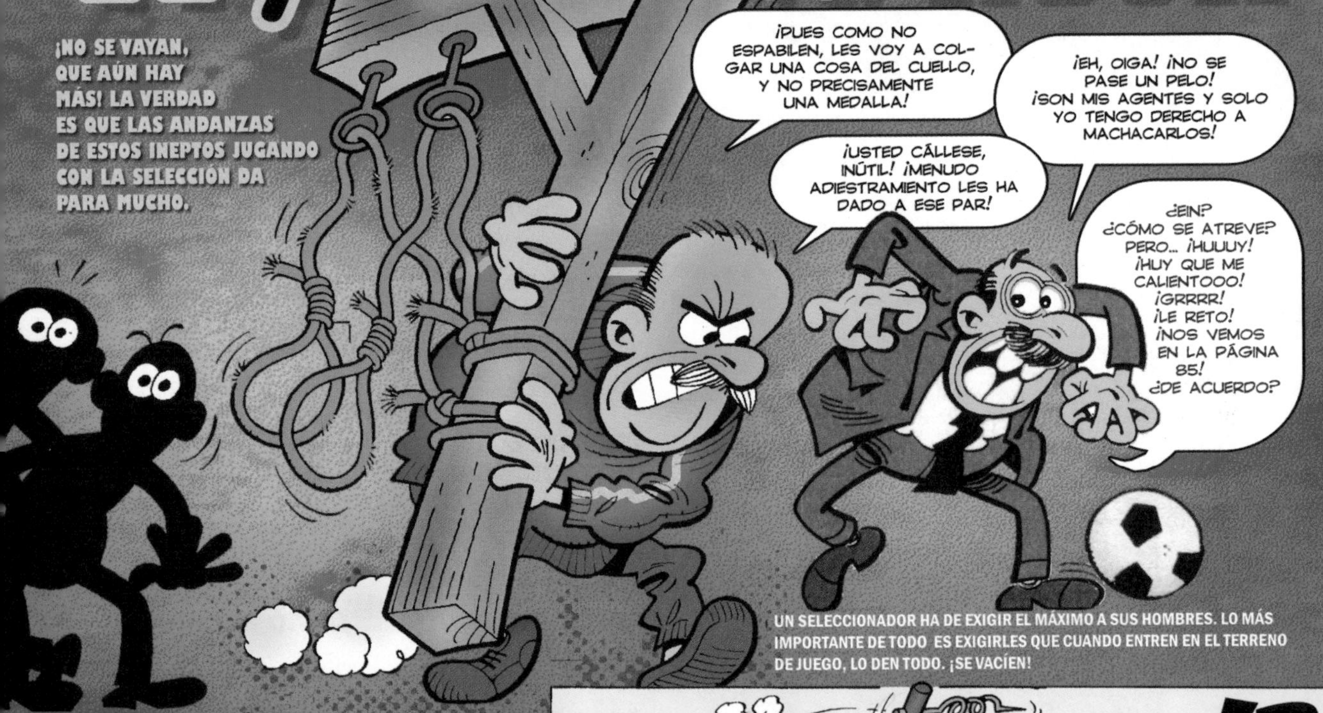
¡PUES COMO NO ESPABILEN, LES VOY A COLGAR UNA COSA DEL CUELLO, Y NO PRECISAMENTE UNA MEDALLA!
¡USTED CÁLLESE, INÚTIL! ¡MENUDO ADIESTRAMIENTO LES HA DADO A ESE PAR!
¡EH, OIGA! ¡NO SE PASE UN PELO! ¡SON MIS AGENTES Y SOLO YO TENGO DERECHO A MACHACARLOS!
¿EIN? ¿CÓMO SE ATREVE? PERO... ¡HUUUY! ¡HUY QUE ME CALIENTOOO! ¡GRRRR! ¡LE RETO! ¡NOS VEMOS EN LA PÁGINA 85! ¿DE ACUERDO?

UN SELECCIONADOR HA DE EXIGIR EL MÁXIMO A SUS HOMBRES. LO MÁS IMPORTANTE DE TODO ES EXIGIRLES QUE CUANDO ENTREN EN EL TERRENO DE JUEGO, LO DEN TODO. ¡SE VACÍEN!

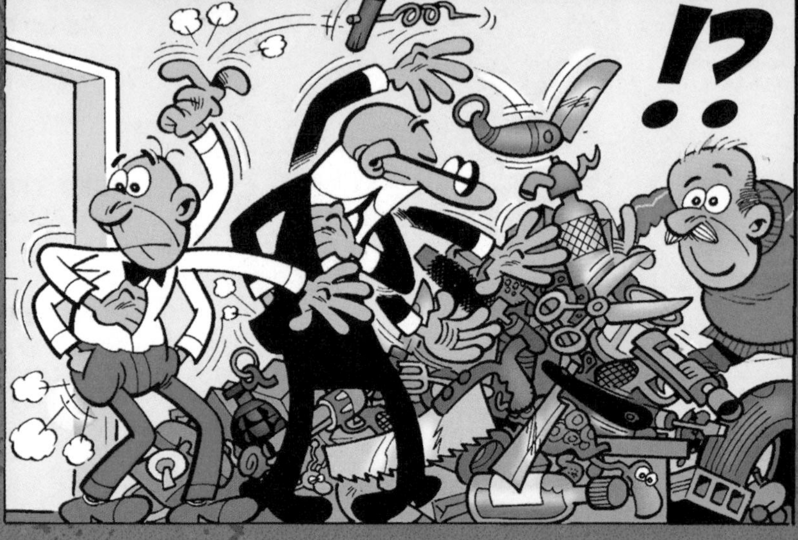
!?

EL LANZAMIENTO DE FALTAS SE HA DE PRACTICAR DURANTE HORAS. LA SELECCIÓN TIENE MAESTROS COMO XAVI, V ILLA O SILVA. TAN IMPORTANTE ES LA POTENCIA COMO EL ESTILO.

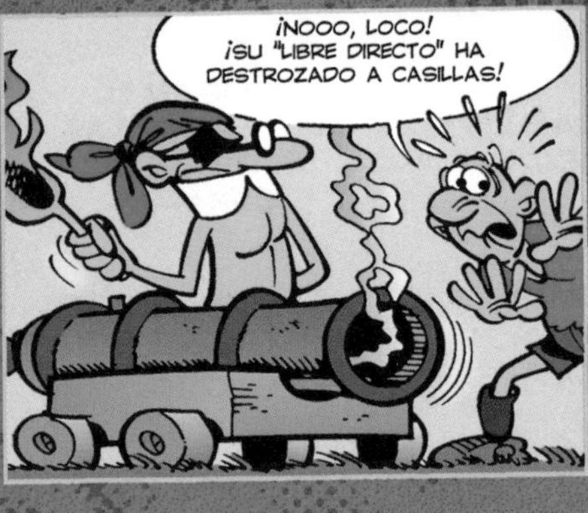
¡NOOO, LOCO! ¡SU "LIBRE DIRECTO" HA DESTROZADO A CASILLAS!

LOS JUGADORES DE LA ROJA SE CARACTERIZAN POR UNA GRAN TÉCNICA EN EL MANEJO DEL BALÓN. INIESTA, POR EJEMPLO, ES UN MAESTRO DEL "DRIBBLING", TAMBIÉN LLAMADO REGATE.

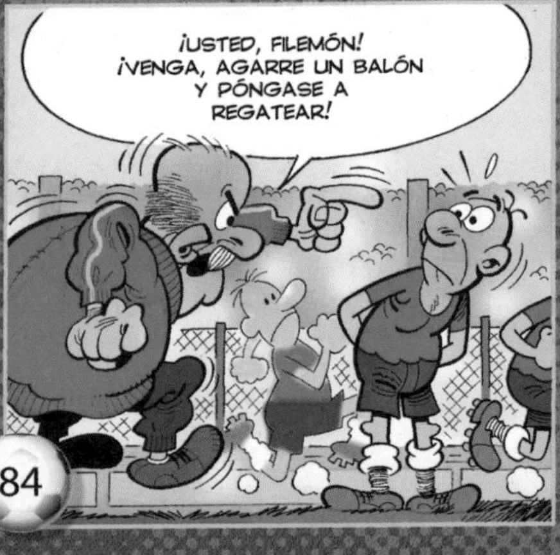
¡USTED, FILEMÓN! ¡VENGA, AGARRE UN BALÓN Y PÓNGASE A REGATEAR!

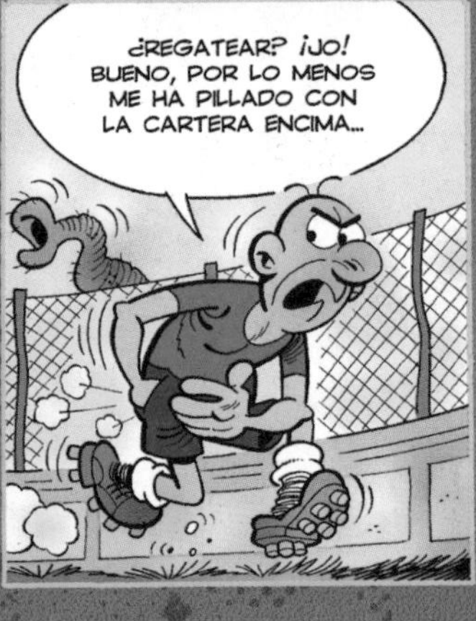
¿REGATEAR? ¡JO! BUENO, POR LO MENOS ME HA PILLADO CON LA CARTERA ENCIMA...

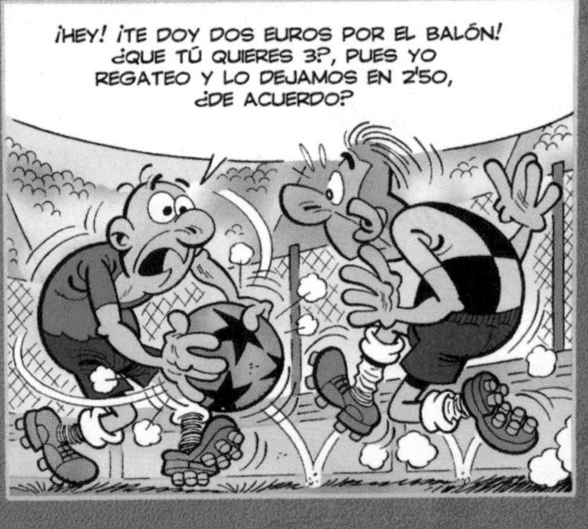
¡HEY! ¡TE DOY DOS EUROS POR EL BALÓN! ¿QUE TÚ QUIERES 3?, PUES YO REGATEO Y LO DEJAMOS EN 2'50, ¿DE ACUERDO?

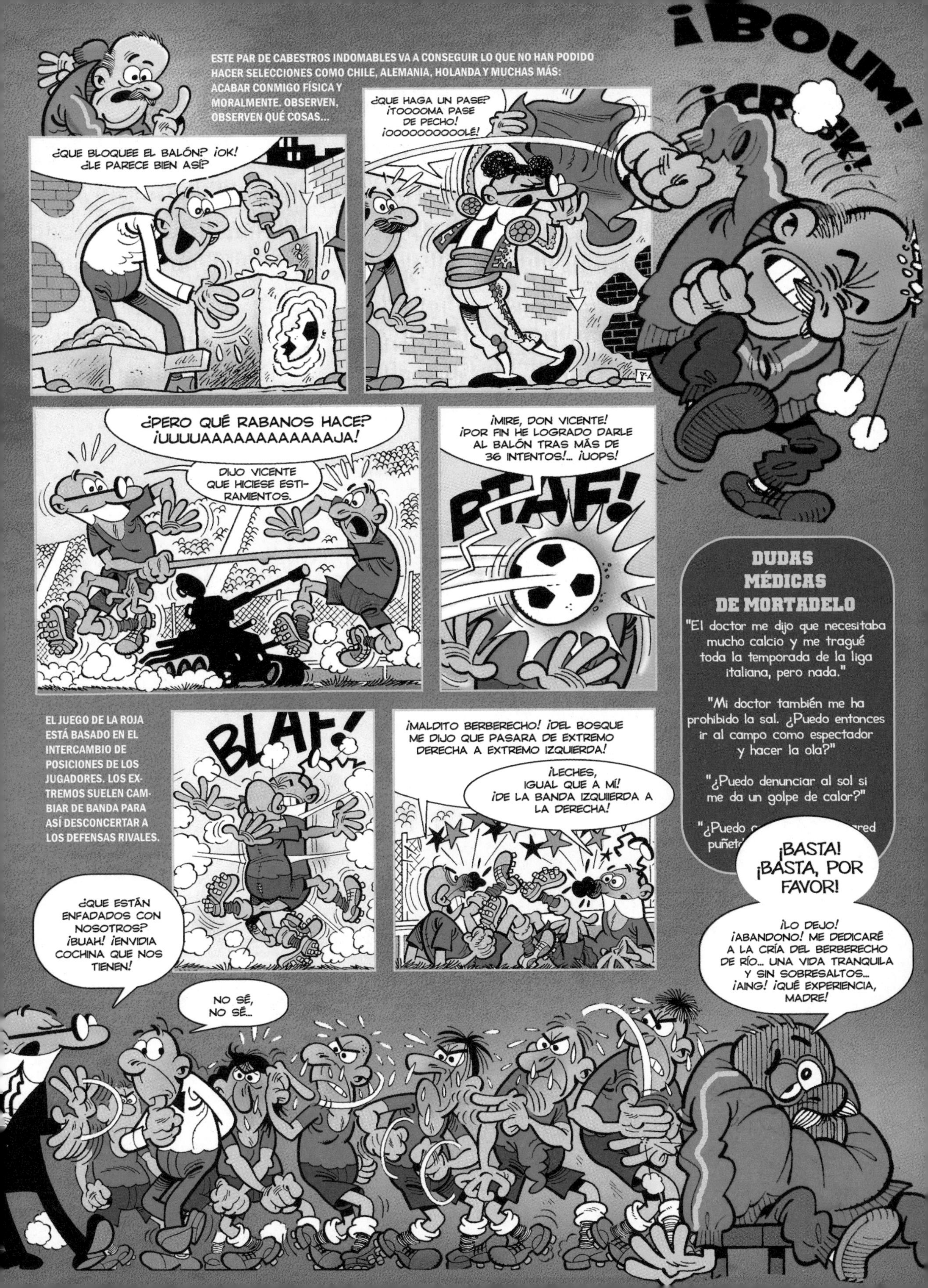

ESTE PAR DE CABESTROS INDOMABLES VA A CONSEGUIR LO QUE NO HAN PODIDO HACER SELECCIONES COMO CHILE, ALEMANIA, HOLANDA Y MUCHAS MÁS: ACABAR CONMIGO FÍSICA Y MORALMENTE. OBSERVEN, OBSERVEN QUÉ COSAS...
¿QUE BLOQUEE EL BALÓN? ¡OK! ¿LE PARECE BIEN ASÍ?
¿QUE HAGA UN PASE? ¡TOOOOMA PASE DE PECHO! ¡OOOOOOOOOOLÉ!
¡BOUM!
¿PERO QUÉ RABANOS HACE? ¡UUUUAAAAAAAAAAAAAJA!
DIJO VICENTE QUE HICIESE ESTIRAMIENTOS.
¡MIRE, DON VICENTE! ¡POR FIN HE LOGRADO DARLE AL BALÓN TRAS MÁS DE 36 INTENTOS!... ¡UOPS!
PTAF!
DUDAS MÉDICAS DE MORTADELO
"El doctor me dijo que necesitaba mucho calcio y me tragué toda la temporada de la liga italiana, pero nada."
"Mi doctor también me ha prohibido la sal. ¿Puedo entonces ir al campo como espectador y hacer la ola?"
"¿Puedo denunciar al sol si me da un golpe de calor?"
EL JUEGO DE LA ROJA ESTÁ BASADO EN EL INTERCAMBIO DE POSICIONES DE LOS JUGADORES. LOS EXTREMOS SUELEN CAMBIAR DE BANDA PARA ASÍ DESCONCERTAR A LOS DEFENSAS RIVALES.
BLAF!
¡MALDITO BERBERECHO! ¡DEL BOSQUE ME DIJO QUE PASARA DE EXTREMO DERECHA A EXTREMO IZQUIERDA!
¡LECHES, IGUAL QUE A MÍ! ¡DE LA BANDA IZQUIERDA A LA DERECHA!
¿QUE ESTÁN ENFADADOS CON NOSOTROS? ¡BUAH! ¡ENVIDIA COCHINA QUE NOS TIENEN!
NO SÉ, NO SÉ...
¡BASTA! ¡BASTA, POR FAVOR!
¡LO DEJO! ¡ABANDONO! ME DEDICARÉ A LA CRÍA DEL BERBERECHO DE RÍO... UNA VIDA TRANQUILA Y SIN SOBRESALTOS... ¡AING! ¡QUÉ EXPERIENCIA, MADRE!

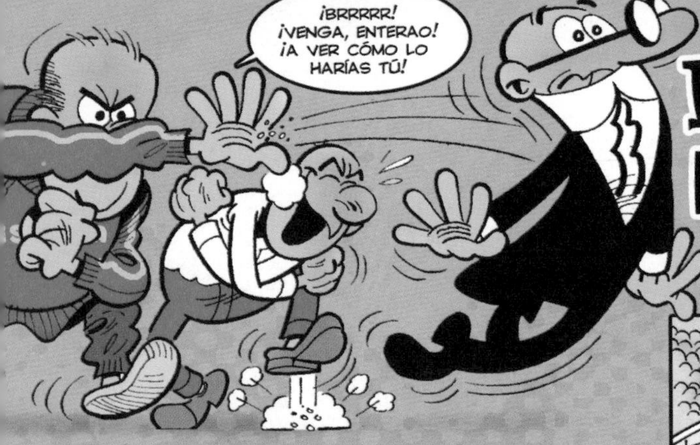
¡BRRRRR! ¡VENGA, ENTERAO! ¡A VER CÓMO LO HARÍAS TÚ!

MORTADELO ENTRENADOR

LO PRIMERO QUE HARÍA SI YO FUESE ENTRENADOR ES MEJORAR LAS CONDICIONES DE TRABAJO DE LOS JUGADORES. TANTO ENTRENO, TANTO PARTIDO... MERECEN UN DESCANSO, UN RELAX. DESCONECTAR DE TANTA PRESIÓN MEDIÁTICA.

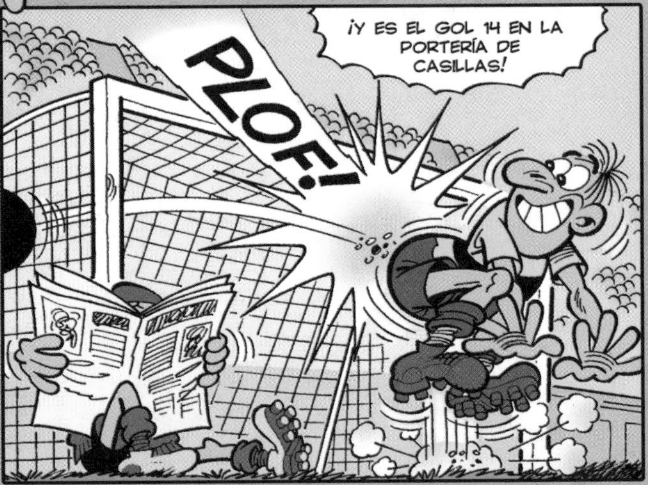
¡Y ES EL GOL 14 EN LA PORTERÍA DE CASILLAS!
PLOF!

YO MEJORARÍA LA TÉCNICA DEL DISPARO. PERO NO SÓLO EL DISPARO A PUERTA, SINO TAMBIÉN EL DISPARO AL DEFENSA, AL ÁRBITRO E INCLUSO AL PÚBLICO.

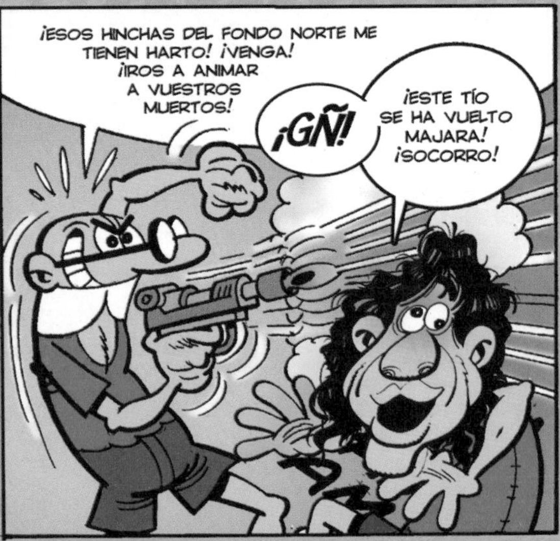
¡ESOS HINCHAS DEL FONDO NORTE ME TIENEN HARTO! ¡VENGA! ¡IROS A ANIMAR A VUESTROS MUERTOS!
¡GÑ!
¡ESTE TÍO SE HA VUELTO MAJARA! ¡SOCORRO!

EL "FAIR PLAY" O JUEGO LIMPIO SERÍA UNA DE MIS MÁXIMAS. RESPETO POR EL CONTRARIO Y DEMOSTRAR QUE SOMOS LOS CAMPEONES DEL MUNDO EN EDUCACIÓN.

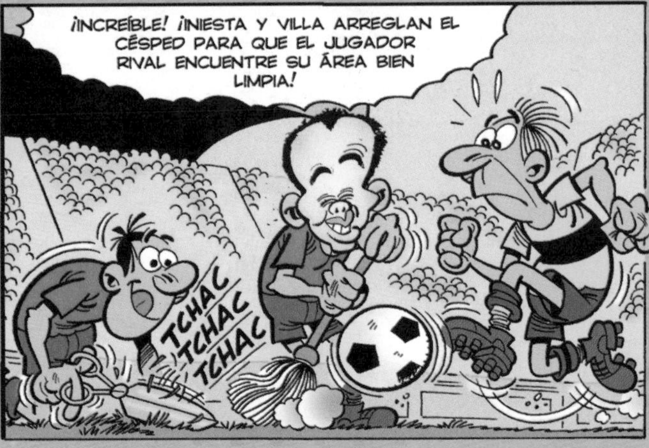
¡INCREÍBLE! ¡INIESTA Y VILLA ARREGLAN EL CÉSPED PARA QUE EL JUGADOR RIVAL ENCUENTRE SU ÁREA BIEN LIMPIA!
TCHAC TCHAC TCHAC

¿SABÍA QUE...?

En su primer día de entrenamiento, Mortadelo llevó a los jugadores a la estación y viajaron en tren durante 23 horas.
Al bajar manifestó: "Bien, ya hemos entrenado, pero mañana cada uno se paga su billete".

LA SELECCIÓN ES ADIMRADA ALLÁ POR DONDE VA, LO CUAL ES IDEAL PARA DAR A CONOCER NUESTRA CULTURA Y COSTUMBRES. POR EJEMPLO, LA GASTRONOMÍA.

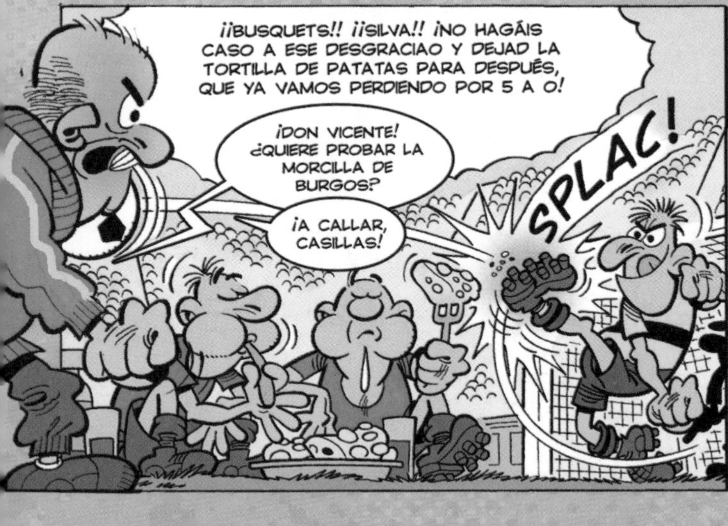
¡¡BUSQUETS!! ¡¡SILVA!! ¡NO HAGÁIS CASO A ESE DESGRACIAO Y DEJAD LA TORTILLA DE PATATAS PARA DESPUÉS, QUE YA VAMOS PERDIENDO POR 5 A 0!
¡DON VICENTE! ¿QUIERE PROBAR LA MORCILLA DE BURGOS?
¡A CALLAR, CASILLAS!
SPLAC!

LA ALIMENTACIÓN DE LOS JUGADORES ES OTRO ASPECTO FUNDAMENTAL. DADO QUE ESTAMOS EN CRISIS, PROPONGO QUE SE ALIMENTEN DE VEGETALES, COMO POR EJEMPLO EL CÉSPED DEL CAMPO.

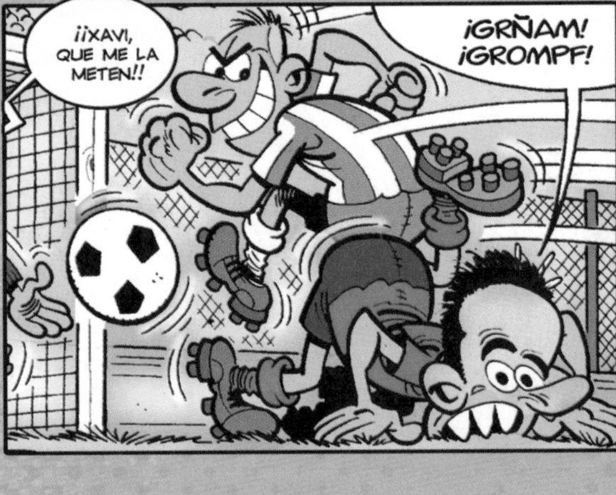
¡¡XAVI, QUE ME LA METEN!!
¡GRÑAM! ¡GROMPF!

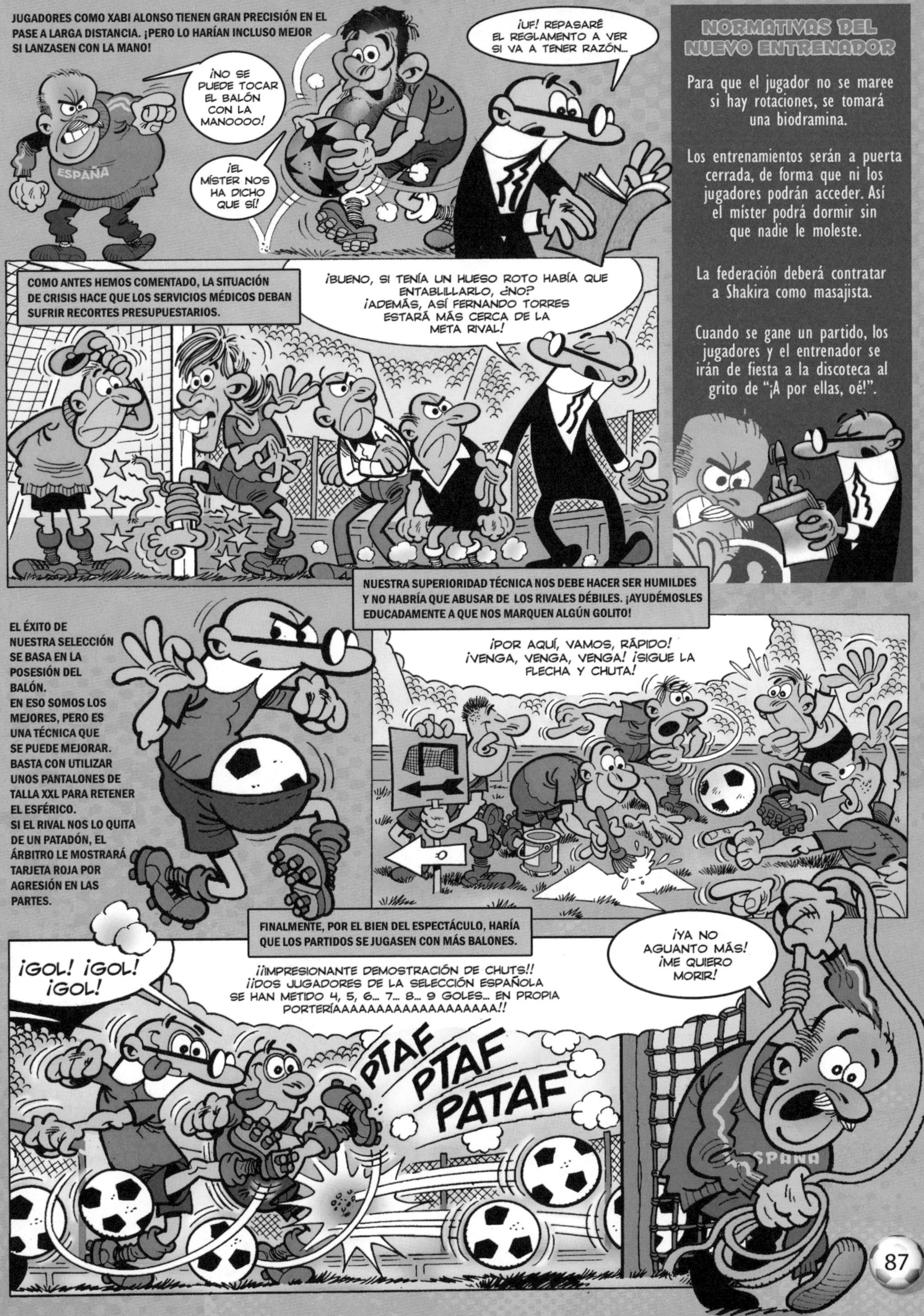
JUGADORES COMO XABI ALONSO TIENEN GRAN PRECISIÓN EN EL PASE A LARGA DISTANCIA. ¡PERO LO HARÍAN INCLUSO MEJOR SI LANZASEN CON LA MANO!
¡NO SE PUEDE TOCAR EL BALÓN CON LA MANOOOO!
¡EL MÍSTER NOS HA DICHO QUE SÍ!
¡UF! REPASARÉ EL REGLAMENTO A VER SI VA A TENER RAZÓN...
ESPAÑA
COMO ANTES HEMOS COMENTADO, LA SITUACIÓN DE CRISIS HACE QUE LOS SERVICIOS MÉDICOS DEBAN SUFRIR RECORTES PRESUPUESTARIOS.
¡BUENO, SI TENÍA UN HUESO ROTO HABÍA QUE ENTABLILLARLO, ¿NO? ¡ADEMÁS, ASÍ FERNANDO TORRES ESTARÁ MÁS CERCA DE LA META RIVAL!
NUESTRA SUPERIORIDAD TÉCNICA NOS DEBE HACER SER HUMILDES Y NO HABRÍA QUE ABUSAR DE LOS RIVALES DÉBILES. ¡AYUDÉMOSLES EDUCADAMENTE A QUE NOS MARQUEN ALGÚN GOLITO!
EL ÉXITO DE NUESTRA SELECCIÓN SE BASA EN LA POSESIÓN DEL BALÓN. EN ESO SOMOS LOS MEJORES, PERO ES UNA TÉCNICA QUE SE PUEDE MEJORAR. BASTA CON UTILIZAR UNOS PANTALONES DE TALLA XXL PARA RETENER EL ESFÉRICO. SI EL RIVAL NOS LO QUITA DE UN PATADÓN, EL ÁRBITRO LE MOSTRARÁ TARJETA ROJA POR AGRESIÓN EN LAS PARTES.
¡POR AQUÍ, VAMOS, RÁPIDO! ¡VENGA, VENGA, VENGA! ¡SIGUE LA FLECHA Y CHUTA!
FINALMENTE, POR EL BIEN DEL ESPECTÁCULO, HARÍA QUE LOS PARTIDOS SE JUGASEN CON MÁS BALONES.
¡GOL! ¡GOL! ¡GOL!
¡¡IMPRESIONANTE DEMOSTRACIÓN DE CHUTS!! ¡¡DOS JUGADORES DE LA SELECCIÓN ESPAÑOLA SE HAN METIDO 4, 5, 6... 7... 8... 9 GOLES... EN PROPIA PORTERÍAAAAAAAAAAAAAAAAAAAA!!
¡YA NO AGUANTO MÁS! ¡ME QUIERO MORIR!
PTAF
PTAF
PATAF
SPAÑA

NORMATIVAS DEL NUEVO ENTRENADOR

Para que el jugador no se maree si hay rotaciones, se tomará una biodramina.

Los entrenamientos serán a puerta cerrada, de forma que ni los jugadores podrán acceder. Así el míster podrá dormir sin que nadie le moleste.

La federación deberá contratar a Shakira como masajista.

Cuando se gane un partido, los jugadores y el entrenador se irán de fiesta a la discoteca al grito de "¡A por ellas, oé!".

LA OTRA "ROJA"

¡OFELIA QUIERE LIGARSE A SERGIO RAMOS!

Sergio Ramos, de Sevilla.
Nacido en un pueblo: Camas.
¡En mi cama te metía
y de allí no te escapabas!

¡Me pone a cien tu melena
y la cinta de tu pelo!
Cuando haces una chilena
me derrito y me deshielo.

Se me suben las hormonas
cuando subes por la banda.
Se me suben las hormonas
y se me bajan las faldas.

¿Puyol? Pues no, no me va.
Es muy feo, no me excita.
Todos le llaman Tarzán.
Yo no quiero ser su Chita.

¿Piqué? ¡Parece mentira!
¡Qué mal gusto, por favor!
Yo soy como la Shakira.
aunque me muevo mejor.

Casillas es guapetón
además de gran portero.
¡Yo sería su balón
en vez de la Carbonero!

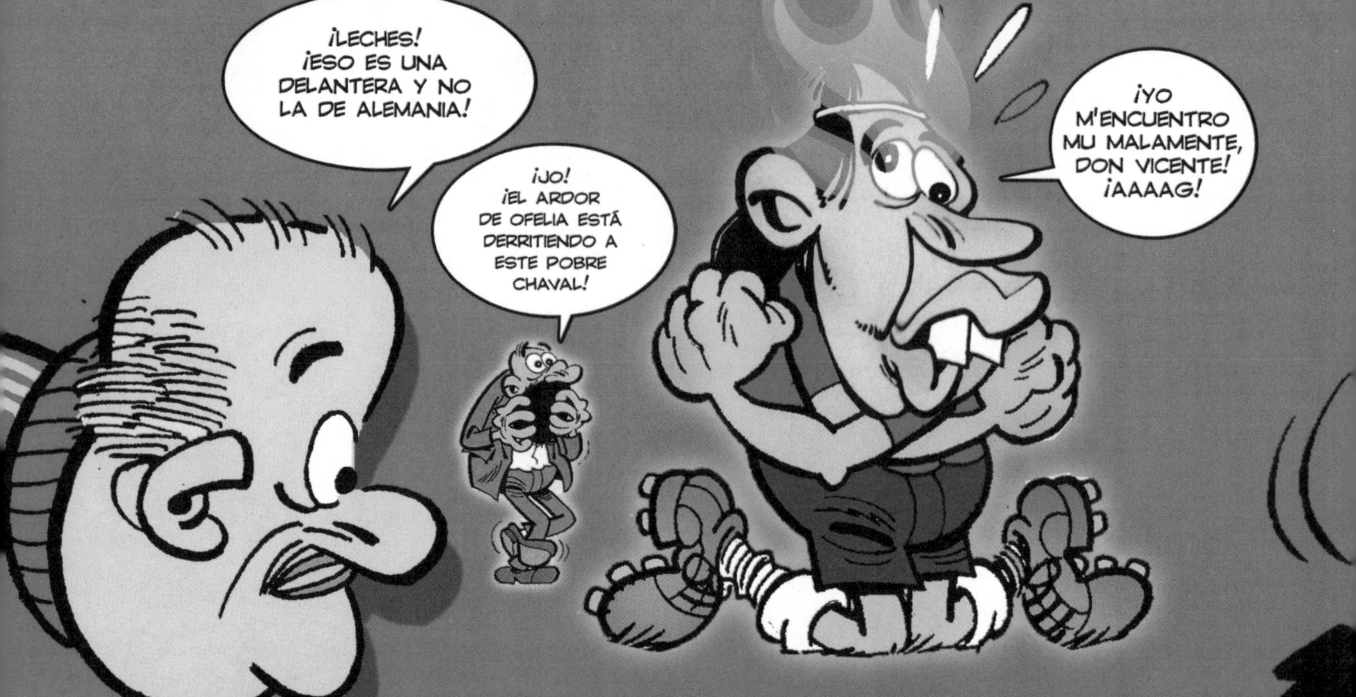
¡LECHES! ¡ESO ES UNA DELANTERA Y NO LA DE ALEMANIA!
¡JO! ¡EL ARDOR DE OFELIA ESTÁ DERRITIENDO A ESTE POBRE CHAVAL!
¡YO M'ENCUENTRO MU MALAMENTE, DON VICENTE! ¡AAAAG!

¿Iniesta? ¡Qué blanco está!
¡Blanco cual valle nevado!
Y yo, que soy un volcán,
le dejaría chamuscado.

Llorente tampoco es feo,
¡pero alto como una higuera!
¡Si quiero darle un morreo
necesito una escalera!

¿Xavi? Tampoco me mola.
Se le ve muy formalito.
Mucho controlar la bola,
pero de "sexy", poquito.

¡Sí que me gusta Del Bosque!
Me mola, me pone a cien.
Pero "Vicente"... el bigote...
me recuerda a no sé quién...

¡Ole, ole! ¡Vamos, vamos!
No me voy más por las ramas
¡Quien me gusta es Sergio Ramos,
el sevillano de Camas!

DESVELAMOS UN SECRETO QUE SE VEÍA VENIR

Cuando corre por la banda,
corre como en la autopista.
¡Ya me gustaría, mi "arma",
poder ser tu masajista.

¡Ay, qué piernas! ¡Qué muslazos!
¡Qué cuerpo! ¡Qué musculitos!
Cuando te veo, morenazo,
se me abre el apetito.

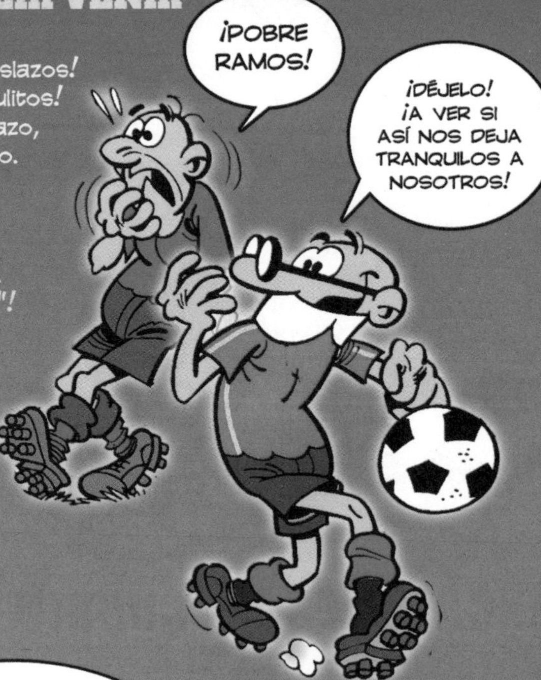
¡POBRE RAMOS!
¡DÉJELO! ¡A VER SI ASÍ NOS DEJA TRANQUILOS A NOSOTROS!

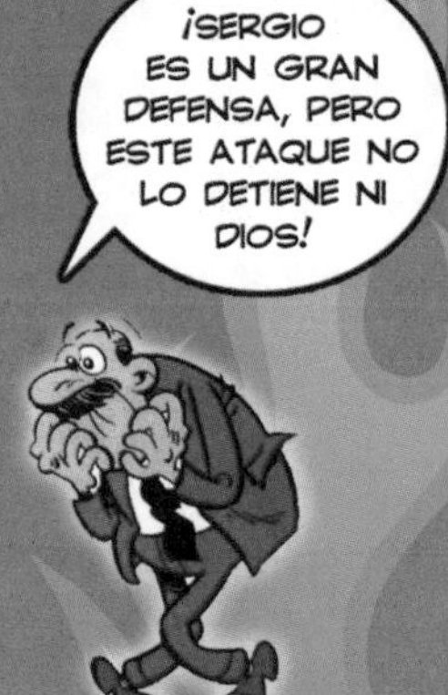
¡SERGIO ES UN GRAN DEFENSA, PERO ESTE ATAQUE NO LO DETIENE NI DIOS!

Verte saltar de esa forma
cuando rematas un "córner"
es algo que a mí me asombra.
¡Hay qué ver cómo me "porner"!

¡Qué veloz eres, mi vida!
¡No puedo ni imaginarlo!
¡Lanzas un saque de esquina
y acudes a rematarlo!

¡Soy la mejor, ya te digo!
Una mujer atrevida.
Si tú te quedas conmigo
harás el gol de tu vida.

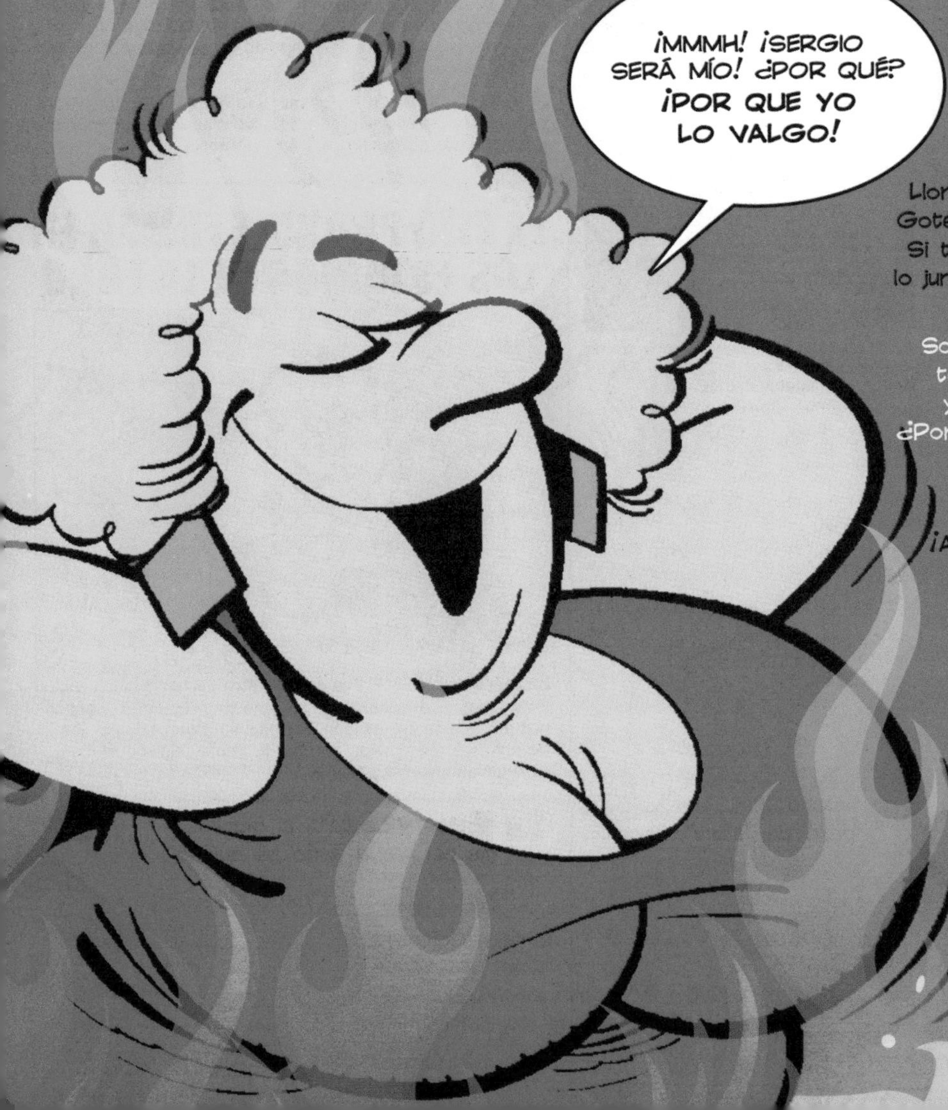
¡MMMH! ¡SERGIO SERÁ MÍO! ¿POR QUÉ? ¡POR QUE YO LO VALGO!

Mi amor, eres un portento.
Todo ardor. Todo potencia.
Pero conmigo eres lento.
¡Se me acaba la paciencia!

Lloro, babeo, hago pis...
Goteo como una esponja.
Si tú no me das el "sí",
lo juro: ¡me meto a monja!

Soy fan tuya en el "Feisbú",
te sigo por todas partes
y tú me haces "¡tururú!"
¿Por qué rechazas mis carnes?

Te he escrito 600 cartas.
¡Ay, qué grande es mi desdicha!
e-mails, mensajes, llamadas...
¡Pero contéstame, "pisha"!

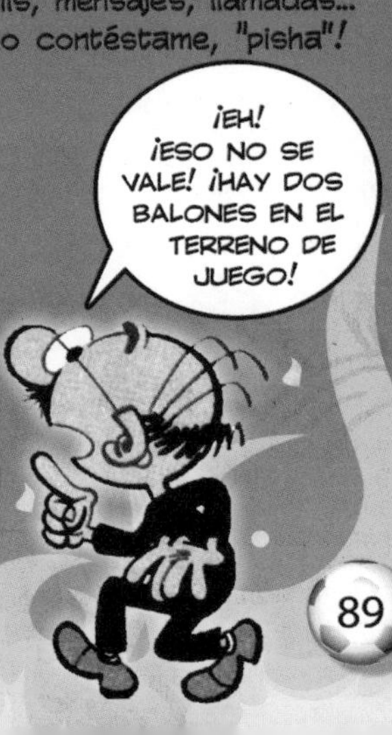
¡EH! ¡ESO NO SE VALE! ¡HAY DOS BALONES EN EL TERRENO DE JUEGO!

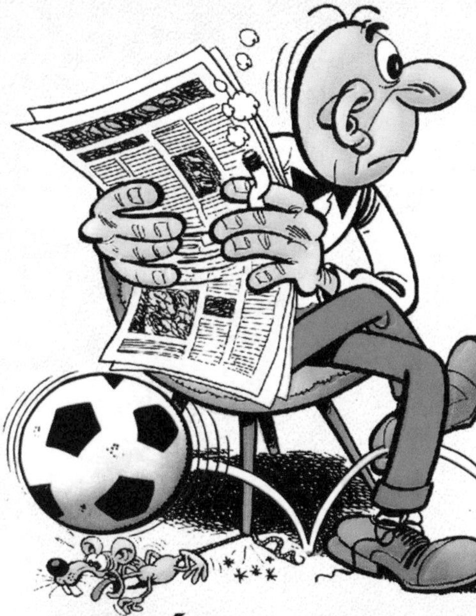

DIARIO OFICIAL DE LA EUROCOPA 2012

PARCA

POR NUESTRO ENVIADO ESPECIAL **F. IBÁÑEZ**

Máster en fútbol callejero, chuts a latas vacías y patadas a las viejas

LA ORGANIZACIÓN CONFIRMA QUE ENTRAR EN LOS ESTADIOS SERÁ GRATIS

MORTADELO Y FILEMÓN SE ANIMARON A PRESENCIAR UN AMISTOSO PREVIO A LA COMPETICIÓN Y LAS PASARON CANUTAS.

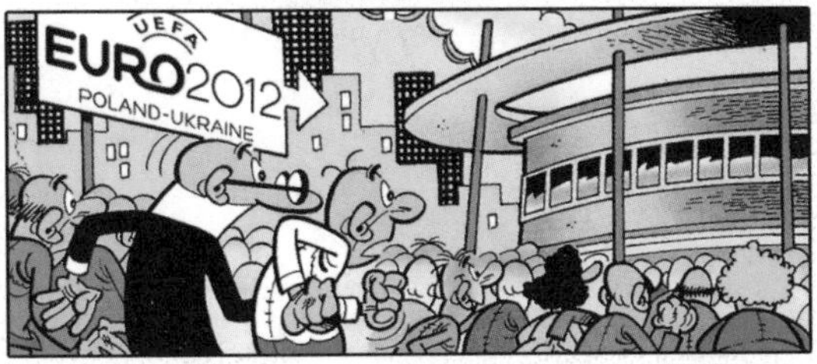
UEFA
EURO2012
POLAND-UKRAINE

Sí, porque la entrada era gratuita, pero no así la salida. Para salir había que abonar 100 euros, y como Mortadelo y Filemón solo tienen 35 céntimos en su cuenta bancaria tuvieron que quedarse trabajando en el estadio para así saldar su deuda.

El trabajito consistía en quitar todo el césped para luego plantar uno nuevo. Como no había maquinaria disponible tuvieron que arrancarlo con los dientes.

INCREÍBLES DESCUBRIMIENTOS

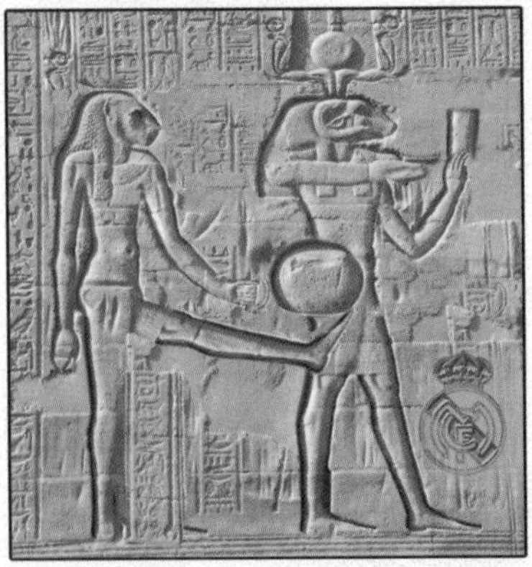

En Egipto se ha encontrado este grabado que data de hace 4.000 años. Por lo visto ya existía el fútbol... y los árbitros.

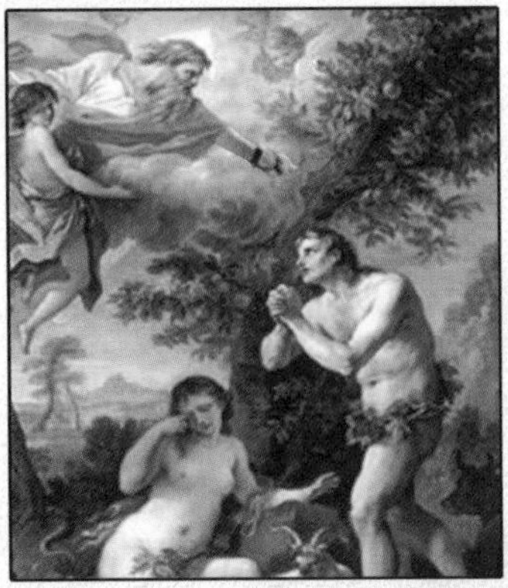

En el Museo del Louvre se encontró un cuadro que revela cómo Adán y Eva fueron expulsados del paraíso.

LA FIFA PROHIBE FUMAR EN LOS ESTADIOS DE LA EURO

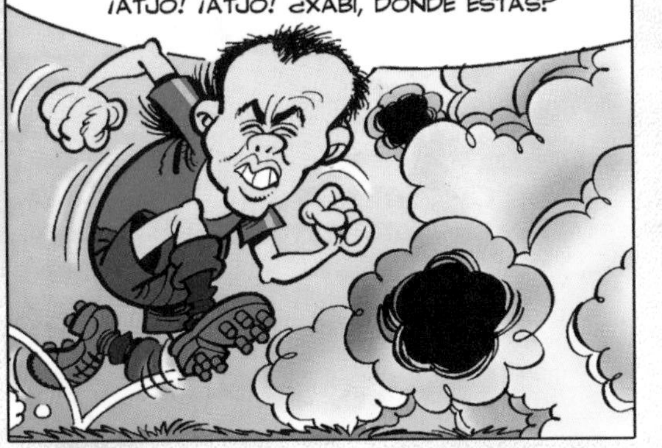
¡ATJÓ! ¡ATJÓ! ¿XABI, DÓNDE ESTÁS?

Está claro que fumar no es bueno para la salud, pero lo que no puede ser es que, incluso en algún equipo, los defensas fumen puros con tal de imposibilitar que los delanteros vean la portería.

LAS MASCOTAS DE LA EURO

Son dos simpáticos futbolistas, Slavek y Slavko, que lucen los colores de Polonia y Ucrania. Mortadelo y Filemón se ofrecieron anteriormente, pero no tenían pelo y era muy importante que este tuviera también los colores de ambos países organizadores.

Pensaron en ponerse peluca, pues los 100 euros que les pagaban por disfrazarse es un dineral para los agentes, pero la idea no cuajó. Una lástima, pues la ropa que se compraron les costó 200 €.

Por su parte, Slavek y Slavko comentaron: "Provky niet pra proboniek koniv, du has koniek da va tovikat", que traducido quiere decir: "¿Qué?"

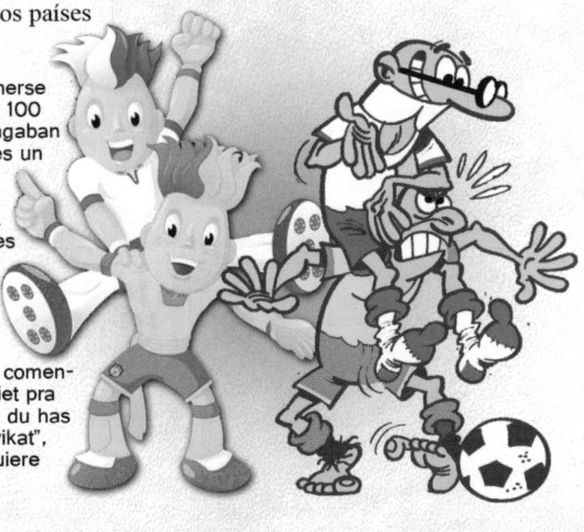

Su Majestad el Rey, con "La Roja"

Se vistió de corto en un acto oficial

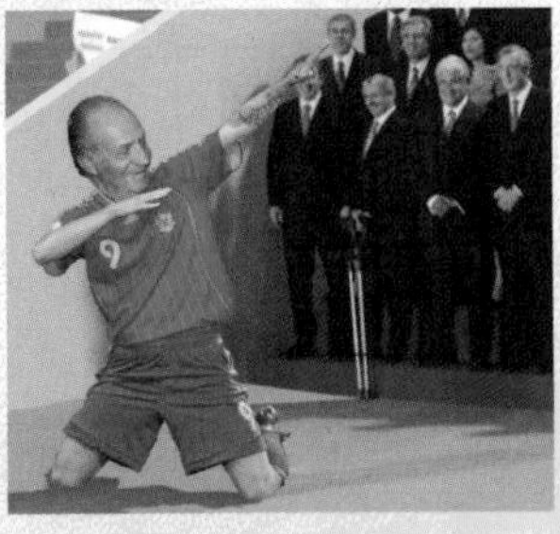

Ante la pregunta de cuál era su jugador favorito, el Rey contestó: "Me encanta el portero del Liverpool."

NOTICIAS BREVES

Según la F.I.F.A. los mejores forofos del mundo son los japoneses. Ellos animan y animan, pues por algo son unos expertos en "anime".

El seleccionador Vicente del Bosque sufre esguince en el pie derecho tras propinar un patadón en el cu... trasero a un individuo que insistía en jugar en el centro del campo junto a Xavi e Iniesta.

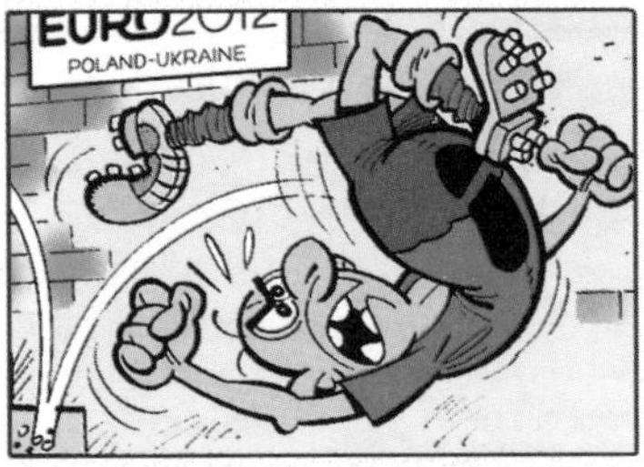
EURO2012
POLAND-UKRAINE

"Si necesitan alguien que les cubra las espaldas, yo mejor que nadie, ya que tengo más de 50 años de experiencia trabajando en la T.I.A." manifestó el extraño personaje.

CURIOSO COMPORTAMIENTO DEL ÁRBITRO DANÉS

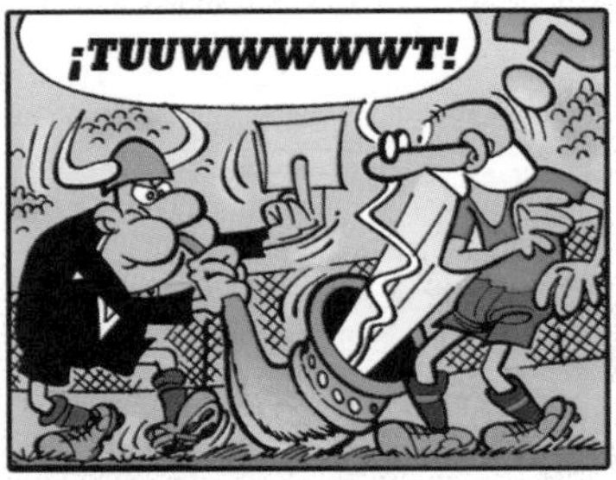
¡TUUWWWWWT!

El colegiado Mijail Vikingssen, en vez de silbato utiliza un cuerno vikingo para señalar las infracciones.

BALÓN OFICIAL POR SI BAJAN LAS TEMPERATURAS

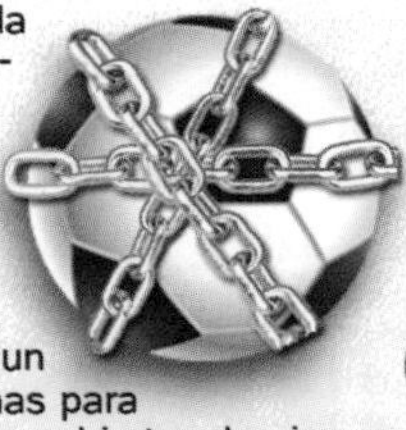

A pesar de que la Eurocopa se dispute en verano, tanto Polonia como Ucrania son países en los que suele nevar. Para ello, nada mejor que un balón con cadenas para terrenos de juego cubiertos de nieve.

NOTICIAS muy BREVES

La capital de Polonia está siendo visi

NOTICIAS BREVÍSIMAS

El

EN UCRANIA ESTÁ... ¡CHERNOBIL!

ALGUNOS VISITANTES MUESTRAN SU TEMOR A LA RADIACTIVIDAD

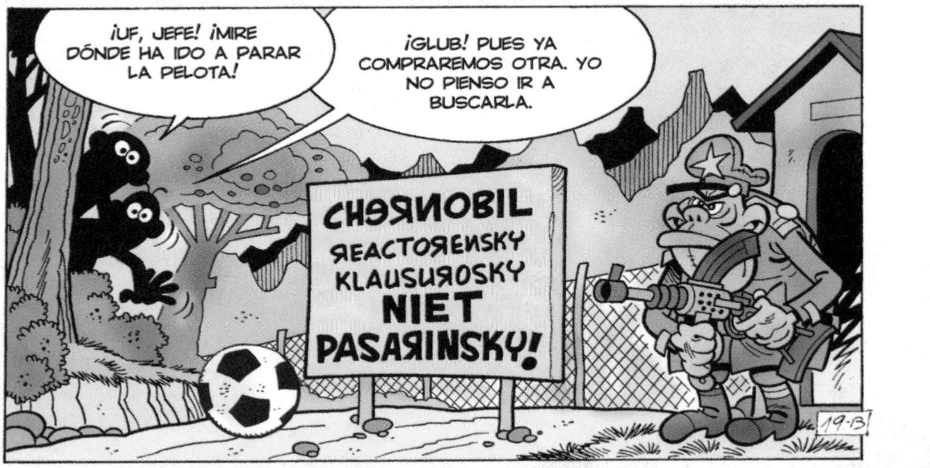
¡UF, JEFE! ¡MIRE DÓNDE HA IDO A PARAR LA PELOTA!
¡GLUB! PUES YA COMPRAREMOS OTRA. YO NO PIENSO IR A BUSCARLA.
CHERNOBIL
REACTORENSKY
KLAUSUROSKY
NIET
PASARINSKY!

Es un temor absurdo, pues Ucrania cumple con todas las normas de seguridad.

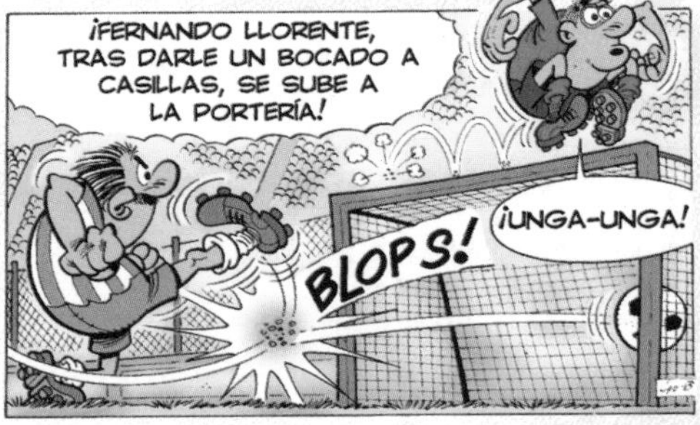
¡FERNANDO LLORENTE, TRAS DARLE UN BOCADO A CASILLAS, SE SUBE A LA PORTERÍA!
¡UNGA-UNGA!
BLOPS!

De todas maneras, cabe destacar que un jugador de la Roja actuó de una forma muy extraña en un partido preparatorio jugado cerca de la central nuclear.

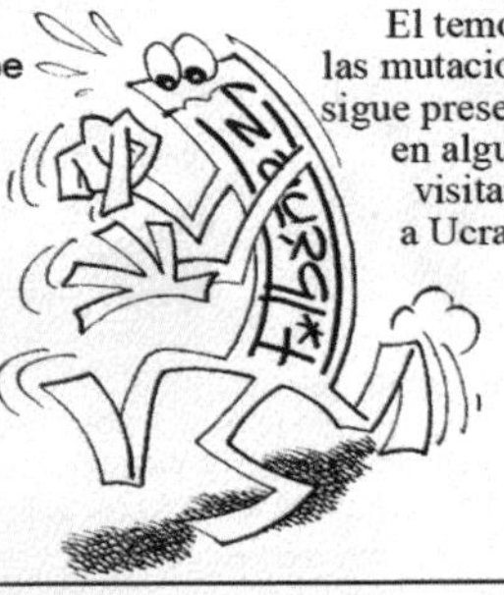

El temor a las mutaciones sigue presente en algunos visitantes a Ucrania.

Incidente en un partido

Un tal Rompetechos se puso a comer y beber sobre la hierba del terreno de juego pensándose que estaba en un merendero.
Tras ser amonestado por el árbitro, el señor de las gafas pareció no reconocerle, y al grito de *"¡Qué cucaracha más negra y más gorda!"* le propinó un patadón que le mandó a las gradas.

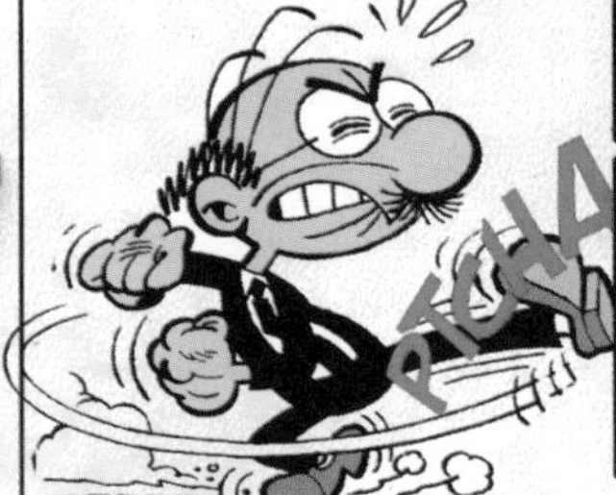
PTCHA

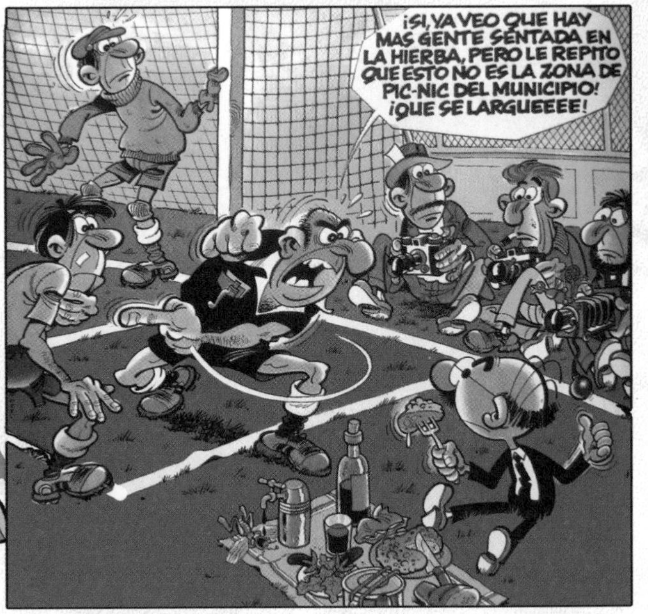
¡SI, YA VEO QUE HAY MÁS GENTE SENTADA EN LA HIERBA, PERO LE REPITO QUE ESTO NO ES LA ZONA DE PIC-NIC DEL MUNICIPIO! ¡QUE SE LARGUEEEE!

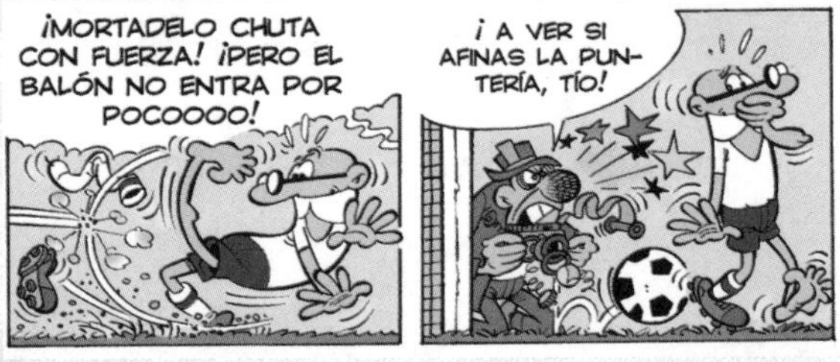
¡MORTADELO CHUTA CON FUERZA! ¡PERO EL BALÓN NO ENTRA POR POCOOOO!
¡ A VER SI AFINAS LA PUNTERÍA, TÍO!

14 FOTÓGRAFOS HERIDOS POR UN DELANTERO

Los reporteros gráficos que se sitúan cerca de las porterías han sido vilmente masacrados por la falta de puntería de Mortadelo. La U.E.F.A. ya ha tomado medidas para que este individuo no vuelva a jugar de delantero en su vida.

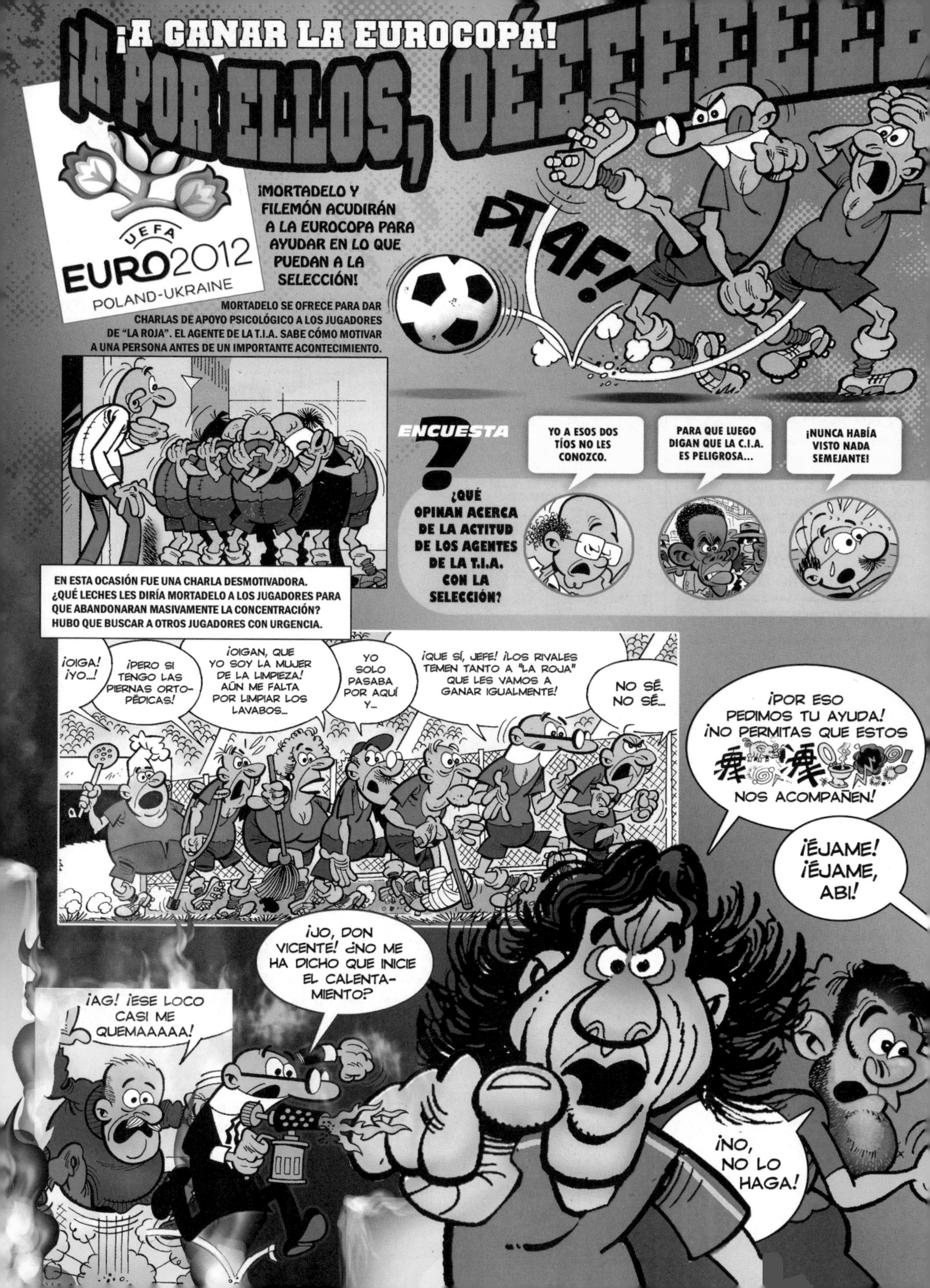
¡A GANAR LA EUROCOPA!
¡A POR ELLOS, OÉEEEEE!
UEFA EURO2012 POLAND-UKRAINE
¡MORTADELO Y FILEMÓN ACUDIRÁN A LA EUROCOPA PARA AYUDAR EN LO QUE PUEDAN A LA SELECCIÓN!
PTAF!
MORTADELO SE OFRECE PARA DAR CHARLAS DE APOYO PSICOLÓGICO A LOS JUGADORES DE "LA ROJA". EL AGENTE DE LA T.I.A. SABE CÓMO MOTIVAR A UNA PERSONA ANTES DE UN IMPORTANTE ACONTECIMIENTO.
ENCUESTA
¿QUÉ OPINAN ACERCA DE LA ACTITUD DE LOS AGENTES DE LA T.I.A. CON LA SELECCIÓN?
YO A ESOS DOS TÍOS NO LES CONOZCO.
PARA QUE LUEGO DIGAN QUE LA C.I.A. ES PELIGROSA...
¡NUNCA HABÍA VISTO NADA SEMEJANTE!
EN ESTA OCASIÓN FUE UNA CHARLA DESMOTIVADORA. ¿QUÉ LECHES LES DIRÍA MORTADELO A LOS JUGADORES PARA QUE ABANDONARAN MASIVAMENTE LA CONCENTRACIÓN? HUBO QUE BUSCAR A OTROS JUGADORES CON URGENCIA.
¡OIGA! ¡YO...!
¡PERO SI TENGO LAS PIERNAS ORTO-PÉDICAS!
¡OIGAN, QUE YO SOY LA MUJER DE LA LIMPIEZA! AÚN ME FALTA POR LIMPIAR LOS LAVABOS...
YO SOLO PASABA POR AQUÍ Y...
¡QUE SÍ, JEFE! ¡LOS RIVALES TEMEN TANTO A "LA ROJA" QUE LES VAMOS A GANAR IGUALMENTE!
NO SÉ. NO SÉ...
¡POR ESO PEDIMOS TU AYUDA! ¡NO PERMITAS QUE ESTOS
NOS ACOMPAÑEN!
¡ÉJAME! ¡ÉJAME, ABI!
¡JO, DON VICENTE! ¿NO ME HA DICHO QUE INICIE EL CALENTA-MIENTO?
¡AG! ¡ESE LOCO CASI ME QUEMAAAAA!
¡NO, NO LO HAGA!

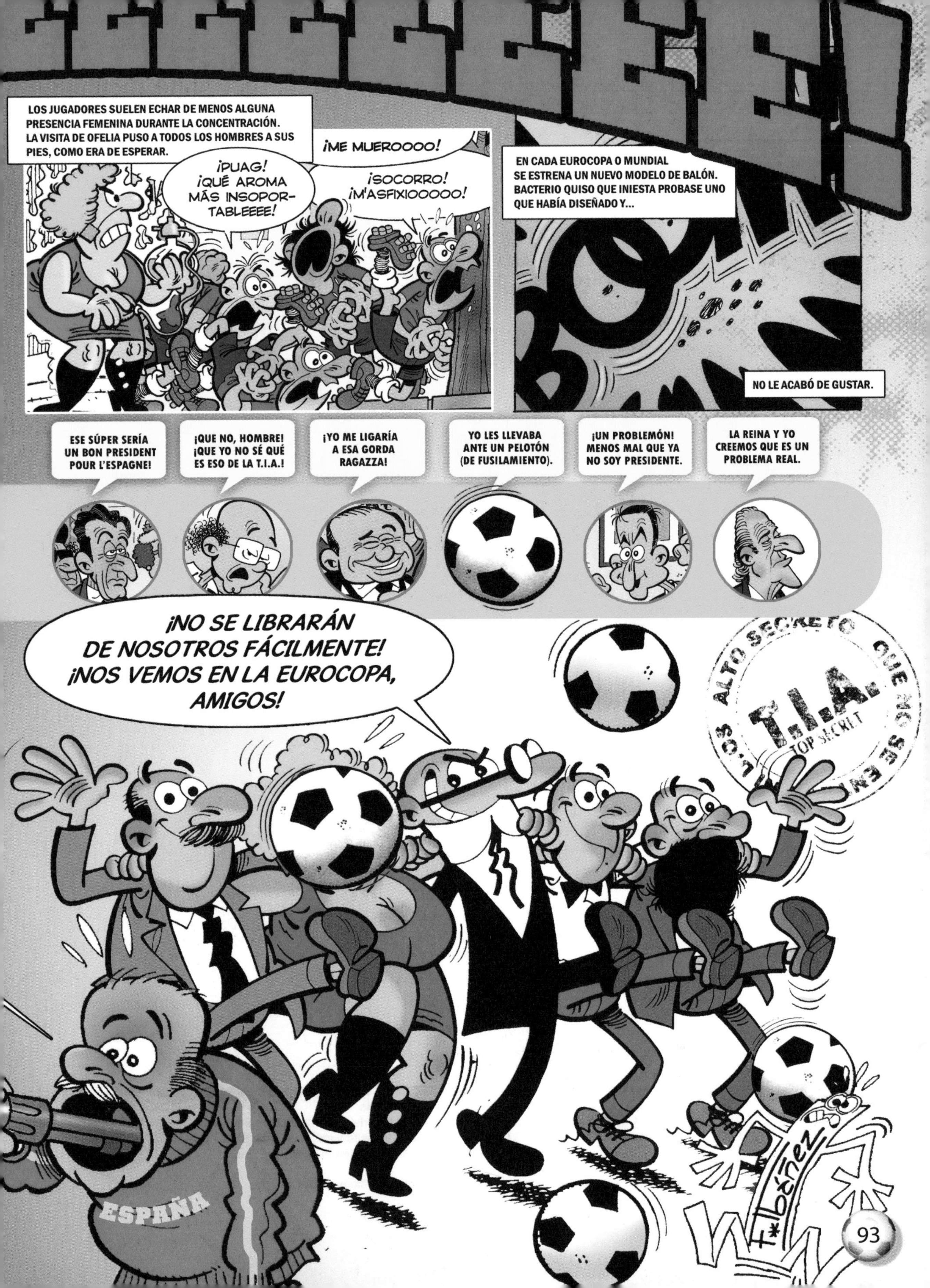

¡GGGGGEE!
LOS JUGADORES SUELEN ECHAR DE MENOS ALGUNA PRESENCIA FEMENINA DURANTE LA CONCENTRACIÓN. LA VISITA DE OFELIA PUSO A TODOS LOS HOMBRES A SUS PIES, COMO ERA DE ESPERAR.
¡PUAG! ¡QUÉ AROMA MÁS INSOPORTABLEEEE!
¡ME MUEROOOO!
¡SOCORRO! ¡M'ASFIXIOOOOO!
EN CADA EUROCOPA O MUNDIAL SE ESTRENA UN NUEVO MODELO DE BALÓN. BACTERIO QUISO QUE INIESTA PROBASE UNO QUE HABÍA DISEÑADO Y...
BOOM
NO LE ACABÓ DE GUSTAR.
ESE SÚPER SERÍA UN BON PRESIDENT POUR L'ESPAGNE!
¡QUE NO, HOMBRE! ¡QUE YO NO SÉ QUÉ ES ESO DE LA T.I.A.!
¡YO ME LIGARÍA A ESA GORDA RAGAZZA!
YO LES LLEVABA ANTE UN PELOTÓN (DE FUSILAMIENTO).
¡UN PROBLEMÓN! MENOS MAL QUE YA NO SOY PRESIDENTE.
LA REINA Y YO CREEMOS QUE ES UN PROBLEMA REAL.
¡NO SE LIBRARÁN DE NOSOTROS FÁCILMENTE! ¡NOS VEMOS EN LA EUROCOPA, AMIGOS!
ALTO SECRETO QUE NO SE ENTERE
T.I.A.
TOP SECRET
ESPAÑA
F. Ibáñez

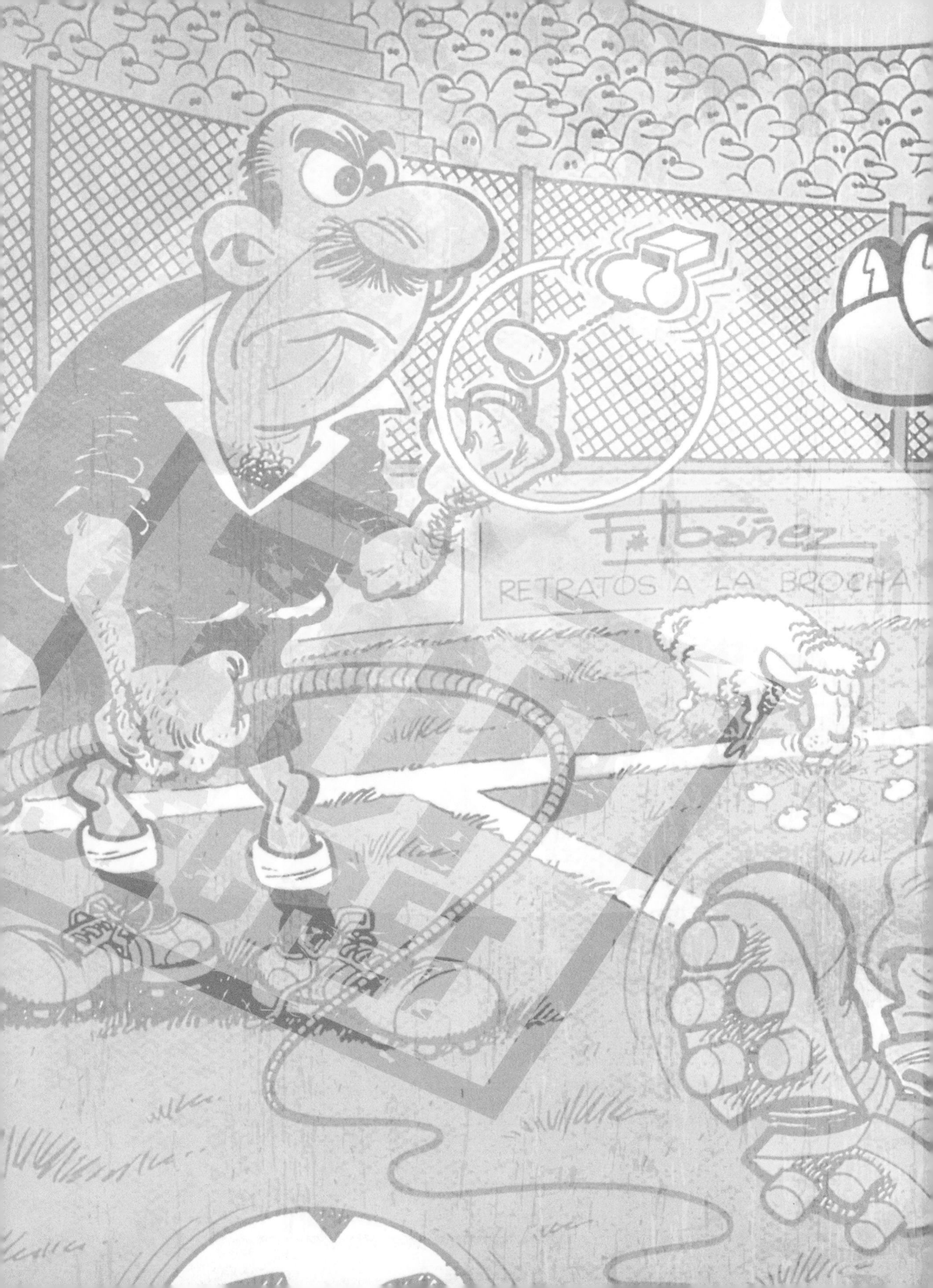
F. Ibáñez
RETRATOS A LA BROCHA

---✧---

"I always try my best to put all my energy
into my work, for my greatest desire
is to make beautiful things."

—Vincent van Gogh

VINCENT VAN GOGH. *Gauguin's Chair.*
1888. Oil on canvas, 35⅝″ × 28⁹⁄₁₆″. © Amsterdam, Van Gogh Museum
(Vincent van Gogh Foundation).

COME
LOOK WITH ME

The Artist at Work

R. Sarah Richardson

BANK STREET COLLEGE OF EDUCATION

Charlesbridge

Published by Charlesbridge
85 Main Street
Watertown, MA 02472
(617) 926-0329
www.charlesbridge.com

Originally published by Lickle Publishing, Inc.

Library of Congress Control Number
2002105143

ISBN-13: 978-1-890674-09-0 (reinforced for library use)
ISBN-10: 1-890674-09-5 (reinforced for library use)

Series producer: Charles Davey
Edited by Bank Street College of Education,
Andrea Perelman, Project Manager

Production & Design: Charles Davey *design* LLC
Printed and bound April 2015 by C & C Offset Printing Co. Ltd.
in Shenzhen, Guangdong, China
(hc) 10 9

Contents

Preface

Artists have many choices when they approach their work; among their decisions are the selection of a subject, a style, and a medium. In making these choices, the artist turns what he or she sees and feels into art. The mood, point of view, and meaning of the finished work of art all reflect the artist's own special inspiration and vision. The various results are as unique as the artists themselves.

This book introduces children to artists from several different countries who worked at different time periods and in different styles. It is not a historical survey; instead, it is designed to expose children to a variety of artists and artistic movements. Children will learn about some of the tools of the artist—paintbrush, chalk, canvas, paper—and investigate how artists choose their styles and their subjects. The book encourages thoughtful looking at art, and the questions presented with each artwork help young people develop language skills and abstract thinking. This book encourages children to explore visual art, share thoughts about what they see, and discover for themselves the pleasure of creating art.

How to use this book

COME LOOK WITH ME: The Artist at Work is part of a series of interactive art appreciation books for children. Like the other books in the series, this one can be shared with one child or a small group of children. Each of the twelve works of art is paired with a set of questions meant to stimulate thoughtful discussion between adults and children. The accompanying text, which gives background information on the artist and the work, can be read silently or aloud by the adult while the children look at the illustrations.

Ask a child to point to part of the image while he or she discusses it. When working with a group, ask if anyone has a different idea. There are no right or wrong answers to the questions, and everyone will benefit from the different perspectives that experience, age, and personal taste can bring to a group discussion. To keep the interaction lively, it is best to limit each session to the discussion of two or three works of art.

This book can be used in the classroom, at home, and of course, in museums. There is no substitute for a visit to a museum to see the color and texture of an artist's brush strokes or to take in the size of an original artwork. However, the methods given here can help children learn a way of looking at original works of art, and encourage them to share their understanding with others.

CHARLES WILLSON PEALE. *The Artist in His Museum.*
1822. Oil on canvas, 103¾" × 79⅞". Courtesy of the Pennsylvania Academy of the Fine Arts, Philadelphia.
Gift of Mrs. Sarah Harrison (The Joseph Harrison, Jr. Collection).

List three words you feel describe the expression on this man's face.

Why do you think there is a curtain between the man in the painting and the room behind him?

Have you ever visited a museum? In what ways was it different from the museum shown in this painting? In what ways was it similar?

If you had a museum, what would you put in it? What rules would you make for deciding what to put in it?

Charles Willson Peale (1741–1847), an important figure in American art, enjoyed a long career that encompassed many interests. While serving as a soldier in the Revolutionary War, during which the American colonies fought for their independence from Great Britain (1775–83), Peale painted a portrait of the Army's commander-in-chief, General George Washington. Washington later became the first president of the new nation, the United States of America. Peale was the very first artist to paint Washington's portrait.

In his art, Peale created illusions of depth and space. In this painting, for example, he painted the room beyond the curtain in such exact and realistic perspective that it looks as if the room really extends past the curtain. Peale knew this place very well—it was his own museum, which he created in Philadelphia. Interested in science as well as art, Peale displayed many different types of objects. They included paintings, insects, and fossils (traces of plants or animals preserved in stone). One famous specimen was the skeleton of a mastodon, a sort of prehistoric elephant, Peale had excavated with a team of workers and scientists. You can see some of the mastodon's bones on the right side of the painting's foreground. Also visible, on the left side, is the body of a turkey prepared for taxidermy. "Taxidermy" means taking a real animal that has died and stuffing it so it can be put on display. The man holding the curtain is, of course, Peale himself. In this picture, he has created both a self-portrait and a portrait of his museum.

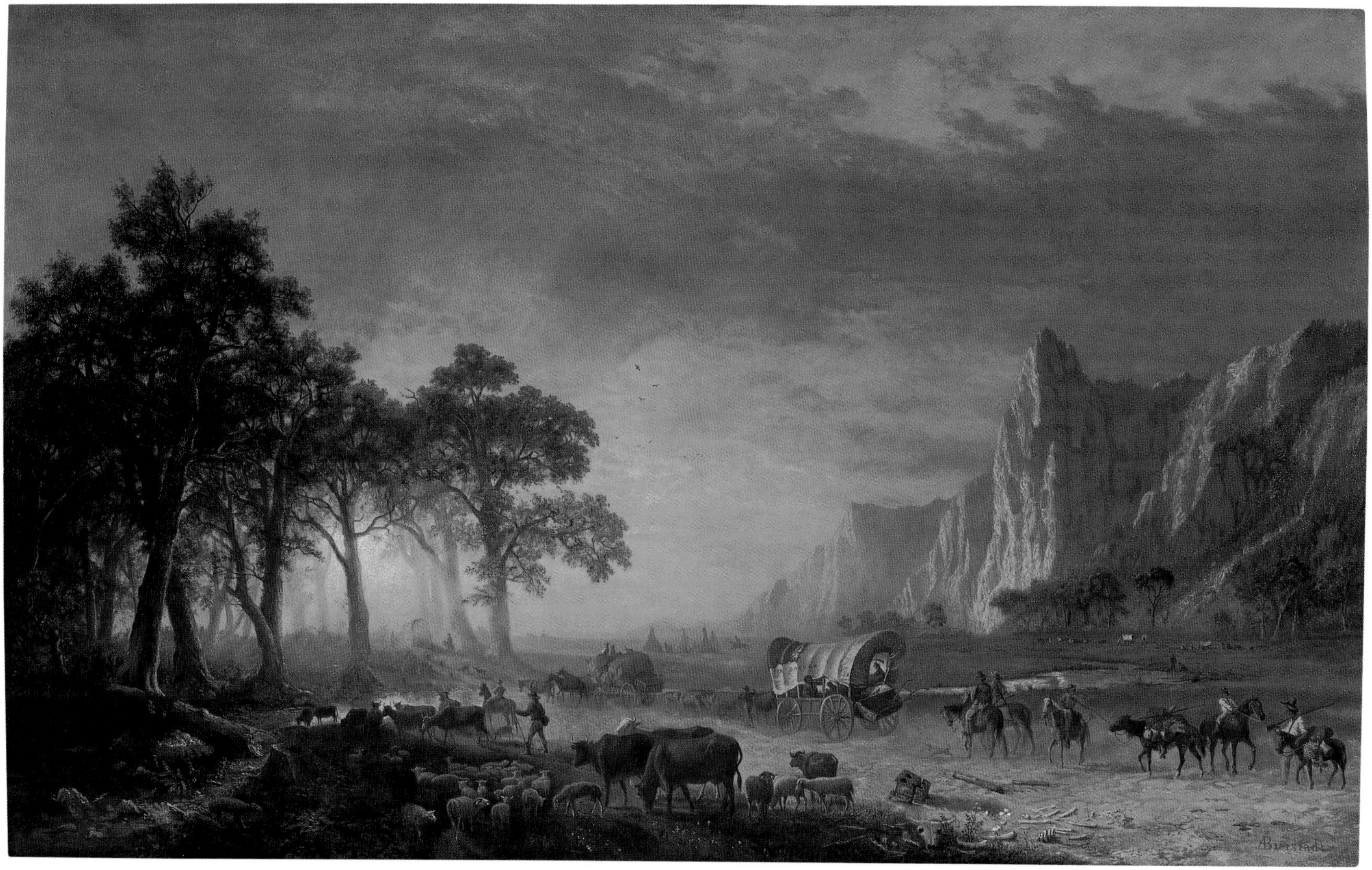

ALBERT BIERSTADT. *The Oregon Trail.*
1869. Oil on canvas, 31" × 49".
Collection of The Butler Institute of American Art, Youngstown, Ohio.

What colors can you find in the sky in this painting? Why do you think the artist chose these colors? What time of day do you think it is?

What colors would you use for the sky if you were doing a similar painting?

Examine the people and animals in this scene. What are they doing? Do they appear large or small in comparison with the scenery? Why do you think this is so?

Notice the bones in the right foreground of the painting. What animal might these bones have come from? Why do you think the artist included them?

As a young man, Massachusetts native Albert Bierstadt (1830–1902) left home to study painting in Germany. On his return to the United States, he used his new skills, especially techniques for depicting detailed landscapes, to paint vast nature scenes of America.

The mid-1800s in the United States was a period of intense exploration and settlement of its immense Western territory. Many pioneers wanting to settle in the West bravely embarked on difficult and often dangerous overland voyages that could take as long as six months. Bierstadt himself traveled west on horseback and by stagecoach, and along the way he sketched and photographed the land and the people he encountered. When he returned to New York, he turned these studies into large-scale, dramatic paintings. He used photography, then a very new invention, to record many of the details that appear in his paintings. *The Oregon Trail* has many such small details, like the dog running after a wagon and the animals drinking from a stream.

Bierstadt's paintings offered spectacular views of Western landscapes and sold very well. Although most of the people in the East who bought these paintings had never seen any of these places, they still felt great pride in the vast wilderness that was such a special part of North America. Later in his life, Bierstadt's sweeping panoramas fell out of fashion, but today his work is greatly appreciated again for its magnificent depictions of a grand and now mostly vanished American landscape.

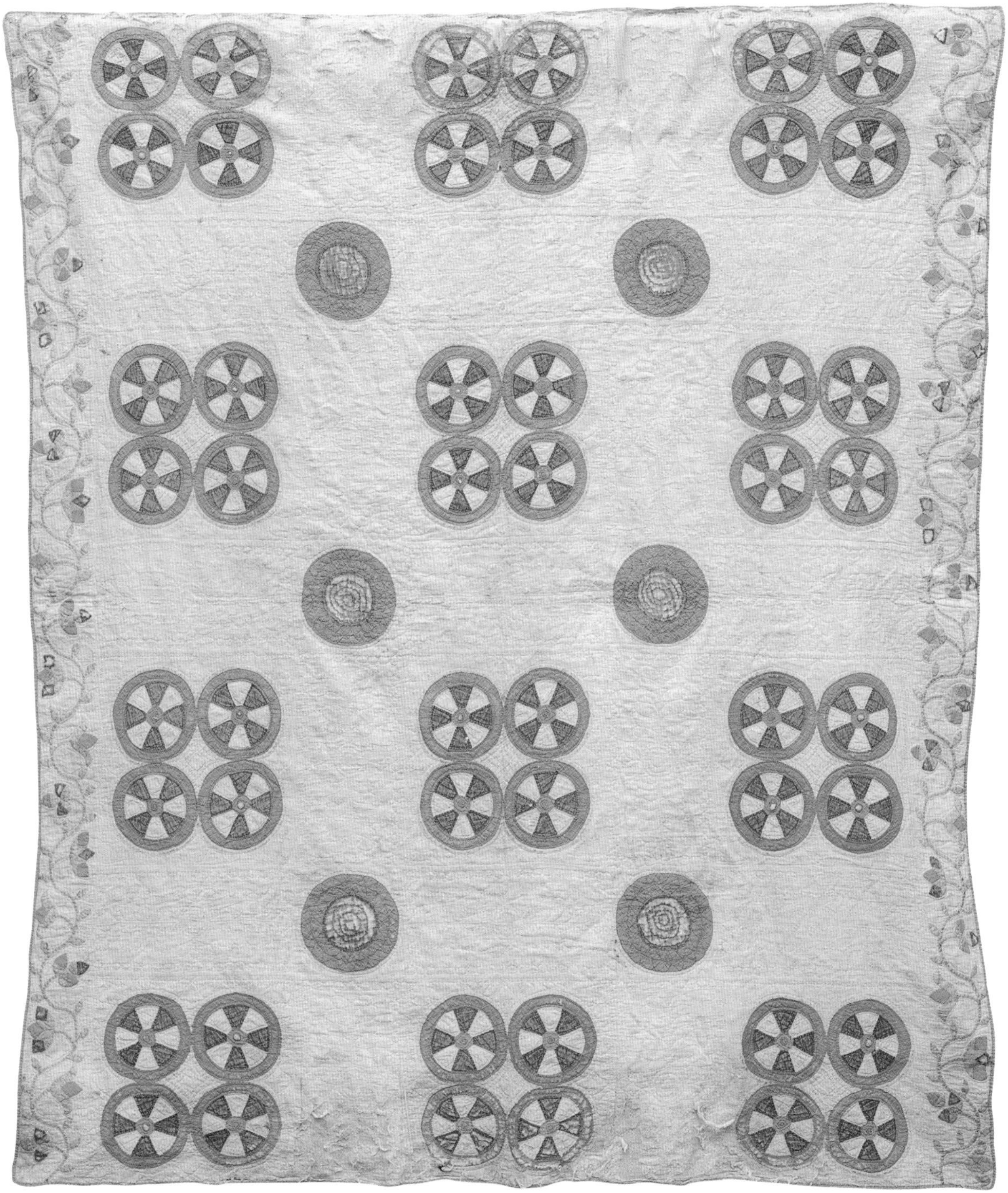

DORINDA MOODY SLADE. *Victory Quilt.*
1860–70. Cotton with cotton back, 74" x 88".
© 2002 Sharon Ahlstrom

Where do you see circles in this quilt? Where do you see triangular shapes?

Name all the colors you see here.

What does the pattern on the quilt remind you of? If you could name this quilt pattern, what name would you give it?

Quilt-making was a necessary part of life in rural America until the late 1800s. People didn't have the kinds of blankets and comforters that are available today. They kept warm with quilts, which were usually made by women and girls who sewed together pieces of old clothing and other used-up fabric. While most quilts were made to be used every day, people created more elaborate ones to mark important occasions, such as wedding celebrations or funerals. To keep them from wearing out, the special quilts were not used very often.

Most quilts have some kind of repeated motif or pattern, such as circles, triangles, squares, flowers, and stars. Different types of patterns have their own names, which often reflect the lives of the quilt makers. Some vivid quilt names include "grandmother's flower garden" and "toad in the puddle."

Victory Quilt, the one illustrated here, is by Dorinda Moody Slade (1808–95). In the 1850s, Slade left her home in Texas for a very long journey to Utah, where she joined the Mormon religious group located there. The "victory" in the quilt's name could refer to her successful trip. The patterns of four circles on her quilt recall the popular "sunburst" quilt pattern, in which circular shapes, surrounded by cloth rays, suggest the light of the sun. In *Victory Quilt*, however, the circles may represent the wheels of a wagon. Slade would have known wagon wheels well—her voyage to Utah took almost four years!

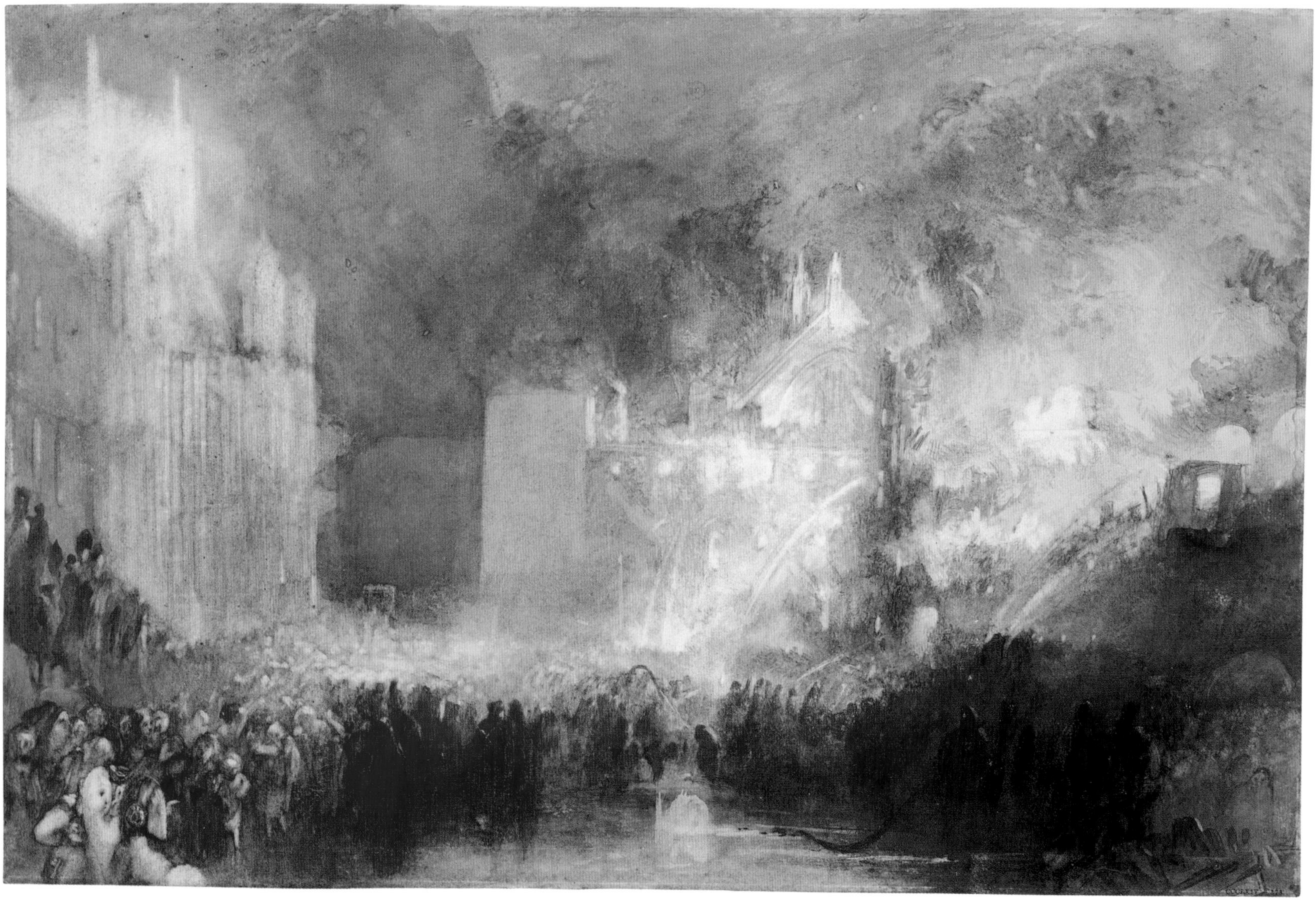

J. M. W. TURNER. *Burning of the Houses of Parliament.*
1834–35. Watercolor and gouache on paper. 11⅞" × 17½".
Tate Gallery, London, Great Britain.
Photo credit: Clore Collection, Tate Gallery, London / Art Resource, NY.

Where did the artist use light colors? Where did the artist use dark colors?

Which colors in the painting seem realistic to you? Which do not?

If you were in this scene, what might you be able to smell? What sounds might you hear?

What do you think the people standing along the river are feeling? How does this painting make you feel?

J. M. W. Turner (1775–1851) became famous as an artist for paintings set in the outdoors—especially those depicting the ocean, the countryside, and historic events. Fascinated by the sky and the nature of light, Turner often exaggerated the colors in his paintings in order to make the air in them look hazy. Sometimes his colors were so unusual that people criticized his art. Turner paid no attention to them because he was determined to use his imagination to help create dramatic images.

Turner was part of what is known as the Romantic Movement in European art and literature in the late 1700s and early 1800s. Its philosophy was that feelings and imagination are important in painting and writing. Artists working in this manner attempted to express a great deal of emotion in their paintings. They hoped that people looking at their paintings would experience an intense reaction, as if they were actually in the scene. They particularly wanted to convey very dramatic, even frightening, experiences, such as the horrific fire in *Burning of the Houses of Parliament*.

In this painting, Turner blurred many details of the scene, such as the people in the foreground. By leaving out specific details, Turner tried to give the viewer a general, but also a more real-life, sense of the fire. In this way, he hoped the viewer would understand how it might feel to experience such an event—without actually having been there.

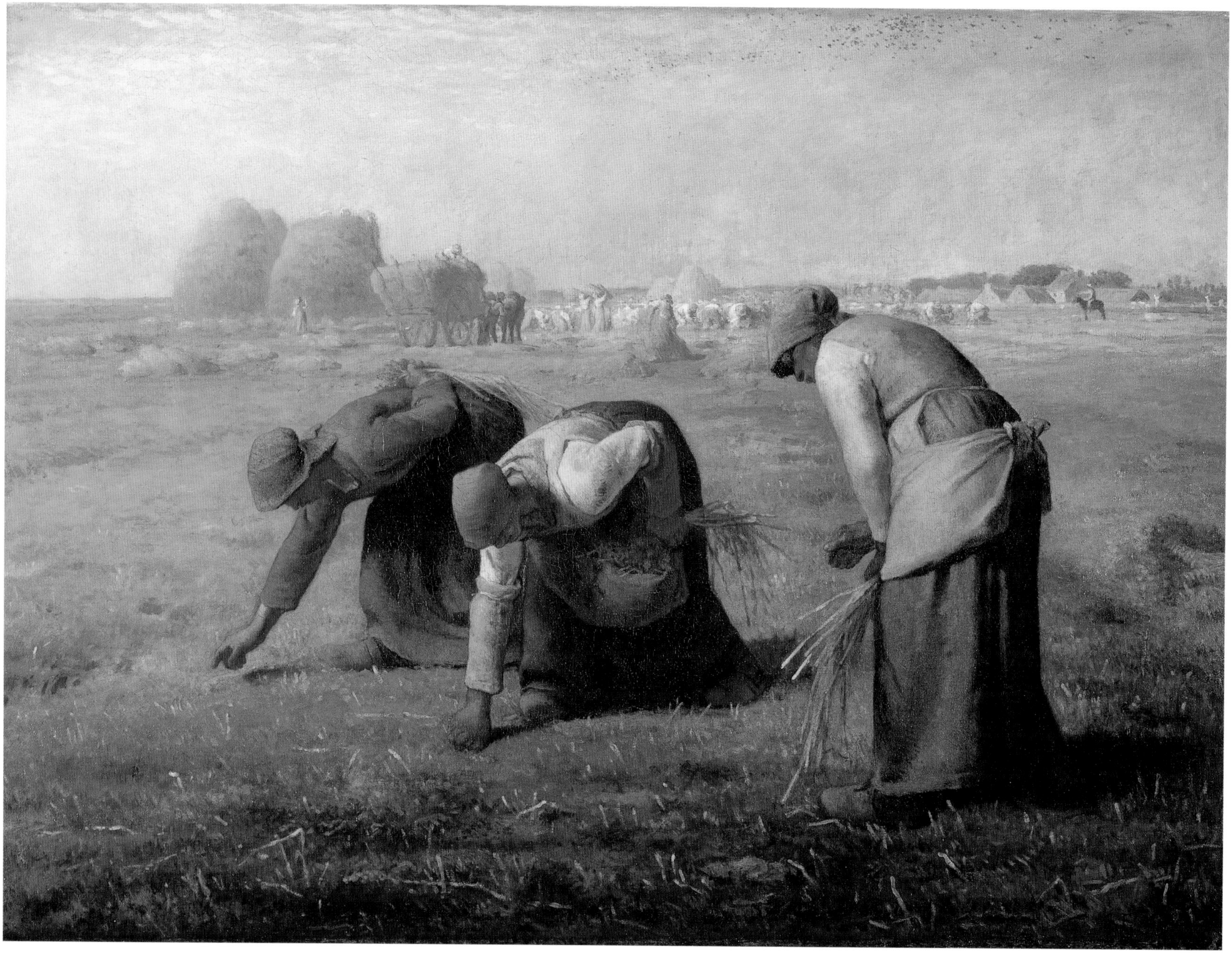

JEAN-FRANÇOIS MILLET. *The Gleaners.*
1857. Oil on canvas, 33" × 44". Musée d'Orsay, Paris, France.
Photo credit: Scala / Art Resource, NY.

Which color in the painting did you notice first? Why do you think you saw it first? Can you list all the colors in the painting?

List three words that describe the women in the foreground of this painting.

What can you see in the background of the painting?

In France during the mid-1800s, cities grew rapidly as poverty-stricken peasants left the countryside in search of jobs. Concerned about their country's change to a more urban society, many people, including artists, began to pay attention to the dismal conditions of rural life. Some artists, among them Jean-François Millet (1814–75), tried to convey in their paintings the quiet courage of these farming people, while exposing the harshness of their lives.

In *The Gleaners*, Millet painted three of the women who gathered (or "gleaned") the bits of grain left on the ground after a harvest was completed. Only the poorest and most desperate peasants performed this difficult and tiring work. The leftover grain was free, and formed a major part of these people's diet. In the background of the painting, far away from these women, the more prosperous farmers continue on with the rest of their harvesting.

Millet's parents were well-to-do peasants. Millet grew up in the countryside and lived in rural areas for most of his career. He knew the demands of agricultural life well. In his many images of this rural world, Millet used mainly colors such as brown, orange, and black—ones often seen in nature. Some art historians believe he meant these colors to emphasize the connection between the farm workers and the earth. In this picture, Millet strengthens this link by showing the women's feet and skirts blending into the ground. By doing this, he ties them even more strongly to the soil.

WILLIAM MICHAEL HARNETT. *The Old Violin.*
1886. Oil on canvas, 38" × 23⅝". National Gallery of Art, Washington, Gift of Mr. and Mrs. Richard Mellon Scaife
in honor of Paul Mellon. Image © 2006 Board of Trustees, National Gallery of Art, Washington.

Identify all the objects you see in this painting. What do you notice about the objects that make them look real?

Do you think these objects are new or old? What makes you think so?

Make up a story about these objects and how they got into this scene.

William Michael Harnett (1848–92) made intensely realistic still-life paintings of ordinary objects in a style known as *trompe l'oeil*. This French term means "fool the eye." In order to "fool the eye," Harnett made his paintings nearly life-sized, so that the objects in them would appear to take up as much space as they do in the real world. Sometimes the objects in his paintings suggest stories, or have an amusing element to them. A humorous part of *The Old Violin* is the artist's signature, which appears on the blue envelope. Harnett addressed the fake letter to himself!

Harnett did such a good job of "fooling the eye" that when he exhibited this painting in 1886, many viewers believed the things in the picture were real. One journalist reported that a guard had to stand next to the painting to keep people from "attempting the removal of the newspaper scrap with their finger-nails." Harnett's paintings were very popular during his lifetime. This particular painting became so well known that many people bought a reproduction of it to hang in their homes. These reproductions were, actually, early versions of posters. Harnett created many similar still lifes, often using the same elements. The door that makes up the background of *The Old Violin* appears in other paintings, as do sheet music, instruments, and letters. Other artists in the late 1800s liked this type of painting—it was interesting to look at and it sold well— and they made similar paintings based on Harnett's distinctive style.

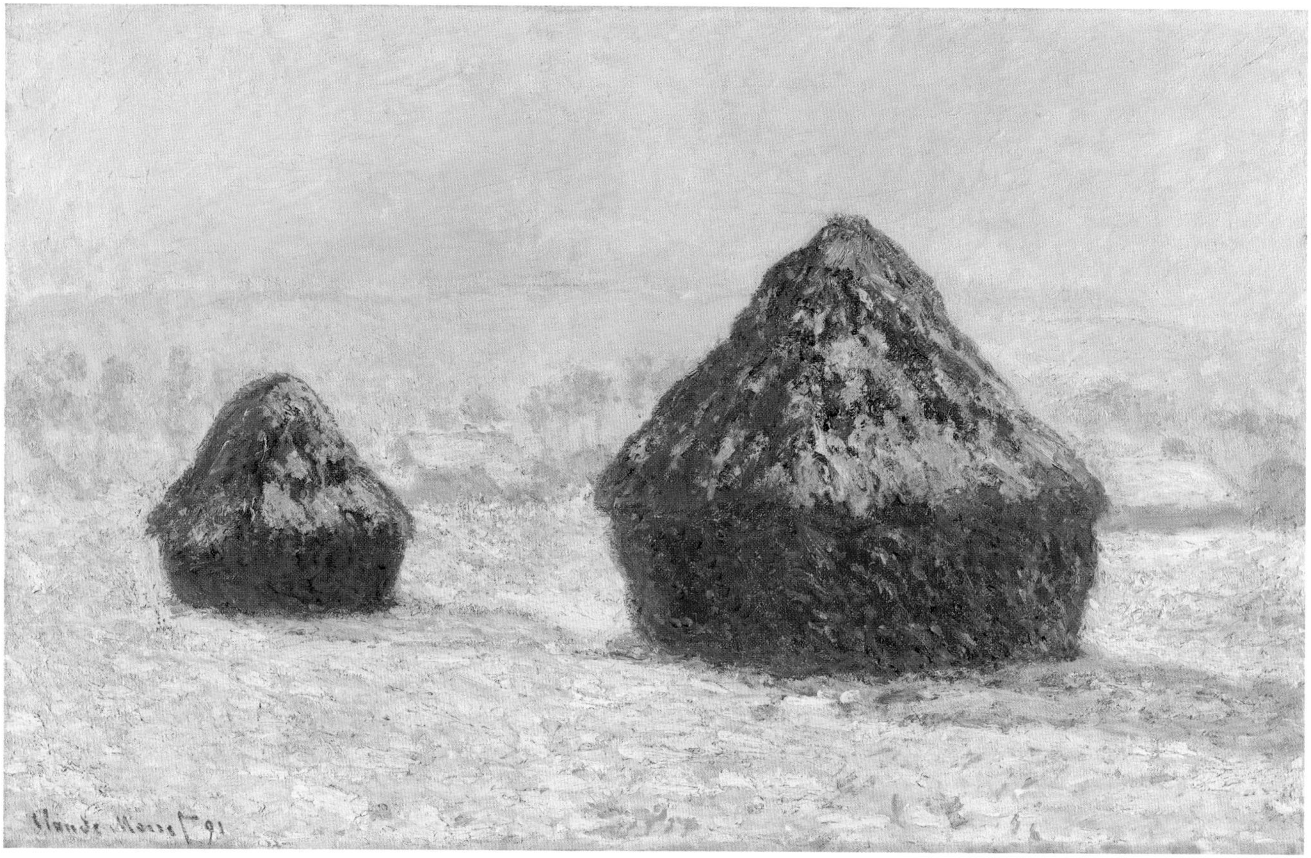

CLAUDE MONET.
Wheatstacks, Snow Effect, Morning.
1891. Oil on canvas,
25 ½" × 39 ¼".
© The J. Paul Getty Museum, Los Angeles.

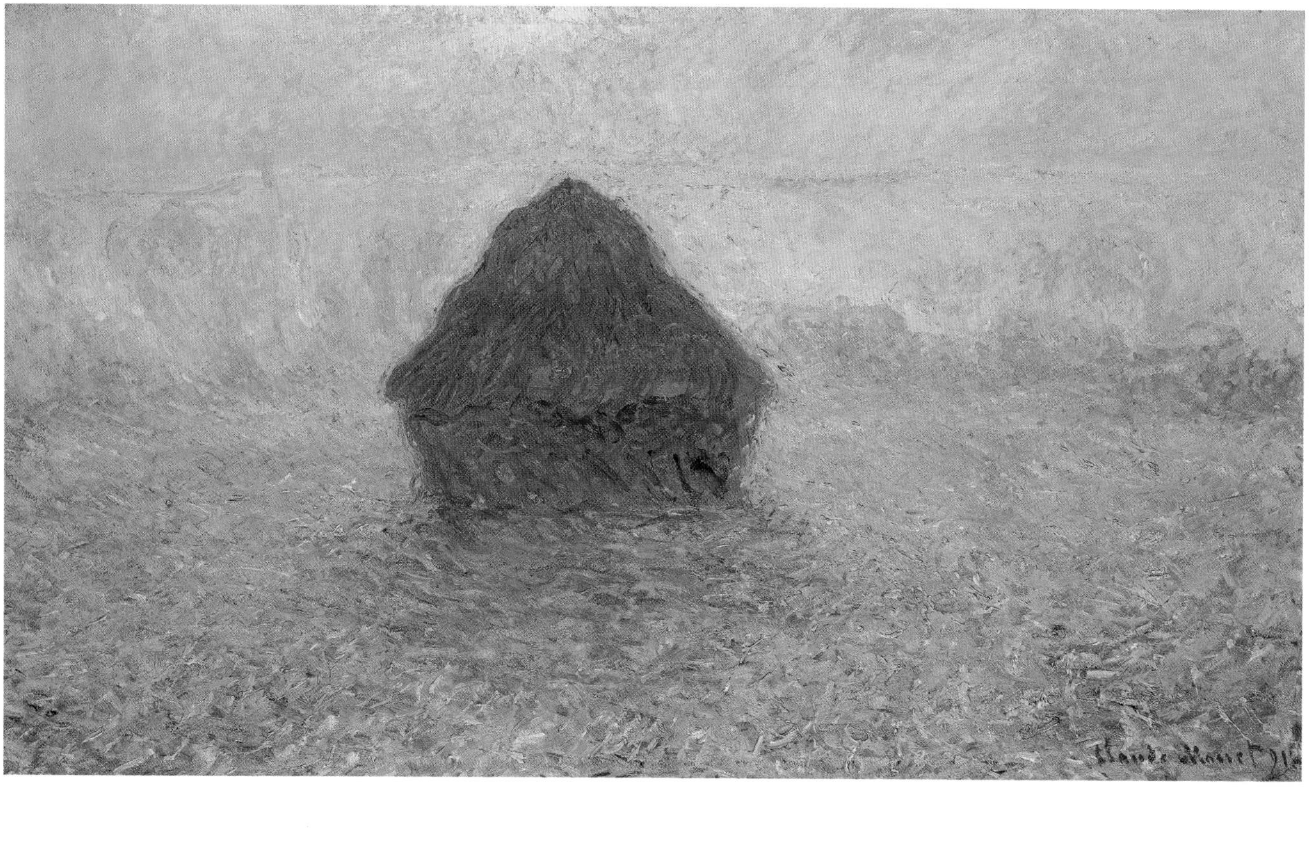

CLAUDE MONET
Grainstack, Sun in the Mist.
1891. Oil on canvas,
25 ½" × 39 ¼".
© The Minneapolis Institute of Arts.

A brush stroke is the mark or textured area made with a paintbrush. Where do you see the darkest brush strokes in these paintings? Where do you see the lightest brush strokes?

What time of day do you think each of these paintings shows? Which seasons of the year? What clues does the artist give you to help decide?

In addition to haystacks, what else can you see in these paintings? What do you imagine might be in this scene beyond the borders of the frame?

Claude Monet (1840–1926) was the most famous of a group of French artists known as the Impressionists. Art critics gave them this name because their paintings depicted "impressions" of a scene. That is, instead of painting every little detail, the Impressionists concentrated on using visible brush strokes to show the overall effects of light and color on a place. They usually painted outdoor scenes of ordinary life in the city and the country.

Monet used small, patchy brush strokes, often in light pastel colors. A particularly remarkable idea of his was to create shadows with colors, such as the greens and blues in these paintings, instead of using traditional gray and black tones. Monet painted some of the same subjects many times— including a cathedral near his home, a particular stand of trees, and haystacks. In creating these series, Monet showed light and color as seen at different times of the day, different seasons of the year, and under different weather conditions. To do this, Monet usually worked outdoors, carrying his big canvases with him. Because light and weather can change quickly, he learned to paint rapidly.

The paintings Monet and his fellow Impressionists created shocked the people who ran France's official exhibitions, and the officials did not allow the Impressionists to put their art on display in the most respectable places. As a result, the Impressionist artists started their own separate art exhibitions so they could enjoy each other's work. Today, Monet and his fellow Impressionists are appreciated as great and influential artists.

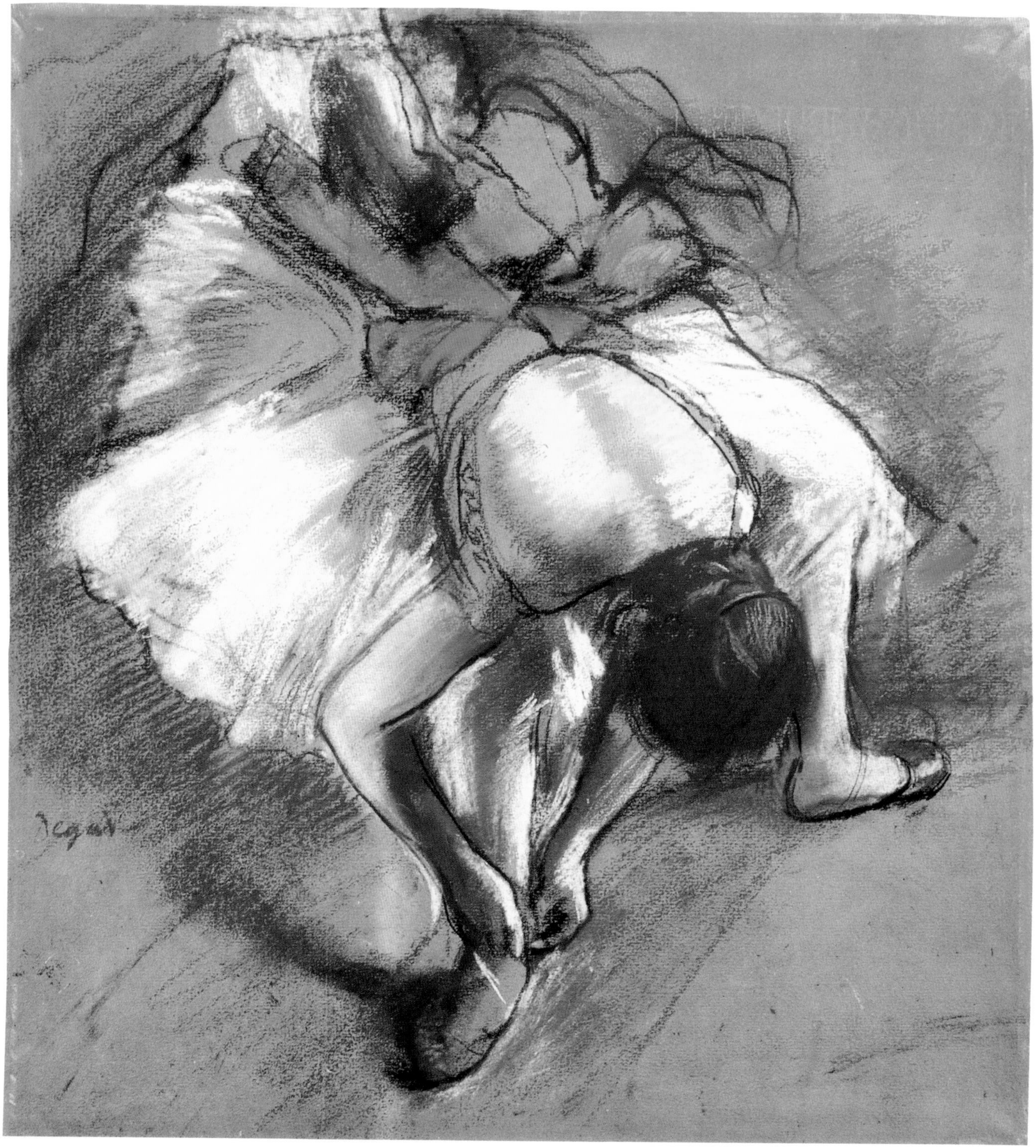

EDGAR DEGAS. *Dancer Lacing Her Ballet Slipper.*
c. 1880–85. Pastel, 18⅝" × 16⅞".
Private collection. Christie's Images / SuperStock.

Can you find the areas in this drawing where the artist colored over other lines? How does this help create the effect of movement?

Where does there seem to be light shining on the dancer? How can you tell?

Can you do what this ballerina is doing? Try bending and pointing your toes the same way.

Like fellow artist Claude Monet (pp. 20–21), Edgar Degas (1834–1917) was a member of the Impressionist movement. These artists tried to represent scenes of everyday life by using unusual colors and visible brush strokes. Most of the time, they preferred to show the general feeling of a place rather than paint all the particular details in it.

Degas often used Impressionist techniques to depict life in Paris, especially in public places such as racetracks, cafés, and ballet performances. To convey the energy and liveliness of his subjects, Degas applied broad brush strokes in bright colors. He emphasized movement by presenting his subjects from unusual points of view. In *Dancer Lacing Her Ballet Slipper*, for example, we see the ballerina from above positioned in a way that makes her seem to be about to fall over. Degas liked to look at his subjects from above. He once said that if he had an art school, he would require the students to paint and draw their models—while standing five stories above them!

Degas took great care to depict the natural positions that bodies take. To do so accurately, he created many versions of the same subjects. In fact, during his career he made more than 600 images of ballerinas to help himself understand how dancers move. Like his fellow Impressionists, Degas received harsh criticism of his artwork during the early part of his career. By the 1880s, however, his art became more popular and Degas exhibited and sold his work easily.

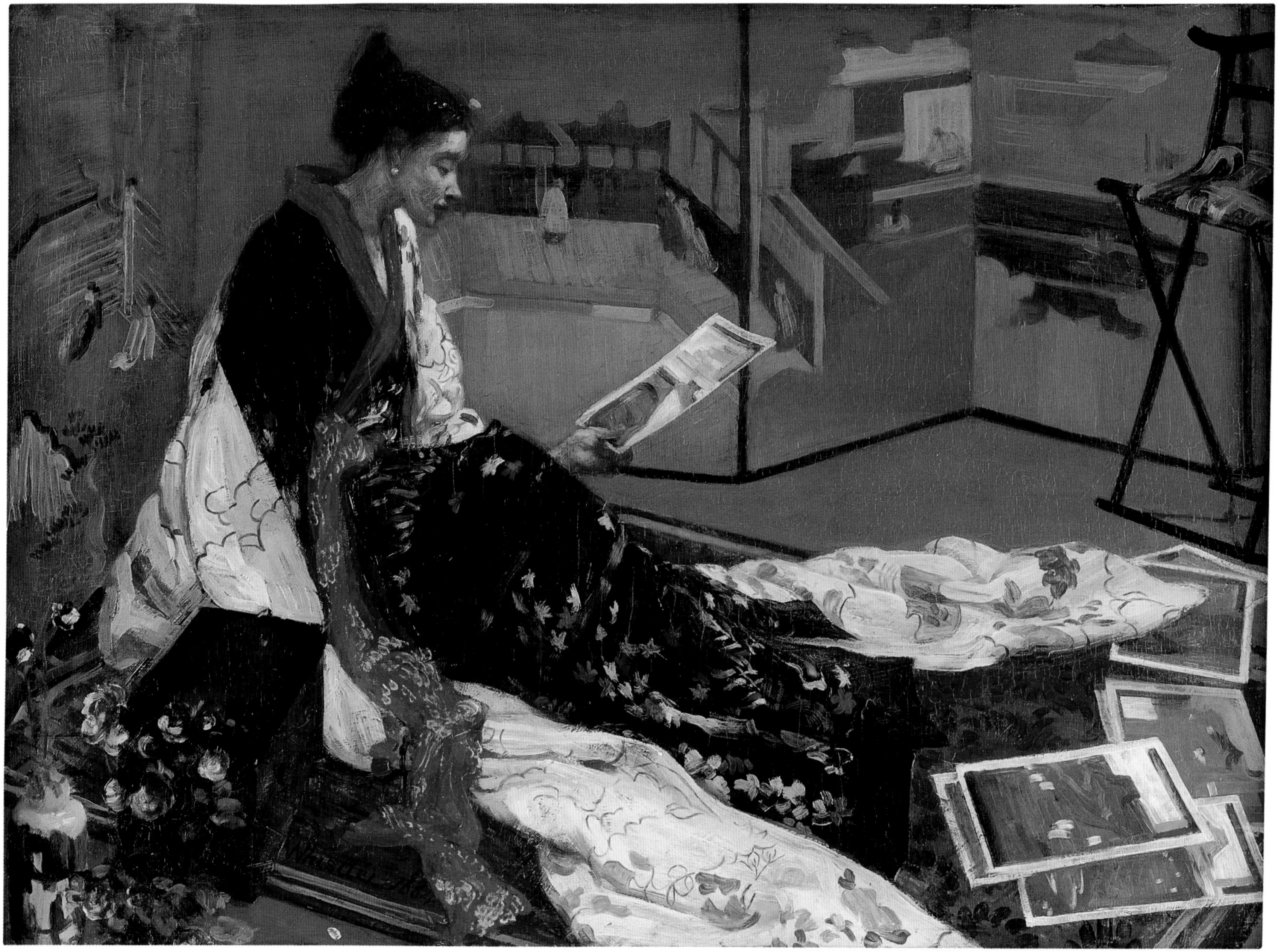

JAMES MCNEIL WHISTLER. *Caprice in Purple and Gold: The Golden Screen.*
1864. Oil on Wood Panel, 19¾" × 27". Freer Gallery of Art, Smithsonian Institution, Washington, DC: Gift of Charles Lang Freer. F1904.75a.

What similarities do you notice about these two women? What differences do you notice?

Composition is the artist's plan for arranging the objects and elements in a work. In each of these paintings, see if you can identify diagonal lines in the composition.

What do you think the woman in the Whistler painting at left is thinking about?

What do you think the woman in the Harunobu print at right is thinking about?

In the 1800s, many people in Europe and the United States began collecting Japanese art, furniture, ceramics, and other design objects. A type of print called *ukiyoe*, which depicted contemporary life in Japan, was especially popular. The print illustrated here is by Suzuki Harunobu (c. 1725–70), a Japanese artist who worked in the 1700s.

James McNeil Whistler (1834–1903), an American-born artist who spent most of his life in Europe, was among the Western artists who collected *ukiyoe* prints. In his painting, *Caprice in Purple and Gold: The Golden Screen*, he depicted many Japanese objects, such as the screen in the background, the kimono the woman wears, and the prints in her hand and on the floor. His composition was also influenced by Japanese art. Notice that in both his painting and in the Harunobu print, the woman is placed off-center. Also, the background of both pictures seems shallow. That is, the space does not appear to extend very far into the picture.

However, there are also differences between Whistler's and Harunobu's work. Whistler's painting contains many objects, for example, while Harunobu's print has a very simple background. While in this painting, and in many others, Whistler incorporated elements of Japanese design, he used them to make his own distinctive work.

SUZUKI HARUNOBU.
Woman Admiring Plum Blossoms at Night.
1764–72. Polychrome woodblock print with embossing (karazuri); ink and color on paper. 12¾" × 8¼".
The Metropolitan Museum of Art, Fletcher Fund, 1929 (JP 1506). Image © The Metropolitan Museum of Art.

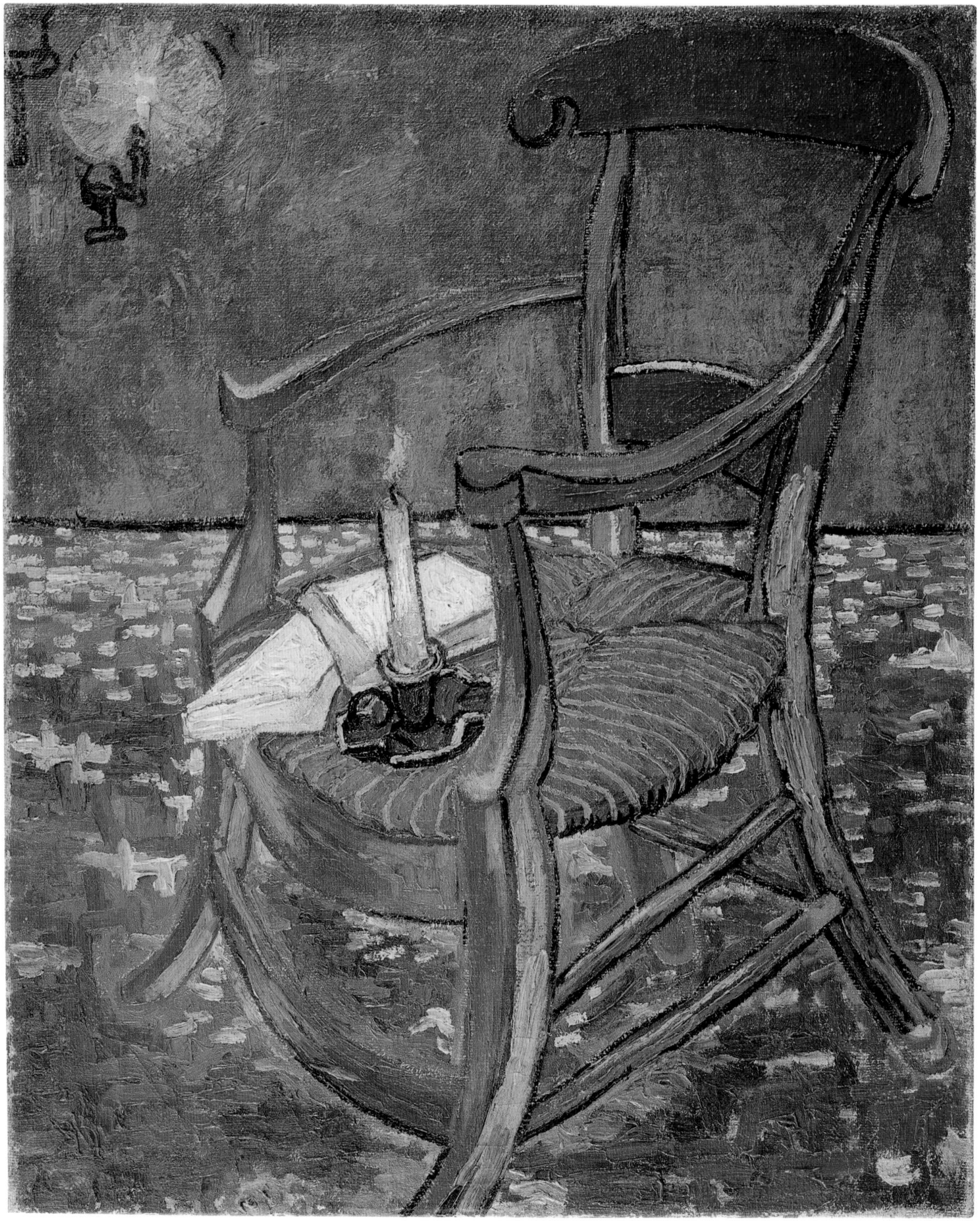

VINCENT VAN GOGH. *Gauguin's Chair.*
1888. Oil on canvas, 35⅝" × 28 9/16". © Amsterdam, Van Gogh Museum
(Vincent van Gogh Foundation).

Van Gogh said he arranged "the colors in a picture to make them vibrate." Which colors in this painting would you describe as "vibrating"?

Where has the artist painted texture? How do you imagine different objects in this painting might feel if you could touch them?

Does this chair look comfortable to sit in? Why or why not?

Van Gogh painted this chair to "represent" his fellow artist, Paul Gauguin. (A painting by Gauguin is on page 28.) What kind of chair would you paint or draw to represent yourself? What, if anything, would you put on or near the chair?

Vincent van Gogh (1853–90) worked as an art dealer and a minister before he began to devote all his time to painting. Van Gogh had a difficult life. He sold only one of the more than 800 paintings he created, and he suffered from mental illness. But today he is world-renowned as an artist, and his paintings sell at auction for millions of dollars.

Van Gogh is well-known for his strong and lively brush strokes. He often used thick dabs of paint to create patterns like the one on the rug in *Gauguin's Chair*. Van Gogh also distorted the shapes of his subjects in a creative way; notice, for instance, how the curved legs and arms of the chair convey a sense of movement.

Van Gogh created this painting during the period when his friend, artist Paul Gauguin, lived with him in the south of France (pp. 28 – 29). Van Gogh greatly respected his fellow painter, which may explain why he chose to paint this particular chair as a symbolic "portrait" of Gauguin. The curved arms and back of the chair make it a very elaborate piece of furniture in the relatively simple house. In this painting, van Gogh has in a sense offered the "best seat" in the house to his friend. In a letter van Gogh mentioned that the two books on the chair were "modern novels." But the reason why he included the books, as well as the two burning candles, in this painting, remains a mystery.

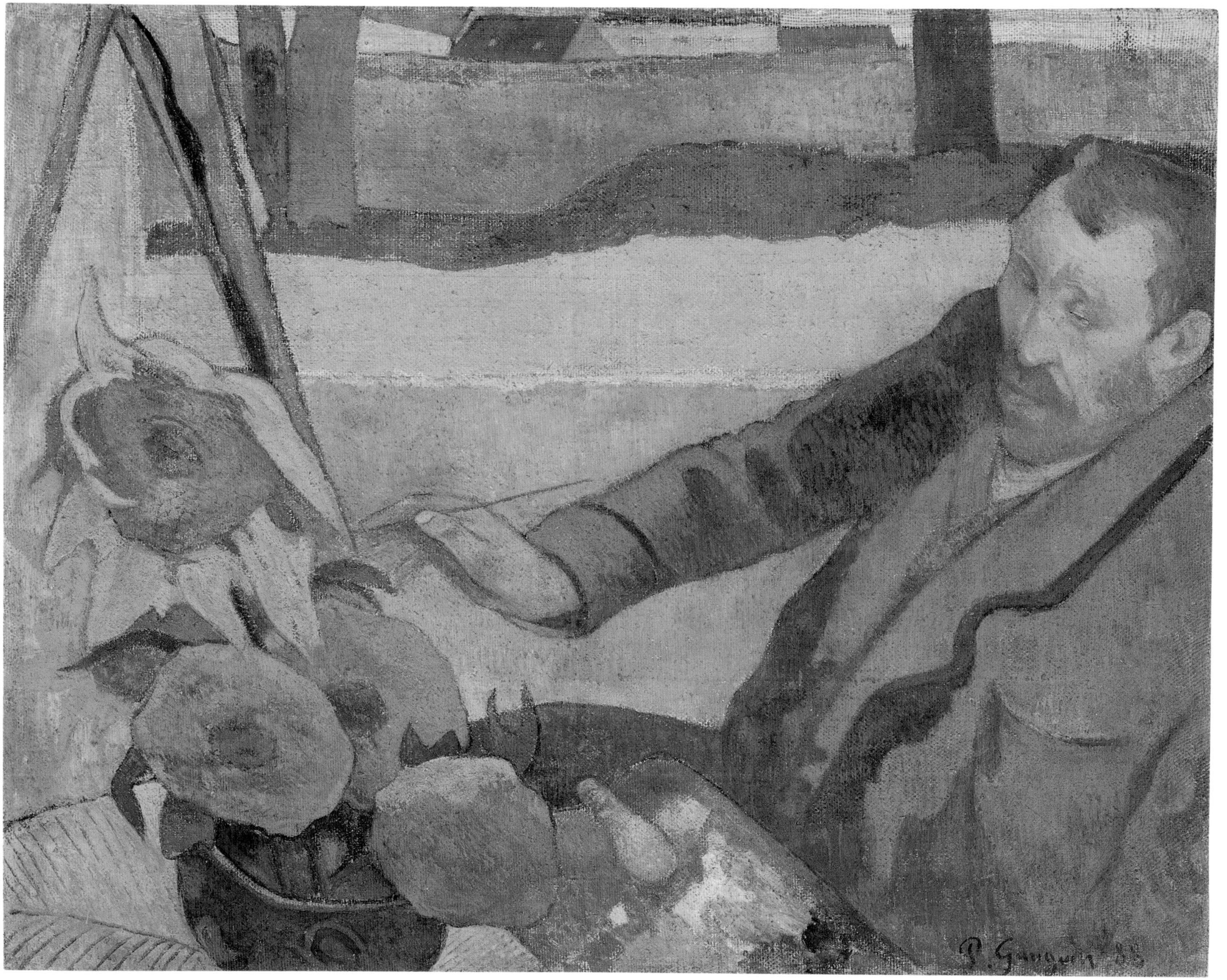

PAUL GAUGUIN. *Portrait of Van Gogh Painting Sunflowers.*
1888. Oil on canvas, 28¾" x 35 13⁄16". © Amsterdam, Van Gogh Museum (Vincent van Gogh Foundation).

What did you notice first when you looked at this painting? Why do you think you noticed it?

Identify the horizontal, vertical, and diagonal lines in this painting.

Where do you see curved lines and round shapes?

Which part of the sunflowers do you think van Gogh is painting on his canvas? Which part would you want to paint?

Paul Gauguin (1848–1903) was a great traveler. He spent much of his childhood in Peru, and as an adult he visited and stayed in many new places, most famously the islands in the South Pacific where he lived for many years. His travels also took him around France, and included a two-month stay in the town of Arles. In Arles, he lived with his friend and fellow painter, Vincent van Gogh (pp. 26 – 27). The two of them wanted to create a colony where many artists could live and work together. Although they never managed to form such a group, Gauguin and van Gogh shared many ideas and techniques during this brief period together. They were a colony of two!

Before Gauguin's arrival in Arles, van Gogh painted images of sunflowers that he hung up in the room where Gauguin was to sleep. Gauguin loved these paintings and decided to portray his friend creating one. But one part of *Portrait of Van Gogh Painting Sunflowers* is completely imaginary. Gauguin painted this scene in November, when no sunflowers bloomed. It would have been impossible for Gauguin to have seen van Gogh working on this subject.

Gauguin used his imagination in other ways as well. His choice of colors, such as the yellows and oranges in van Gogh's jacket, exaggerate and distort those in real life. Gauguin often applied colors like these in large patches, as he does here in the broad stripes composing the background of this work.

PAUL CÉZANNE. *Mont Saint-Victoire.*
c. 1902–6. Oil on canvas, 22½" x 38¼". The Metropolitan Museum of Art, The Walter H. and Leonore Annenberg Collection,
Gift of Walter H. and Leonore Annenberg, 1994, Bequest of Walter H. Annenberg, 2002 (1994.420).
Image © The Metropolitan Museum of Art.

Describe the brush strokes you see in this painting.

What colors can you find in this painting?

Do you think the weather here is warm or cool? What makes you think so?

Is this a place you would like to visit? Why or why not?

At his father's urging, Paul Cézanne (1839–1906) studied to be a lawyer, but he preferred art. Eventually, he became a full-time artist and worked in Paris and in the rural south of France. While he created many different kinds of pictures, he most often chose still lifes, portraits, and landscapes as his subjects.

Among Cézanne's landscapes were many images of a mountain, *Mont Saint-Victoire*, near his home in the town of Aix-en-Provence. Because Cézanne worked very slowly and spent a great deal of time on each painting, the mountain was a perfect subject for him. It wouldn't move, like a person would, or wilt, the way a flower would. Cézanne painted the mountain in different seasons and at different times of the day. In a similar way, Claude Monet regularly painted haystacks (pp. 20 – 21).

Cézanne used short brush strokes of different colors to create the shapes in his paintings. When you are close to the painting, the brush strokes in it—the many patches of yellow, green and brown—might look very different from each other. But if you step back from the painting, so you can see the brush strokes all together, they make the mountain look amazingly solid. Cézanne was interested in this kind of optical illusion, and in many of his paintings he used such visual "tricks" that play with the ways we look at art. Cezanne's experiments with brush strokes, color, and composition made him a very influential artist for later generations of painters.

Go back and look at all the artworks again.

Which one do you think took the most time to create?

Which one do you think took the least time?

Which one has colors you would like to use in a painting of your own?

Which one is your favorite for today?

Look through these pages on another day. What you see, think, and feel may be different.

Keep looking!